本书是国家社会科学基金项目（编号：18BJY250）、国家自然科学基金项目（编号：71903151）、教育部人文社会科学研究青年基金项目（编号：19YJC790181）的阶段性成果。

上市公司信贷融资条件评价 2021

李广子 张珩 著

中国社会科学出版社

图书在版编目（CIP）数据

上市公司信贷融资条件评价 . 2021 ／ 李广子，张珩著 . —北京：中国社会科学出版社，2022.9
ISBN 978-7-5227-0573-6

Ⅰ. ①上… Ⅱ. ①李…②张… Ⅲ. ①上市公司—企业融资—研究—中国 Ⅳ. ①F279.23

中国版本图书馆 CIP 数据核字（2022）第 135597 号

出 版 人	赵剑英
责任编辑	黄　晗
责任校对	王玉静
责任印制	王　超

出　　版	中国社会科学出版社
社　　址	北京鼓楼西大街甲 158 号
邮　　编	100720
网　　址	http://www.csspw.cn
发 行 部	010-84083685
门 市 部	010-84029450
经　　销	新华书店及其他书店
印　　刷	北京明恒达印务有限公司
印　　订	廊坊市广阳区广增装订厂
版　　次	2022 年 9 月第 1 版
印　　次	2022 年 9 月第 1 次印刷
开　　本	710×1000　1/16
印　　张	15
字　　数	185 千字
定　　价	79.00 元

凡购买中国社会科学出版社图书，如有质量问题请与本社营销中心联系调换
电话：010-84083683
版权所有　侵权必究

目　　录

第一章　绪论 …………………………………………………… (1)
　　第一节　研究背景 …………………………………………… (1)
　　第二节　研究意义 …………………………………………… (3)
　　第三节　研究框架 …………………………………………… (5)

第二章　信贷融资条件的评价方法 …………………………… (8)
　　第一节　数据与样本 ………………………………………… (8)
　　第二节　指标构建 …………………………………………… (12)

第三章　上市公司信贷融资条件总体特征与趋势 …………… (23)
　　第一节　贷款成本 …………………………………………… (23)
　　第二节　贷款期限 …………………………………………… (33)
　　第三节　信用增级 …………………………………………… (38)
　　第四节　贷款额度 …………………………………………… (49)
　　第五节　小结 ………………………………………………… (53)

第四章　新冠肺炎疫情对信贷融资条件的影响 ……………… (55)
　　第一节　总体影响 …………………………………………… (58)
　　第二节　地域差异 …………………………………………… (62)

第三节　行业差异 …………………………………………（65）
　　第四节　不同类型银行差异 ………………………………（70）
　　第五节　不同所有权性质差异 ……………………………（74）
　　第六节　小结 ………………………………………………（78）

第五章　不同区域上市公司信贷融资条件 ………………（80）
　　第一节　贷款成本 …………………………………………（82）
　　第二节　贷款期限 …………………………………………（95）
　　第三节　信用增级 …………………………………………（102）
　　第四节　贷款额度 …………………………………………（113）
　　第五节　小结 ………………………………………………（120）

第六章　不同行业上市公司信贷融资条件 ………………（122）
　　第一节　贷款成本 …………………………………………（125）
　　第二节　贷款期限 …………………………………………（133）
　　第三节　信用增级 …………………………………………（139）
　　第四节　贷款额度 …………………………………………（146）
　　第五节　小结 ………………………………………………（152）

第七章　上市公司各类银行信贷融资条件 ………………（154）
　　第一节　贷款成本 …………………………………………（158）
　　第二节　贷款期限 …………………………………………（162）
　　第三节　信用增级 …………………………………………（164）
　　第四节　贷款额度 …………………………………………（169）
　　第五节　小结 ………………………………………………（172）

第八章　不同所有权性质上市公司信贷融资条件 (174)

第一节　贷款成本 (176)
第二节　贷款期限 (180)
第三节　信用增级 (182)
第四节　贷款额度 (186)
第五节　小结 (188)

第九章　不同规模上市公司信贷融资条件 (191)

第一节　贷款成本 (193)
第二节　贷款期限 (197)
第三节　信用增级 (200)
第四节　贷款额度 (204)
第五节　小结 (206)

第十章　不同市场上市公司信贷融资条件 (208)

第一节　贷款成本 (209)
第二节　贷款期限 (214)
第三节　信用增级 (217)
第四节　贷款额度 (221)
第五节　小结 (223)

参考文献 (225)

后　记 (233)

第一章

绪　论

第一节　研究背景

本书着眼于中国上市公司信贷融资条件问题,基于较为全面的逐笔银行贷款合约数据,对中国上市公司信贷融资条件进行系统性评价,在此基础上为理解中国企业信贷融资条件的全貌提供有价值的参照。本书的研究主要基于以下三方面背景。

首先,银行贷款是中国企业最主要的外部资金来源。中国金融体系以间接融资为主,银行业在金融体系占据主体地位。中国人民银行数据显示,中国2020年社会融资规模增量为34.86万亿元,其中,对实体经济发放的人民币贷款增加20.03万亿元,在同期社会融资规模增量中占比为57.5%(见图1.1)。尽管近年来人民币贷款在社会融资规模中占比有所下降,但仍然是社会融资规模中的最重要组成部分。在这种情况下,如何全面准确地刻画中国企业信贷融资条件的特征始终是理论界和实务界普遍关心的一个问题,对信贷融资条件进行科学评价有助于我们深入理解中国企业融资条件的总体特征。

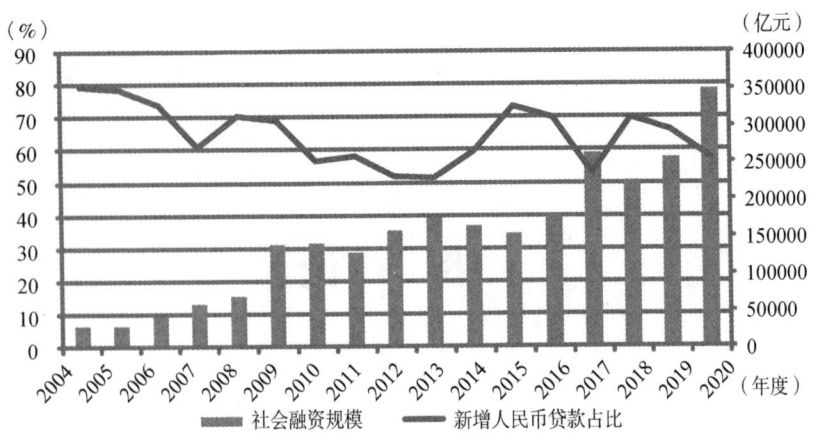

图1.1 人民币贷款在社会融资规模中占比情况变化趋势

资料来源：Wind 资讯。

其次，不同企业在信贷融资方面具有较大的异质性。从资金需求方来看，中国企业数量众多，涉及不同区域、不同行业、不同性质，在经营规模、业务范围、抗风险能力等方面存在巨大差异。以工业企业为例，中国是全世界唯一拥有联合国产业分类中所列全部工业门类41个工业大类、207个工业中类、666个工业小类的国家[①]。资金需求方的异质性既会对信贷需求的特征产生影响，也会影响金融机构对借款人的信用评估，由此对信贷融资条件产生影响。从资金供给方来看，银行是信贷资金的供给主体，而提供贷款的银行机构类型众多，涉及大型商业银行、股份制商业银行、城市商业银行、民营银行、农村商业银行、农村合作银行、村镇银行、城市信用社、农村信用社、外资银行等，不同金融机构在发展定位、资金来源、经营模式、风险偏好等方面都存在很大差异，由此导致不同银行在借款人提供信贷融资时会提出不同要求。

---

① 2020年10月23日，工业和信息化部副部长王志军在国务院新闻办举行的新闻发布会上介绍中国"十三五"工业通信业发展成就时做上述表示。

最后，新冠肺炎疫情的暴发对企业信贷融资条件产生了重要影响。2019年底开始暴发的新冠肺炎疫情对企业和商业银行产生了巨大冲击。从企业角度来看，处于不同行业和不同区域的企业受到的冲击存在很大差异，由此导致其信用风险的变化也有较大差异；从银行角度来看，在国家政策的支持下，商业银行作为企业外部资金的主要提供者，在新冠肺炎疫情暴发后采取了多项支持实体经济的政策举措，对符合条件的企业采取延期还本付息等一系列支持政策；从政策环境来看，为应对新冠肺炎疫情冲击，政府部门从货币政策、财税政策、信贷政策等不同层面出台了多项扶持政策，为企业应对疫情冲击提供了全方位的支持。总体上看，新冠肺炎疫情的暴发深刻地改变了企业所处的内外部环境，也进一步影响了企业的信贷融资条件。

针对上述情况，本书基于手工搜集的2004—2020年涉及2000多家上市公司的近3万笔贷款合约数据，从贷款金额、贷款利率、贷款期限、信用增级措施等不同维度对中国上市公司信贷融资条件的时间趋势和横截面差异进行全面、系统的刻画。特别需要说明的是，本书不仅从不同省份、不同行业、不同银行、不同所有权性质、不同规模、不同市场等各个维度对上市公司信贷融资条件进行了对比分析，还特别分析了新冠肺炎疫情对上市公司信贷融资条件产生的影响，得出了很多新的研究结论，为深入理解中国上市公司信贷融资条件提供了全新的视角和研究素材。

第二节　研究意义

一　理论意义

从理论意义上看，本书在研究方法和研究内容上均做了较大创新，对现有信贷融资相关文献进行了较大补充。

在研究方法上，本书利用较为全面的逐笔贷款合约数据对上市公司信贷融资条件进行分析，这一数据包含了借款银行、贷款金额、贷款利率、贷款期限、贷款抵押担保情况等信息，使我们能够从多个维度构建指标反映上市公司信贷融资条件的特征。由于在信贷合约方面已经形成较为丰富的数据库，国外关于信贷融资方面的研究已经在很大程度上拓展到微观银行贷款合约层面（例如，Qian and Strahan，2007；Graham and Qiu，2008；Bae and Goyal，2009；Drucker and Puri，2009；Chan et al.，2013；He and Hu，2016；Hollander and Verriest，2016；Campello and Gao，2017）。与之相比，受数据限制，国内关于信贷融资方面的研究主要利用区域或企业层面的贷款总量数据（崔光庆和王景武，2006；李敬等，2007；郑志刚和邓贺斐，2010；龙海明等，2011；马永强等，2014；周楷唐等，2017；钱雪松等，2019；潘爱玲等，2019）、部分金融机构内部的微观贷款合约数据（宋全云等，2016；宋全云等，2019）以及企业的问卷调查数据（林平等，2005）进行了分析。据我们所知，胡奕明和唐松莲（2007）、孙会霞等（2013）、郝项超（2013）、陈胜蓝和刘晓玲（2020）、李广子和刘力（2020）、Chen et al.（2020）等是为数不多利用中国贷款合约数据进行分析和研究的文献。与之相比，本书的数据包含 2004—2020 年涉及 2000 多家上市公司的近 3 万笔贷款合约数据，涉及不同类型银行，能够较为全面地刻画中国上市公司信贷融资条件，在研究方法上具有一定创新性。

在研究内容上，本书不仅刻画了 2004—2020 年中国上市公司信贷融资条件的变动趋势，还对不同区域、不同行业、不同银行、不同所有权性质、不同规模、不同市场上市公司信贷融资条件的差异进行了比较分析，得到了一些新的研究结论。特别是，本书对新冠肺炎疫情暴发以来上市公司信贷融资条件的演化特征进行了分析和比较，丰富了关于信贷融资条件的认识，也从信贷融资条件角度对新冠肺炎疫情的影响进行了初步评估，弥补了现有研究的不足。

当然，由于本书的研究对象为上市公司，可能导致分析结果的代表性不够。与非上市公司相比，上市公司一般资产规模较大、经营绩效较好，在获取信贷融资方面往往更有优势。因此，基于上市公司样本所得到的分析结论是否适用于非上市公司还有待进一步讨论。

二 实践意义

从实践意义上看，本书的研究为政府主管部门、商业银行和投资者准确评估上市公司的信贷融资条件提供了基础，为从金融供给侧角度优化上市公司信贷融资条件提供了支撑。尽管银行贷款是中国企业最主要的外部资金来源，但对企业信贷融资条件进行系统性评估的研究还寥寥无几。本书基于逐笔贷款合约数据，从贷款金额、贷款利率、贷款期限、信用增级措施等多个维度对上市公司信贷融资条件的时间趋势进行了系统性分析，并对不同区域、不同行业、不同银行、不同所有权性质、不同规模、不同市场的上市公司信贷融资条件的差异进行了比较，不仅为准确把握不同类型上市公司信贷融资条件的异质性特征提供了数据支撑，也为有关部门调整优化相关政策、改善包括上市公司在内的企业信贷融资条件提供了决策依据，具有较高的实践价值。

第三节 研究框架

本书共包含10章，各章内容分别如下。第一章为绪论，介绍了本书的研究背景与意义、研究框架。第二章为信贷融资条件的评价方法，主要介绍本书所采用的样本和数据情况，并从贷款成本、贷款期限、信用增级、贷款额度等方面构建指标以反映银行贷款合约的特征和信贷融资条件的差异。第三章为上市公司信贷融资条件总体特征与趋势。主要基于全部贷款合约数据对上市公司信贷融资条件的总体特征和时间趋势进行分析。第四章分析了新冠肺炎疫情对上市公司信贷融资条件的影响，对新冠肺炎疫情发生前后上市公司信贷融资条件的变化进行分析，并分析了新冠肺炎疫情对不同上市公司信贷融资条件影响的异质性。第五章至第十章分别从不同维度对影响上市公司信贷融资条件的因素进行了分析。其中，第五章为不同区域上市公司信贷融资条件，主要分析中国不同区域上市公司在信贷融资条件上的差异；第六章为不同行业上市公司信贷融资条件，主要对不同行业上市公司在信贷融资条件上的差异进行分析；第七章为上市公司各类银行信贷融资条件，分析不同银行在向上市公司提供贷款时是否存在系统性差异；第八章为不同所有权性质上市公司信贷融资条件，主要分析国有和民营上市公司在信贷融资条件上的不同；第九章为不同规模上市公司信贷融资条件，分析上市公司资产规模对信贷融资条件的影响；第十章为不同市场上市公司信贷融资条件，分析不同市场上市公司在信贷融资条件上的差异。

本书研究框架如图 1.2 所示。

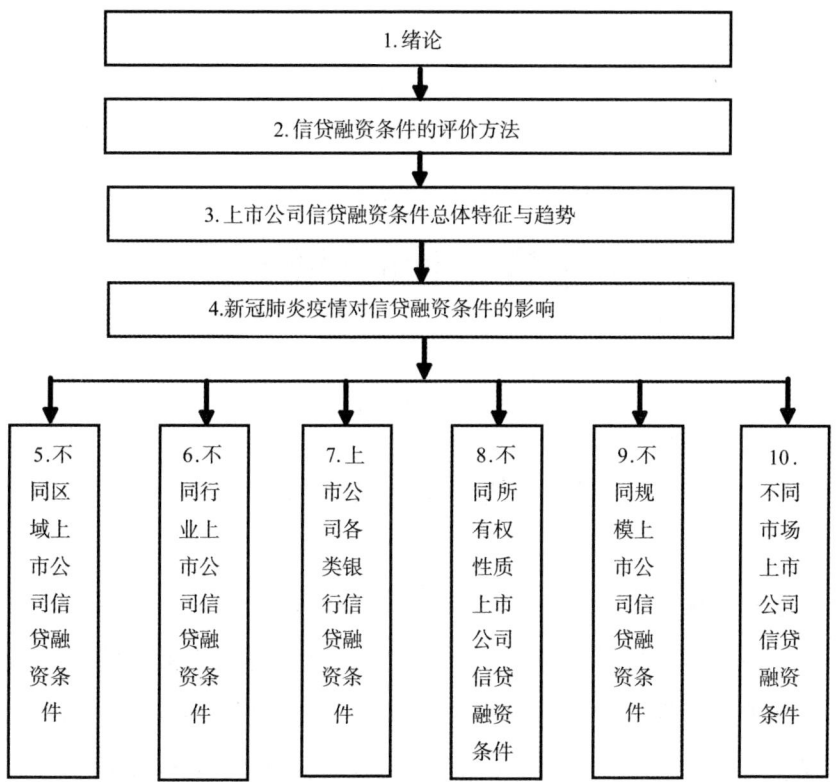

图1.2 本书研究框架

第二章

信贷融资条件的评价方法

第一节 数据与样本

笔者延续了《上市公司信贷融资条件评价2019》的方法,从上市公司年报附注中手工搜集得到上市公司逐笔银行贷款合约数据,其中,贷款合约包括了借款银行、贷款金额、贷款利率、贷款期限、贷款抵押担保情况等信息。本书涵盖的样本分析区间为2004—2020年。我们剔除了金融行业上市公司的数据。本书最终样本包括29971笔贷款合约,涉及2010家上市公司。其中,国有上市公司722家,民营上市公司1288家,国有上市公司占比35.92%。根据中国证监会出台的《上市公司行业分类指引》的分类标准,本书所使用的贷款合约样本行业分布情况如表2.1所示。

表2.1　　　　　　　　样本行业分布

行业	代码	上市公司数量(家)	贷款合约数量(笔)
农、林、牧、渔业	A	36	334
采矿业	B	53	860
制造业	C	1299	17264
电力、热力、燃气及水生产和供应业	D	86	2335
建筑业	E	69	1410

续表

行业	代码	上市公司数量（家）	贷款合约数量（笔）
批发和零售业	F	94	1498
交通运输、仓储和邮政业	G	55	1003
住宿和餐饮业	H	7	39
信息传输、软件和信息技术服务业	I	99	850
房地产业	K	102	2785
租赁和商务服务业	L	24	493
科学研究和技术服务业	M	18	205
水利、环境和公共设施管理业	N	23	451
教育	P	2	3
卫生和社会工作	Q	5	126
文化、体育和娱乐业	R	25	104
综合	S	13	211
合计		2010	29971

资料来源：笔者整理。

从表2.1可以看到，无论是从公司数量还是从贷款合约数量看，制造业都是样本分布最为集中的行业。具体地，本书样本中包含1299家制造业上市公司的17264笔银行贷款合约，在全部样本中占比分别为64.63%和57.60%。进一步来看，除制造业以外，占比相对集中的行业包括房地产业以及电力、热力、燃气及水生产和供应业。其中，房地产业上市公司和贷款合约数量分别为102家和2785笔，占比分别为5.07%和9.29%；电力、热力、燃气及水生产和供应业上市公司和贷款合约数量分别为86家和2335笔，占比分别为4.28%和7.79%。另外，建筑业，批发和零售业，交通运输、仓储和邮政业等行业涉及的贷款合约数量也比较多。与之相比，教育、住宿和餐饮业、卫生和社会工作等行业的上市公司和贷款合约样本数量则比较少。

考虑到商业银行的特殊性，我们将由其他类型银行业金融机构提供的贷款合约予以剔除，包括政策性银行、财务公司、小贷公司、信托公司等；另外，考虑到外资银行在经营模式、贷款管理等方面与中资银行相比存在很大差异，我们剔除了外资银行发放的贷款合约样本。剔除之后，本书涵盖的贷款银行包括国有大型商业银行、股份制银行、城市商业银行、农村商业银行、农村合作银行、村镇银行、城市信用社、农村信用社8类机构。需要说明的是，考虑到中国邮政储蓄银行于2012年完成改制，与其他几家国有大型商业银行相比改制时间较短，因此本书未把中国邮政储蓄银行包括在内。因此，本书所指的国有大型商业银行仅包含工、农、中、建、交5家银行。不同类型商业银行贷款合约分布情况如表2.2所示。

表2.2　　　　　　　　样本银行类型分布

银行类型	贷款合约数量（笔）	占比（%）
国有大型商业银行	18285	61.01
股份制银行	7377	24.61
城市商业银行	2983	9.95
农村商业银行	965	3.22
农村合作银行	58	0.19
村镇银行	39	0.13
城市信用社	21	0.07
农村信用社	243	0.81
合计	29971	100.00

资料来源：笔者整理。

从表2.2可以看到，国有大型商业银行贷款合约样本在本书样本中占比超过60%，达到61.01%。从趋势上来看，国有大型商业银行贷款合约样本占比呈现一定的下降趋势，反映了其他类型商业银行重要性的上升。股份制银行贷款合约样本占比次之，达到了24.61%，在全部贷款合约样本中呈现一定的上升趋势。除此之外，样本中由农村合作银行、村镇银行、城市信用社、农村信用社提供的贷款合约数量非常少，上述四类金融机构贷款合约样本合计占比仅为1.2%，说明这些规模较小的金融机构目前向上市公司提供贷款的能力总体上远远不及国有大型商业银行和股份制银行。

需要特别说明的是，与本书的早期版本《上市公司信贷融资条件评价2019》[①]相比，本书所采用的上市公司贷款合约样本被更新到了2020年。不过，本书基于最新贷款合约样本得到的2004—2018年的分析结论与《上市公司信贷融资条件评价2019》并不完全一致。主要有以下两方面原因：首先，我们在从上市公司2019年、2020年年报搜集到的最新贷款合约样本中，包含了部分贷款时间发生在2018年或之前年度的贷款合约，由此导致本书所包含的2004—2018年度的贷款合约样本与《上市公司信贷融资条件评价2019》并不完全一致。比如，一家上市公司在2017年发生了一笔贷款，但并未在2017年或2018年年报中披露，而在2019年年报中进行了披露[②]。在这种情况下，这笔贷款会被包含在本书2004—2018年度的贷款合约样本中，而没有被包含在《上市公司信贷融资条件评价2019》的贷款合约样本中。其次，本书在分析中采取缩尾方式剔除了极端值，由此也会导致本书关于2004—2018年的分析结论与《上市公司信贷融资条件评价2019》出现差异。总体上来看，本书的近期版本所包含的样本要比早期版本更为全面，所得到的分析结论也更为准确。

还需要说明的是，本书所使用除贷款合约以外的其他数据均来自Wind数据库。在分析过程中为剔除异常值影响，我们按年度对所有变量按照1%和99%的标准进行了Winsorize处理，令小于1%

[①] 李广子：《上市公司信贷融资条件评价2019》，经济管理出版社2020年版。
[②] 比如，当一笔贷款合约在该上市公司2017年底时存续的贷款合约中并不属于金额较大的贷款合约，而在2019年底存续的贷款合约中属于金额较大的贷款合约，就会出现这种情况。

（99%）分位数的观测值等于1%（99%）分位数。

第二节 指标构建

结合数据情况，本书采用贷款成本、贷款期限、信用增级、贷款额度四个维度的指标反映上市公司信贷融资条件。

一 贷款成本

贷款成本反映了借款人获取银行贷款所支付的成本。基于贷款合约信息，我们从以下两个维度构建指标反映借款人的贷款成本。

（1）贷款利率，即贷款合约中约定的贷款利率。利率越高，借款人的贷款成本也就越高。实际中，贷款合约关于利率的约定主要有以下四种情形。情形一：在贷款合约中直接约定贷款利率。年利率是最常见的形式。当然，也有一些银行在贷款合约中规定的是月利率，为了便于分析和比较，我们在后续的分析中将所有贷款合约中的月利率都折算为年利率。情形二：在贷款合约中明确利率为"基准利率"而未给出具体的利率水平。在这种情况下，我们通过查阅中国人民银行贷款基准利率表或贷款市场报价利率（LPR）基准利率，按照当年相应期限的贷款基准利率对其进行赋值，从而近似得出该贷款合约对应的利率水平。情形三：在贷款合约中约定"基准利率"上浮或下浮一定比率或一定百分点。对于这一情形，与情形二类似，我们按照当年相应期限的贷款基准利率对其进行赋值，在此基础上上浮或下浮一定比率或一定百分点，由此得到贷款利率的近似值。情形四：其他情形。主要包括在贷款合约中明确贷款利率为"固定利率""浮动利率"、没有给出利率信息等情形。对于这些情形，我们将该笔贷款合约的利率信息做缺失值处理。

（2）贷款利差。本书的样本期间为2004—2020年。在此期间，中国贷款基准利率政策发生了重大调整。具体来讲，在2015年10月23日完全放开存款利率上限之前，中国一直实行的是利率管制，且不同年度贷款基准利率差异十分明显。不同期限的贷款基准利率由中国人民银行公布，中国人民银行会根据经济形势的变化对贷款基准利率定期进行调整。尽管从2015年10月23日开始完全放开利率管制，但中国人民银行仍然公布存贷款基准利率，且基准利率在实际中对于商业银行确定贷款利率仍有重要的参考作用。从2015年10月24日开始，中国人民银行将贷款基准利率调整为：1年以内（含1年）4.35%，1年至5年（含5年）4.75%，五年以上4.90%。从这一时间开始至样本期末（2020年底），中国人民银行未对贷款基准利率进行过调整。2019年8月17日，中国人民银行宣布改革完善LPR形成机制，新的LPR按照以中期借贷便利（MLF）利率为主的公开市场操作利率加点形成，加点幅度主要取决于各个银行自身的资金成本、市场供求、风险溢价等因素。中国人民银行同时明确要求，各银行应在新发放的贷款中主要参考LPR定价，并在浮动利率贷款合同中采用LPR作为定价基准。LPR历次调整情况如表2.3所示，从中可以看到，自2019年8月以来，LPR利率总体上呈现下降趋势。值得注意的是，从2020年4月20日至2021年10月20日，LPR一直保持不变，这在一定程度上说明了LPR对市场资金供求关系并不十分敏感。

表2.3　　　　　　　历次LPR调整情况　　　　　　单位:%

调整时间	1年期	5年期及以上	调整时间	1年期	5年期及以上
2019年8月20日	4.25	4.85	2020年10月20日	3.85	4.65
2019年9月20日	4.20	4.85	2020年11月20日	3.85	4.65
2019年10月21日	4.20	4.85	2020年12月21日	3.85	4.65

续表

调整时间	1年期	5年期及以上	调整时间	1年期	5年期及以上
2019年11月20日	4.15	4.80	2021年1月20日	3.85	4.65
2019年12月20日	4.15	4.80	2021年2月20日	3.85	4.65
2020年1月20日	4.15	4.80	2021年3月22日	3.85	4.65
2020年2月20日	4.05	4.75	2021年4月20日	3.85	4.65
2020年3月20日	4.05	4.75	2021年5月20日	3.85	4.65
2020年4月20日	3.85	4.65	2021年6月21日	3.85	4.65
2020年5月20日	3.85	4.65	2021年7月20日	3.85	4.65
2020年6月22日	3.85	4.65	2021年8月20日	3.85	4.65
2020年7月20日	3.85	4.65	2021年9月22日	3.85	4.65
2020年8月20日	3.85	4.65	2021年10月20日	3.85	4.65
2020年9月21日	3.85	4.65			

资料来源：笔者整理。

专栏 央行宣布完善LPR形成机制

2019年8月17日，为深化利率市场化改革，提高利率传导效率，推动降低实体经济融资成本，中国人民银行决定改革完善LPR形成机制。主要内容包括：①自2019年8月20日起，中国人民银行授权全国银行间同业拆借中心于每月20日（遇节假日顺延）9时30分公布。②LPR报价行应于每月20日（遇节假日顺延）9时前，按公开市场操作利率（主要指中期借贷便利利率）加点形成的方式，向全国银行间同业拆借中心报价。全国银行间同业拆借中心按去掉最高和最低报价后算术平均的方式计算得出LPR。③为提高LPR的代表性，LPR报价行类型在原有的全国性银行基础上增加城市商业银行、农村商业银行、外资银行和民营银行，此次由10家扩大至18家，今后定期评估调整。18家银行包括中国工商银行、中国农业银行、中国银行、中国建设银行、交通银行、中信银行、招商银行、兴业银行、浦东发展银行、中国民生银行、西安银行、台州银行、上海农村商业银行、广东顺德农村商业银行、渣打银行（中国）、花旗银行（中国）、微众银行、网商银行，其中后8家银行为LPR报价机制改革后新增的报价银行。④将LPR由原有1年期一个期限品种扩大至1年期和5年期以上两个期限品种。银行的1年期和5年期以上贷款参照相应期限的LPR定价，1年期以内、1年至5年期贷款利率由银行自主选择参考的期限品种定价。⑤自2019年8月17日起，各银行应在新发放的贷款中主要参考LPR定价，并在浮动利率贷款合同中采用LPR作为定价基准。存量贷款的利率仍按原合同约定执行。各银行不得通过协同行为以任何形式设定贷款利率定价的隐性下限。⑥中国人民银行将指导市场利率定价自律机制加强对LPR的监督管理，对报价行的报价质量进行考核，督促各银行运用LPR定价，严肃处理银行协同设定贷款利率定价的隐性下限等扰乱市场秩序的违规行为。中国人民银行将银行的LPR应用情况及贷款利率竞争行为纳入宏观审慎评估（MPA）。

由于不同年度基准利率存在差异，为保证各年度贷款成本具有可比性，我们将基准利率从贷款利率中剔除，在此基础上构造贷款利差指标来反映贷款成本。具体地，结合中国人民银行公布的基准利率期限分档，我们依据贷款的实际期限将其划分为四个档次：1年及以下、1年以上3年以下（含）、3年以上5年以下（含）、5年以上，在此基础上将贷款实际利率与相应期限的基准利率进行匹配，并计算得到相应的贷款利差。需要说明的是，由于中国人民银行要求从2019年8月开始各银行应在新发放的贷款中主要参考LPR定价，并在浮动利率贷款合同中采用LPR作为定价基准，而

LPR 仅有 1 年期和 5 年期及以上两个利率品种，我们在实际计算中对于期限为 1 年及以下、1 年以上 3 年以下（含）的贷款，将 1 年期 LPR 作为基准利率；对于期限为 3 年以上 5 年以下（含）、5 年以上的贷款，将 5 年期及以上 LPR 作为基准利率。表 2.4 给出了 2002 年 2 月 21 日至 2020 年 4 月 20 日中国人民银行历次贷款基准利率调整情况。

表 2.4　中国人民银行历次贷款基准利率调整情况　　单位：%

调整时间	6 个月（含）	1 年（含）	1—3 年（含）	3—5 年（含）	5 年以上
2002 年 2 月 21 日	5.04	5.31	5.49	5.58	5.76
2004 年 10 月 29 日	5.22	5.58	5.76	5.82	6.12
2006 年 4 月 28 日	5.40	5.85	6.03	6.12	6.39
2006 年 8 月 19 日	5.58	6.12	6.30	6.48	6.84
2007 年 3 月 18 日	5.67	6.39	6.57	6.75	7.11
2007 年 5 月 19 日	5.85	6.57	6.75	6.93	7.20
2007 年 7 月 21 日	6.03	6.84	7.02	7.20	7.38
2007 年 8 月 22 日	6.21	7.02	7.20	7.38	7.56
2007 年 9 月 15 日	6.48	7.29	7.47	7.65	7.83
2007 年 12 月 21 日	6.57	7.47	7.56	7.74	7.83
2008 年 9 月 16 日	6.21	7.20	7.29	7.56	7.74
2008 年 10 月 8 日	6.12	6.93	7.02	7.29	7.47
2008 年 10 月 30 日	6.03	6.66	6.75	7.02	7.20
2008 年 11 月 27 日	5.04	5.58	5.67	5.94	6.12
2008 年 12 月 23 日	4.86	5.31	5.40	5.76	5.94
2010 年 10 月 20 日	5.10	5.56	5.60	5.96	6.14
2010 年 12 月 26 日	5.35	5.81	5.85	6.22	6.40
2011 年 2 月 9 日	5.60	6.06	6.10	6.45	6.60
2011 年 4 月 6 日	5.85	6.31	6.40	6.65	6.80
2011 年 7 月 7 日	6.10	6.56	6.65	6.90	7.05

续表

调整时间	6个月（含）	1年（含）	1—3年（含）	3—5年（含）	5年以上
2012年6月8日	5.85	6.31	6.40	6.65	6.80
2012年7月6日	5.60	6.00	6.15	6.40	6.55
2014年11月22日	5.60	5.60	6.00	6.00	6.15
2015年3月1日	5.35	5.35	5.75	5.75	5.90
2015年5月11日	5.10	5.10	5.50	5.50	5.65
2015年6月28日	4.85	4.85	5.25	5.25	5.40
2015年8月26日	4.60	4.60	5.00	5.00	5.15
2015年10月24日	4.35	4.35	4.75	4.75	4.90
2019年8月20日	4.25	4.25	4.25	4.85	4.85
2019年9月20日	4.20	4.20	4.20	4.85	4.85
2019年10月21日	4.20	4.20	4.20	4.85	4.85
2019年11月20日	4.15	4.15	4.15	4.80	4.80
2020年2月20日	4.05	4.05	4.05	4.75	4.75
2020年4月20日	3.85	3.85	3.85	4.65	4.65

资料来源：笔者整理。

在此基础上，本书基于以下公式计算贷款利差：

$$贷款利差 = 实际贷款利率 - 同期限基准贷款利率 \quad (2-1)$$

考虑到样本期间很多年度调整了基准利率，为便于展示，我们以各年度年初和年末时点基准利率的平均值来衡量各个年度不同期限的基准利率，以此来反映中国不同期限基准利率的年度变动趋势，具体情况如表2.5和图2.1所示。

表2.5　　　　　各年末不同期限贷款基准利率　　　　单位：%

年度	6个月（含）	1年（含）	1—3年（含）	3—5年（含）	5年以上
2004	5.13	5.45	5.63	5.70	5.94

续表

年度	6个月（含）	1年（含）	1—3年（含）	3—5年（含）	5年以上
2005	5.22	5.58	5.76	5.82	6.12
2006	5.40	5.85	6.03	6.15	6.48
2007	6.08	6.80	6.93	7.11	7.34
2008	5.72	6.39	6.48	6.75	6.89
2009	4.86	5.31	5.40	5.76	5.94
2010	5.23	5.69	5.73	6.09	6.27
2011	5.73	6.19	6.25	6.56	6.73
2012	5.85	6.28	6.40	6.65	6.80
2013	5.60	6.00	6.15	6.40	6.55
2014	5.60	5.80	6.08	6.20	6.35
2015	4.98	4.98	5.38	5.38	5.53
2016	4.35	4.35	4.75	4.75	4.90
2017	4.35	4.35	4.75	4.75	4.90
2018	4.35	4.35	4.75	4.75	4.90
2019	4.25	4.25	4.45	4.78	4.85
2020	4.00	4.00	4.00	4.73	4.73

资料来源：笔者整理。

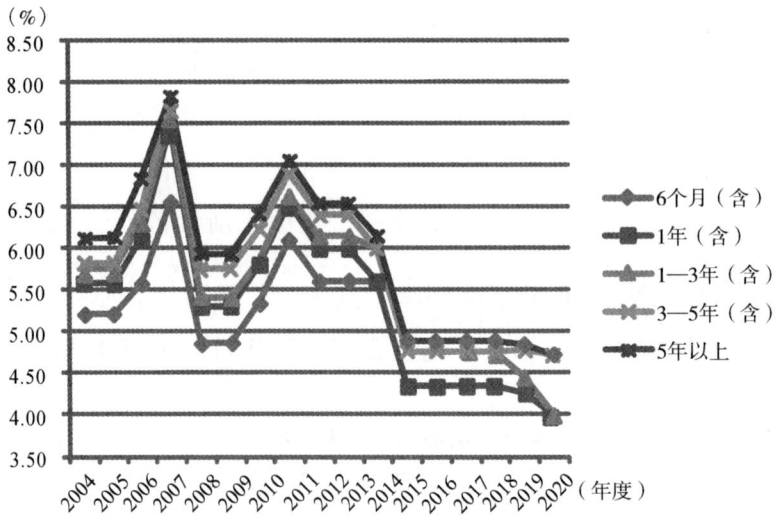

图2.1 各年不同期限贷款基准利率变动趋势

资料来源：笔者整理。

从表 2.5 和图 2.1 可以看到，2004—2020 年，人民币贷款基准利率的变化大致经历了以下五个阶段。

第一阶段：2004 年至 2008 年 9 月。这一阶段主要以国际金融危机爆发为分水岭，人民币贷款基准利率在这一时期总体处于上升通道，中国人民银行不断收紧货币政策，通过提高贷款基准利率抑制投资过热。其中，1 年期贷款基准利率从 2004 年初的 5.31% 上升到 2007 年底的 7.47%，提高了 2.16 个百分点。

第二阶段：2008 年 9 月至 2010 年 10 月。这一阶段以应对金融危机为主要特征。为应对国际金融危机冲击，中国人民银行采取了宽松的货币政策，大幅下调贷款基准利率，提高市场流动性。其中，1 年期贷款基准利率从 7.47% 的高点下降到 5.31% 的低点，下调幅度达到 2.16 个百分点，重新回到 2004 年初的水平。

第三阶段：2010 年 10 月至 2012 年 6 月。这一阶段可以定义为后金融危机时期。在经济企稳的背景下，为对冲前期宽松货币政策的影响，从 2010 年下半年开始，中国人民银行重新提高利率水平。1 年期贷款基准利率从 5.31% 的低点提高到 6.56% 的高点，上调幅度达到 1.25 个百分点。

第四阶段：2012 年 6 月至 2019 年 8 月。在这一时期，随着中国经济发展进入"新常态"，经济面临着较大的下行压力。这一阶段，中国贷款基准利率总体进入下行周期。2015 年 10 月，中国人民银行最近一次调整了基准利率，其中，1 年期贷款基准利率从 2011 年 7 月的高点 6.56% 下调至 2015 年 10 月的低点 4.35%，下调幅度达到 2.21 个百分点。从 2015 年 10 月开始至 2020 年底，中国人民银行未对贷款基准利率做过调整，基准利率基本保持稳定，1 年期贷款基准利率一直维持在 4.35% 的水平。

第五阶段：2019 年 8 月以来。这一阶段以完善 LPR 形成机制改革为标志。2019 年 8 月 17 日，为深化利率市场化改革，中国人民银行决定改革完善LPR形成机制，规定由全国银行间同业拆借中心于每月20日公布贷款市场报价利率，报价行包括18家银行。同时明确，自2019年8月17日起，各银行应在新发放的贷款中主要参考LPR定价。从2020年4月20日开始至2020年末，1年期和5年期及以上的LPR分别一直维持在3.85%和4.65%的水平。

二 贷款期限

贷款期限反映的是借款人能够使用贷款资金的时间长度，以贷款合约中规定的贷款开始日到结束日所持续的年度数来表示。对于借款人来说，贷款期限越短，借款人可以使用贷款资金的时间就越短，从而越需要做好资金头寸和流动性管理，以防止借款到期时出现流动性风险；与之相反，贷款期限较长意味着借款人可以在较长的时间内使用资金，有利于借款人在较长的时间内合理安排资金头寸，从而降低流动性风险。因此，贷款期限越长，商业银行对借款人的支持力度越大，对借款人而言越有利。对于商业银行来说，贷款期限越短，银行越能够快速回收资金，避免资金被借款人长时间使用而产生的不确定性；同时，贷款期限较短也为银行提高频率对借款人的信用状况进行评估提供了可能，使得对借款人信用风险的评价更加精确。换言之，当贷款到期后借款人重新向银行申请贷款时，商业银行可以根据最新情况对借款人的信用风险及时进行跟踪评估，并根据借款人的风险状况对贷款条件进行调整，使得贷款条件能够与借款人的最新风险状况进行更好的匹配，从而提高对借款人的约束程度。总体上看，贷款期限越短，商业银行对借款人的约束力度就会越大。

三 信用增级

为降低贷款风险，商业银行一般会根据借款人的风险状况要求借款人提供相应的信用增级措施。从实际情况来看，银行只会在少数情况下发放信用贷款，其他多数情况下银行都会要求借款人提供相应的信用增级措施，以保证借款人在第一还款来源出现问题的情况下，可以提供第二还款来源。常见的信用增级措施包括保证、担保、抵押、质押等。实际中，银行会根据借款人的风险状况选择让借款人提供一种或多种信用增级方式。一般而言，要求借款人提供的信用增级措施越多，对银行权利的保障程度就越高，对借款人来说则意味着借款条件越苛刻。结合数据情况，我们主要构建以下两个指标来衡量银行贷款的信用增级措施。

（1）信用增级强度。即为反映贷款合约使用信用增级措施强度的序数变量。如果为信用贷款，该变量取值为1；如果银行要求借款人提供1种信用增级措施，该变量取值为2；如果银行要求借款人提供2种信用增级措施，该变量取值为3；如果银行要求借款人提供3种及以上信用增级措施，该变量取值为4（具体如表2.6所示）。可以看到，信用增级强度取值越高，银行贷款合约对借款人提供信用增级措施的要求越高；反之则越低。需要说明的是，这种赋值方法所得到的结果只是对信用增级强度的一种近似。从实际中来看，由于不同信用增级措施效力存在差异，采取2种信用增级方式所对应的信用增级强度并不一定比采取1种信用增级方式要高，也不一定是采取1种信用增级方式对应的信用增级强度的1.5倍。

（2）非信用贷款虚拟变量。如果贷款为非信用贷款，该变量取值为1；如果贷款为信用贷款，该变量取值为0。可以看到，这一变量反映的是银行发放的贷款为非信用贷款的概率。当贷款为信用贷款时，商业银行完全基于借款人的信用向其发放贷款；当贷款为非信用贷款时，商业银行需要借款人提供一定的信用增级措施，对借款人提出的要求也更高。

表 2.6　　信用增级强度指标的构建

类别	信用增级强度
信用贷款	1
1 种信用增级措施	2
2 种信用增级措施	3
3 种及以上信用增级措施	4

四　贷款额度

贷款额度反映的是银行给上市公司发放贷款金额的大小。考虑到借款人经营规模存在一定差异，直接比较不同银行贷款的绝对金额并没有太大意义，因此，我们采用相对值来衡量银行贷款的额度大小。具体地，我们以贷款金额除以借款人期末总资产表示。其计算公式如下：

$$贷款额度 = 贷款合约中的贷款金额 / 借款人期末总资产 \tag{2-2}$$

贷款额度指标取值越高，说明该笔贷款金额相对于借款人的经营规模越大，商业银行对借款人的支持力度也越大。

第三章

上市公司信贷融资条件总体特征与趋势

如前所述,本书的样本包含了2004—2020年上市公司逐笔银行贷款合约数据。在这一章里,我们将从贷款成本、贷款期限、信用增级、贷款额度等不同维度对中国上市公司信贷融资条件的总体特征以及时间变动趋势进行分析。结合贷款合约数据的特点,除了分析上市公司信贷融资条件在不同年度的变动趋势以外,我们还对上市公司信贷融资条件在不同月度的变动趋势进行了分析。

第一节 贷款成本

从实际情况来看,商业银行在向上市公司发放贷款过程中,采取了较为灵活的定价方式。从本书样本情况看,商业银行的定价方式主要包括固定利率、基准利率、浮动利率、基准利率上浮、基准利率下浮五种类型。其中,采取固定利率、基准利率等方式最为常见。

一 年度趋势

2004—2020年,上市公司不同年度平均贷款成本情况如表3.1和图3.1所示。

表 3.1　　　　　　　上市公司平均贷款成本　　　　　单位:%

年度	平均贷款利率	平均贷款利差
2004	5.92	0.21
2005	6.05	0.16
2006	6.05	-0.09
2007	6.55	-0.61
2008	6.46	-0.31
2009	5.54	-0.04
2010	5.75	-0.04
2011	6.60	0.24
2012	6.63	0.15
2013	6.41	0.18
2014	6.27	0.15
2015	5.26	-0.22
2016	4.85	0.05
2017	4.96	0.26
2018	5.54	0.68
2019	5.06	0.45
2020	4.49	0.23

资料来源:笔者整理。

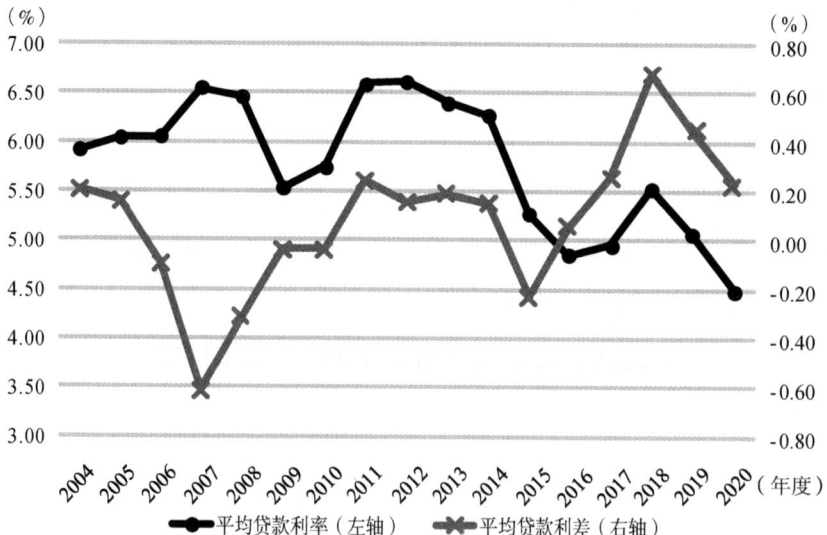

图 3.1　上市公司平均贷款成本变化趋势

资料来源:笔者整理。

从平均贷款利率看，2004—2020年，样本贷款合约平均贷款利率为5.79%。在时间趋势上，上市公司贷款利率随着基准利率的波动而发生波动，这说明基准利率决定了银行贷款定价。从表2.5和图2.1可以看到，贷款基准利率在2007年和2012年分别达到了阶段性高点。类似的，从表3.1和图3.1可以看到，平均贷款利率也在2007年和2012年前后达到了阶段性高点。上述结果表明，商业银行在贷款决策中主要以中国人民银行公布的基准利率为参照。

不过，这一情况从2017年开始已经发生了很大的变化。前一章关于贷款基准利率的分析表明，从2012年6月至今，中国贷款基准利率总体进入下行周期，反映了货币政策当局总体上通过下调贷款基准利率降低企业融资成本的意图，也反映了中国经济增速的下滑。与之相比，样本贷款合约平均贷款利率在这一期间则呈现"先下降、后上升、再下降"的趋势，与贷款基准利率的单边下降呈现很大的不同。具体来看，上市公司平均贷款利率从2012年6.63%的高点下降到2016年4.85%的低点，下降了1.78个百分点；从2017年开始，上市公司平均贷款利率重新开始上升，从2016年4.85%上升到2018年的5.54%，上升了0.69个百分点；平均贷款利率在2018年达到阶段性高点之后，重新进入下降通道。从2018年的5.54%下降到2020年的4.49%，下降了1.05个百分点。换言之，样本贷款合约平均贷款利率走势从2017年开始与基准利率的走势呈现不一致的态势。

之所以出现这种情况，可能有以下两个方面的原因。

一方面，这一趋势与中国利率市场化进程基本吻合。中国的利率市场化采取的是渐进式的改革方式，按照"先外币后本币，先小额后大额，先贷款后存款"的改革路径来逐步取消利率管制。就贷款利率而言，中国人民银行从2003年开始逐步取消贷款利率的上限和下限。直到2013年7月取消了人民币贷款利率下限，标志着中国人民币贷款利率市场化基本完成。也就是说，从 2013 年 7 月开始，商业银行拥有完全的贷款自主定价权，可以根据借款人的风险状况灵活决定贷款利率。在这种情况下，上市公司实际贷款利率与基准利率出现偏离反映出商业银行自主定价能力的提升。尽管商业银行仍然会参照基准利率进行贷款定价，但基准利率以外的其他因素（如借款人风险、市场流动性状况）在银行贷款定价中发挥着越来越重要的作用。在这种情况下，实际贷款利率与基准利率出现偏离的情形会越来越普遍。如果以 7 天银行间同业拆借加权利率来衡量市场利率，从图 3.2 可以看到，该利率从 2016 年下半年开始呈现一定的上升趋势，反映出市场流动性的趋紧；在此之后，该利率在保持一段时间的平稳波动之后，从 2019 年下半年开始重新进入下降通道。而这一趋势与图 3.1 中反映出来的平均贷款利率 2017 年以来的变动趋势具有一致性。上述结果表明，随着贷款利率上下限管制的取消，银行贷款定价中对基准利率的依赖程度有所降低；与之相比，市场利率对贷款定价的影响有所上升。

另一方面，银行贷款利率的市场化程度滞后于中国的利率市场化进程。虽然从 2013 年 7 月开始，中国的贷款利率市场化就已经从法律意义上顺利完成，但从图 3.1 反映的趋势来看，2017 年开始实际贷款利率与基准利率出现了较大的偏离，这一情形明显滞后于利率市场化进程。尽管贷款利率管制已经取消，但银行在很长时期内仍然把贷款基准利率作为贷款定价的重要参照标准，直到近几年这一情况才有所改变，这在一定程度上反映出商业银行在贷款利率定价中由基准利率定价到市场化定价还需要一个较长的适应和转变过程。

从平均贷款利差来看，其反映的趋势与平均贷款利率有所不同。2004—2020 年，样本贷款合约平均贷款利差为 0.09%，略高于 0，说明样本期间上市公司实际贷款利率略高于同期基准利率。

从图 3.2 可以看到，2004—2020 年不同阶段上市公司平均贷款利差的变动呈现不同特征。

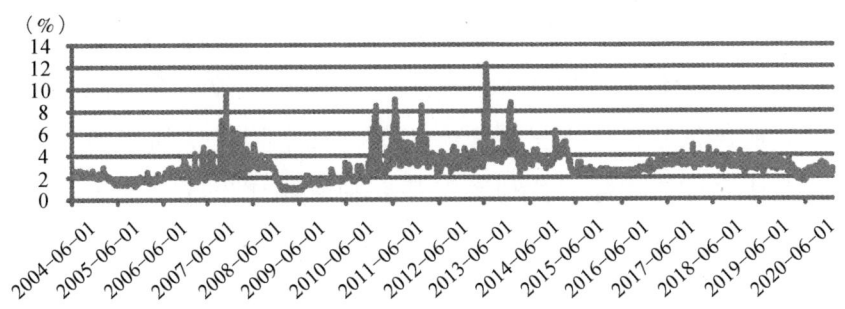

图 3.2　银行间同业拆借加权利率（7 天）变化趋势

第一阶段，2004—2007 年。这一阶段处于国际金融危机爆发之前，平均贷款利差呈现明显的下降趋势。在这一时期，尽管平均贷款利率不断上升，但由于贷款基准利率的上升，平均贷款利差出现了明显的下降。换言之，平均贷款利率的上升幅度要小于贷款基准利率的上升幅度。2006 年、2007 年平均贷款利差甚至出现了负值，分别为 -0.09%、-0.61%。这个结果说明这一时期银行的信贷条件是相对宽松的，即上市公司可以以相对较低的成本从银行获取贷款。

第二阶段，2008—2011 年。这一阶段，上市公司平均贷款利差呈现稳步上升的趋势。其中，2008 年的平均贷款利差为 -0.31%，比 2007 年的 -0.61% 提高了 0.3 个百分点。到 2011 年，样本上市公司平均贷款利差达到 0.24%，比 2007 年的低点提高了 0.85 个百分点。这一时期的 2008 年、2009 年、2010 年，上市公司平均贷款利差分别为 -0.31%、-0.04%、-0.04%，均为负值，反映出这一时期货币当局为应对金融危机冲击采取了非常宽松的利率政策，商业银行作为资金供给主体，其提供贷款的实际利率甚至低于基准利率。随着应对金融危机宽松货币政策的退出，2011年平均贷款利差重新变为正值。

第三阶段，2012—2015年。这一时期平均贷款利差总体上呈现下降趋势，与平均贷款利率的走势一致。2015年上市公司平均贷款利差为-0.22%，比2011年的0.24%下降了0.46个百分点。尽管这一时期贷款基准利率呈现下降趋势，但平均贷款利差的下降说明，商业银行的实际贷款利率与基准利率相比出现了更大幅度的下降。

第四阶段，2016—2018年。这一时期平均贷款利差又开始呈现上升趋势。平均贷款利差从2015年的-0.22%上升到2018年的0.68%，上升了0.90个百分点。与平均贷款利率的走势相比，平均贷款利差的上升幅度更为明显。需要说明的是，从图2.1可以看到，这一时期贷款基准利率基本保持不变，平均贷款利差之所以比平均贷款利率出现更大幅度的上升可能与贷款期限结构的变化有关。在下文将会看到，近年来银行贷款出现了明显的短期化趋势，商业银行平均贷款期限不断降低。从实际来看，贷款期限越短，利率通常来说也越低。因此，平均贷款期限的下降意味着平均贷款基准利率水平的下降，由此导致平均贷款利差出现了更大幅度的上升。

第五阶段，2018—2020年。这一时期，平均贷款利差呈现明显的下降趋势。2020年平均贷款利差为0.23%，与2018年的0.68%相比下降了0.45个百分点。尽管这一时期贷款基准利率总体上也呈现下行趋势，但平均贷款利差的下降意味着平均贷款利率的下降速度比平均基准贷款利率要更快。

二 月度趋势

由于样本贷款合约包含了贷款起始日期信息，因此，我们可以确定贷款合约对应月份的平均贷款利率。在此基础上，我们可以对样本期间平均贷款利率和平均贷款利差的月度趋势进行分析。

样本贷款合约不同月度平均贷款利率情况如表3.2和图3.3所示。

表3.2　　　　　　　上市公司月度平均贷款利率　　　　单位：%

时间	平均贷款利率	时间	平均贷款利率	时间	平均贷款利率	时间	平均贷款利率	时间	平均贷款利率
2004年1月	5.91	2007年7月	6.76	2011年1月	6.17	2014年7月	6.29	2018年1月	5.39
2004年2月	6.24	2007年8月	6.88	2011年2月	6.35	2014年8月	6.98	2018年2月	5.27
2004年3月	5.92	2007年9月	6.57	2011年3月	6.50	2014年9月	6.49	2018年3月	5.37
2004年4月	5.59	2007年10月	7.07	2011年4月	6.55	2014年10月	6.31	2018年4月	5.48
2004年5月	5.76	2007年11月	6.80	2011年5月	6.74	2014年11月	6.07	2018年5月	4.87
2004年6月	5.94	2007年12月	6.63	2011年6月	6.66	2014年12月	6.12	2018年6月	5.40
2004年7月	5.94	2008年1月	6.20	2011年7月	6.36	2015年1月	5.53	2018年7月	5.70
2004年8月	5.32	2008年2月	6.47	2011年8月	6.78	2015年2月	6.20	2018年8月	6.24
2004年9月	6.25	2008年3月	6.97	2011年9月	6.76	2015年3月	5.95	2018年9月	5.99
2004年10月	6.14	2008年4月	6.78	2011年10月	6.74	2015年4月	5.13	2018年10月	5.63
2004年11月	6.31	2008年5月	7.03	2011年11月	6.65	2015年5月	4.87	2018年11月	5.25
2004年12月	5.78	2008年6月	6.50	2011年12月	6.93	2015年6月	4.91	2018年12月	5.39
2005年1月	5.75	2008年7月	6.58	2012年1月	6.75	2015年7月	4.73	2019年1月	4.55
2005年2月	5.86	2008年8月	6.53	2012年2月	6.83	2015年8月	5.40	2019年2月	5.11
2005年3月	6.14	2008年9月	6.38	2012年3月	6.70	2015年9月	4.99	2019年3月	5.07
2005年4月	6.09	2008年10月	6.63	2012年4月	6.99	2015年10月	5.20	2019年4月	5.51
2005年5月	5.93	2008年11月	6.38	2012年5月	6.84	2015年11月	5.47	2019年5月	5.13
2005年6月	5.81	2008年12月	5.82	2012年6月	6.74	2015年12月	5.32	2019年6月	5.09
2005年7月	6.16	2009年1月	5.79	2012年7月	6.60	2016年1月	5.08	2019年7月	5.19
2005年8月	6.48	2009年2月	5.67	2012年8月	6.41	2016年2月	5.13	2019年8月	5.20
2005年9月	6.11	2009年3月	5.61	2012年9月	6.43	2016年3月	5.09	2019年9月	4.94
2005年10月	6.20	2009年4月	5.67	2012年10月	6.39	2016年4月	4.83	2019年10月	4.84
2005年11月	5.98	2009年5月	5.77	2012年11月	6.61	2016年5月	4.98	2019年11月	5.06
2005年12月	6.07	2009年6月	5.59	2012年12月	6.51	2016年6月	4.80	2019年12月	5.32
2006年1月	6.01	2009年7月	5.47	2013年1月	6.56	2016年7月	4.90	2020年1月	4.94
2006年2月	6.18	2009年8月	5.51	2013年2月	6.49	2016年8月	5.06	2020年2月	4.08
2006年3月	5.79	2009年9月	5.51	2013年3月	6.66	2016年9月	4.85	2020年3月	4.44

续表

时间	平均贷款利率	时间	平均贷款利率	时间	平均贷款利率	时间	平均贷款利率	时间	平均贷款利率
2006年4月	5.92	2009年10月	5.34	2013年4月	6.49	2016年10月	4.31	2020年4月	4.23
2006年5月	5.99	2009年11月	5.24	2013年5月	6.36	2016年11月	4.74	2020年5月	4.82
2006年6月	5.73	2009年12月	5.28	2013年6月	6.21	2016年12月	4.72	2020年6月	4.36
2006年7月	6.06	2010年1月	5.71	2013年7月	6.35	2017年1月	4.43	2020年7月	4.62
2006年8月	6.23	2010年2月	5.86	2013年8月	6.53	2017年2月	4.56	2020年8月	4.50
2006年9月	6.36	2010年3月	5.73	2013年9月	6.38	2017年3月	4.84	2020年9月	4.43
2006年10月	6.56	2010年4月	5.73	2013年10月	6.00	2017年4月	5.03	2020年10月	4.44
2006年11月	6.30	2010年5月	5.75	2013年11月	6.56	2017年5月	5.29	2020年11月	4.45
2006年12月	6.22	2010年6月	5.80	2013年12月	6.34	2017年6月	5.03	2020年12月	4.52
2007年1月	6.59	2010年7月	5.79	2014年1月	6.13	2017年7月	4.76		
2007年2月	6.10	2010年8月	5.59	2014年2月	6.23	2017年8月	5.09		
2007年3月	6.17	2010年9月	5.70	2014年3月	6.34	2017年9月	5.23		
2007年4月	6.20	2010年10月	5.80	2014年4月	6.44	2017年10月	5.34		
2007年5月	6.47	2010年11月	5.65	2014年5月	6.23	2017年11月	4.87		
2007年6月	6.38	2010年12月	5.91	2014年6月	5.80	2017年12月	4.98		

资料来源：笔者整理。

图3.3　上市公司月度平均贷款利率变化趋势

资料来源：笔者整理。

从表 3.2 和图 3.3 可以看到,样本贷款合约月度平均贷款利率走势总体上与年度平均贷款利率一致,但同一年度中不同月份也呈现不同的波动特征。比如,2007 年样本贷款合约平均贷款利率保持在较高水平,但 2007 年 9 月平均贷款利率为 6.57%,低于 2007 年 8 月的 6.88% 和 10 月的 7.07%,出现了一定幅度的波动;2015 年的 2 月,样本贷款合约平均利率达到了阶段性高点 6.20%,比 2015 年平均贷款利率 5.26% 高 0.94 个百分点;2016 年 10 月,样本贷款合约平均贷款利率达到 4.31% 的阶段性低点,比 2016 年平均贷款利率 4.85% 要低 0.54 个百分点。上述情况表明,不同月度信贷融资条件的松紧程度也可能存在较大的差异。样本贷款合约不同月度平均贷款利差情况如表 3.3 和图 3.4 所示。

表 3.3　　　　　　　　上市公司月度平均贷款利差　　　　　单位:%

时间	平均贷款利差	时间	平均贷款利差	时间	平均贷款利差	时间	平均贷款利差	时间	平均贷款利差
2004 年 1 月	-0.17	2007 年 7 月	-0.35	2011 年 1 月	-0.17	2014 年 7 月	0.22	2018 年 1 月	0.76
2004 年 2 月	0.45	2007 年 8 月	-0.30	2011 年 2 月	0.05	2014 年 8 月	0.87	2018 年 2 月	0.60
2004 年 3 月	0.20	2007 年 9 月	-0.48	2011 年 3 月	0.15	2014 年 9 月	0.38	2018 年 3 月	0.57
2004 年 4 月	-0.18	2007 年 10 月	-0.01	2011 年 4 月	0.23	2014 年 10 月	0.18	2018 年 4 月	0.59
2004 年 5 月	0.15	2007 年 11 月	-0.31	2011 年 5 月	0.51	2014 年 11 月	-0.14	2018 年 5 月	0.29
2004 年 6 月	0.39	2007 年 12 月	-0.61	2011 年 6 月	0.32	2014 年 12 月	0.03	2018 年 6 月	0.70
2004 年 7 月	0.28	2008 年 1 月	-0.62	2011 年 7 月	0.07	2015 年 1 月	-0.01	2018 年 7 月	0.60
2004 年 8 月	-0.50	2008 年 2 月	-0.36	2011 年 8 月	0.45	2015 年 2 月	0.35	2018 年 8 月	0.90
2004 年 9 月	0.66	2008 年 3 月	0.22	2011 年 9 月	0.31	2015 年 3 月	-0.11	2018 年 9 月	0.69
2004 年 10 月	0.40	2008 年 4 月	-0.03	2011 年 10 月	0.33	2015 年 4 月	-0.37	2018 年 10 月	0.89
2004 年 11 月	0.51	2008 年 5 月	0.18	2011 年 11 月	0.22	2015 年 5 月	-0.86	2018 年 11 月	0.61
2004 年 12 月	0.09	2008 年 6 月	-0.34	2011 年 12 月	0.48	2015 年 6 月	-0.46	2018 年 12 月	0.79
2005 年 1 月	-0.01	2008 年 7 月	-0.20	2012 年 1 月	0.30	2015 年 7 月	-0.52	2019 年 1 月	0.07
2005 年 2 月	0.04	2008 年 8 月	-0.27	2012 年 2 月	0.27	2015 年 8 月	-0.14	2019 年 2 月	0.51
2005 年 3 月	0.29	2008 年 9 月	-0.38	2012 年 3 月	0.20	2015 年 9 月	-0.38	2019 年 3 月	0.47

续表

时间	平均贷款利差	时间	平均贷款利差	时间	平均贷款利差	时间	平均贷款利差	时间	平均贷款利差
2005年4月	0.28	2008年10月	-0.24	2012年4月	0.56	2015年10月	-0.65	2019年4月	0.73
2005年5月	0.00	2008年11月	-0.17	2012年5月	0.29	2015年11月	0.20	2019年5月	0.51
2005年6月	-0.09	2008年12月	-0.90	2012年6月	0.32	2015年12月	0.06	2019年6月	0.39
2005年7月	0.29	2009年1月	0.10	2012年7月	0.20	2016年1月	0.17	2019年7月	0.43
2005年8月	0.69	2009年2月	0.08	2012年8月	-0.12	2016年2月	0.25	2019年8月	0.49
2005年9月	0.27	2009年3月	0.03	2012年9月	0.01	2016年3月	0.35	2019年9月	0.48
2005年10月	0.10	2009年4月	0.07	2012年10月	-0.07	2016年4月	-0.03	2019年10月	0.27
2005年11月	0.02	2009年5月	0.13	2012年11月	0.06	2016年5月	0.22	2019年11月	0.56
2005年12月	0.14	2009年6月	0.00	2012年12月	0.06	2016年6月	0.01	2019年12月	0.49
2006年1月	-0.21	2009年7月	-0.10	2013年1月	0.25	2016年7月	0.17	2020年1月	0.56
2006年2月	0.02	2009年8月	-0.05	2013年2月	0.28	2016年8月	0.23	2020年2月	0.06
2006年3月	-0.28	2009年9月	-0.07	2013年3月	0.37	2016年9月	0.05	2020年3月	0.25
2006年4月	-0.22	2009年10月	-0.19	2013年4月	0.24	2016年10月	-0.39	2020年4月	0.18
2006年5月	-0.16	2009年11月	-0.22	2013年5月	0.13	2016年11月	0.00	2020年5月	0.33
2006年6月	-0.34	2009年12月	-0.23	2013年6月	0.02	2016年12月	-0.11	2020年6月	0.20
2006年7月	-0.19	2010年1月	-0.09	2013年7月	0.17	2017年1月	-0.11	2020年7月	0.17
2006年8月	0.09	2010年2月	0.08	2013年8月	0.27	2017年2月	0.03	2020年8月	0.24
2006年9月	0.17	2010年3月	-0.05	2013年9月	0.10	2017年3月	0.16	2020年9月	0.24
2006年10月	0.45	2010年4月	-0.07	2013年10月	-0.19	2017年4月	0.50	2020年10月	0.29
2006年11月	0.19	2010年5月	0.03	2013年11月	0.38	2017年5月	0.33	2020年11月	0.12
2006年12月	0.03	2010年6月	0.02	2013年12月	0.19	2017年6月	0.33	2020年12月	0.24
2007年1月	-0.53	2010年7月	-0.05	2014年1月	-0.07	2017年7月	0.07		
2007年2月	-1.05	2010年8月	-0.12	2014年2月	0.12	2017年8月	0.26		
2007年3月	-1.24	2010年9月	-0.15	2014年3月	0.11	2017年9月	0.38		
2007年4月	-0.95	2010年10月	0.00	2014年4月	0.38	2017年10月	0.55		
2007年5月	-0.72	2010年11月	-0.11	2014年5月	0.26	2017年11月	0.26		
2007年6月	-0.75	2010年12月	0.10	2014年6月	-0.47	2017年12月	0.28		

资料来源：笔者整理。

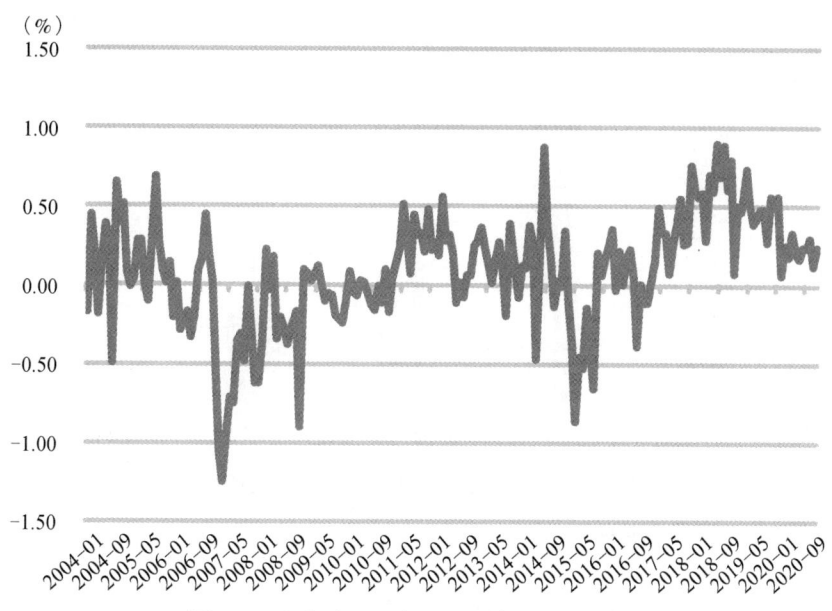

图 3.4　上市公司月度平均贷款利差变化趋势

资料来源：笔者整理。

从表 3.3 和图 3.4 可以看到，类似的，样本贷款合约月度平均贷款利差走势总体上与年度平均贷款利差一致，但不同月份也呈现不同的波动特征。2004—2020 年，样本贷款合约平均贷款利差最低的月份出现在 2007 年 3 月，达到 -1.24%，说明平均而言上市公司贷款利率比基准利率低 1.24 个百分点，反映出这一时期信贷融资条件的极度宽松。样本期间，平均贷款利差最高的月份出现在 2018 年 8 月，达到 0.90%，平均而言上市公司贷款利率比基准利率高 0.90 个百分点。

第二节　贷款期限

样本贷款合约的期限分布情况如图 3.5 所示。

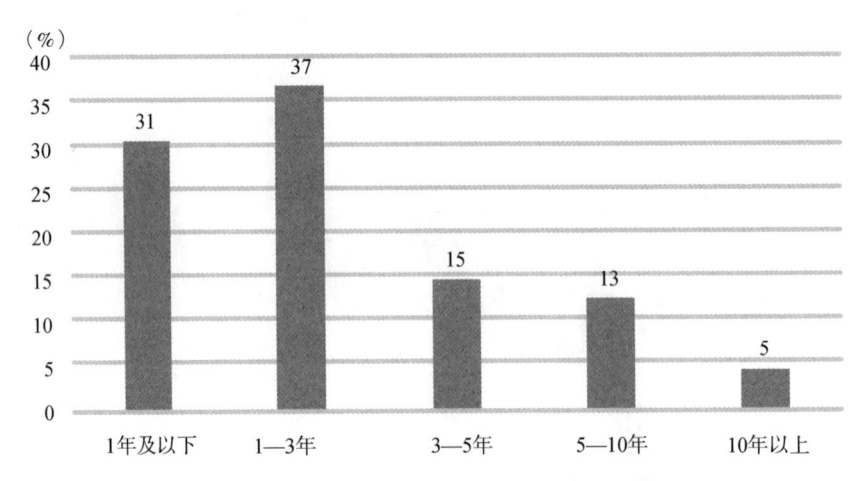

```
(%)
40
35    37
30  31
25
20
15        15  13
10
 5              5
 0
   1年及以下 1—3年 3—5年 5—10年 10年以上
```

图 3.5　样本贷款合约的期限分布变化趋势

资料来源：笔者整理。

从图 3.5 可以看到，商业银行对上市公司的贷款中期限为 1—3 年的贷款占比最高，此类贷款合约在全部贷款合约中的占比达到 37%；其次为 1 年期及以下的贷款，占比为 31%。可以看到，商业银行对上市公司的贷款以 3 年期及以下的中短期贷款为主，两类贷款占比达到 68%。除此之外，3—5 年期贷款合约占比为 15%；5—10 年期的占比 13%；10 年期以上占比仅为 5%，说明长期贷款数量非常少。

一　年度趋势

2004—2020 年，上市公司不同年度平均贷款期限情况如表 3.4 和图 3.6 所示。

表 3.4　　　　　　　　上市公司平均贷款期限　　　　　　单位：年

年度	平均贷款期限
2004	4.88
2005	4.64
2006	4.54

续表

年度	平均贷款期限
2007	4.57
2008	3.93
2009	4.17
2010	4.04
2011	3.42
2012	3.65
2013	3.84
2014	4.07
2015	4.86
2016	3.23
2017	2.99
2018	2.99
2019	2.24
2020	1.76

资料来源：笔者整理。

图3.6 上市公司平均贷款期限变化趋势

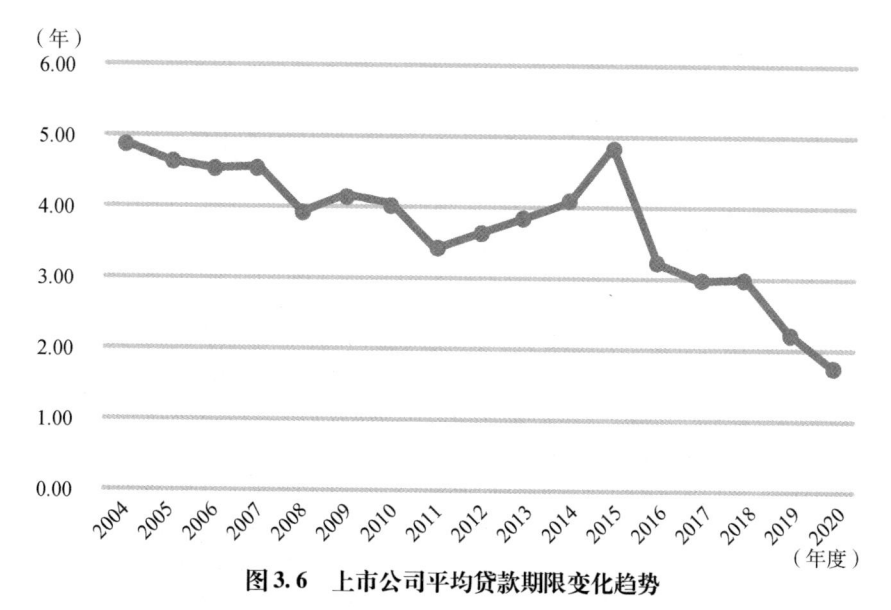

资料来源：笔者整理。

2004—2020 年，样本上市公司贷款合约平均期限为 3.75 年。从表 3.4 和图 3.6 可以看到，2004 年以来，商业银行向上市公司发放的贷款呈现明显的短期化趋势：平均贷款期限从 2004 年的 4.88 年下降到 2020 年的 1.76 年，下降幅度达到 3.12 年，后者仅为前者的 36%。从图 3.6 还可以看到，样本贷款合约平均贷款期限在 2015 年达到阶段性高点 4.86 年，在此以后出现稳步下降趋势。

如前文所述，从借款人角度来看，贷款期限越长，银行对借款人的支持力度越大。从这个角度上看，商业银行向上市公司发放贷款的短期化趋势对于上市公司来说是不利的，一定程度上反映了商业银行对上市公司支持力度的下降。另外，从银行角度来看，贷款期限越短，越有利于银行对借款人进行监督，商业银行对借款人的约束力度就会越大。从这个意义上说，商业银行贷款期限的短期化趋势不仅可以加大商业银行对上市公司的监督力度，也能使商业银行作为债权人的权利得到进一步加强。

二 月度趋势

2004—2020 年，上市公司不同月度平均贷款期限情况如表 3.5 和图 3.7 所示。

表 3.5　　　　　　　　上市公司月度平均贷款期限　　　　　　　单位：年

时间	平均贷款期限	时间	平均贷款期限	时间	平均贷款期限	时间	平均贷款期限	时间	平均贷款期限
2004 年 1 月	8.35	2007 年 7 月	3.85	2011 年 1 月	3.67	2014 年 7 月	4.78	2018 年 1 月	2.84
2004 年 2 月	7.20	2007 年 8 月	4.06	2011 年 2 月	3.63	2014 年 8 月	3.46	2018 年 2 月	2.70
2004 年 3 月	4.43	2007 年 9 月	4.07	2011 年 3 月	3.66	2014 年 9 月	3.16	2018 年 3 月	2.22
2004 年 4 月	5.28	2007 年 10 月	3.86	2011 年 4 月	3.18	2014 年 10 月	3.62	2018 年 4 月	2.32
2004 年 5 月	3.85	2007 年 11 月	4.42	2011 年 5 月	3.26	2014 年 11 月	3.63	2018 年 5 月	2.69
2004 年 6 月	3.20	2007 年 12 月	4.67	2011 年 6 月	3.49	2014 年 12 月	5.38	2018 年 6 月	3.24
2004 年 7 月	4.49	2008 年 1 月	5.15	2011 年 7 月	3.49	2015 年 1 月	5.61	2018 年 7 月	3.58
2004 年 8 月	6.20	2008 年 2 月	5.95	2011 年 8 月	3.02	2015 年 2 月	8.27	2018 年 8 月	3.73

续表

时间	平均贷款期限	时间	平均贷款期限	时间	平均贷款期限	时间	平均贷款期限	时间	平均贷款期限
2004年9月	5.06	2008年3月	3.97	2011年9月	3.86	2015年3月	6.98	2018年9月	2.45
2004年10月	4.67	2008年4月	4.13	2011年10月	3.42	2015年4月	3.32	2018年10月	2.88
2004年11月	4.63	2008年5月	3.46	2011年11月	2.86	2015年5月	3.68	2018年11月	3.15
2004年12月	4.65	2008年6月	3.98	2011年12月	3.50	2015年6月	5.47	2018年12月	3.30
2005年1月	5.51	2008年7月	3.95	2012年1月	4.45	2015年7月	3.64	2019年1月	4.30
2005年2月	6.13	2008年8月	3.82	2012年2月	3.83	2015年8月	4.06	2019年2月	2.44
2005年3月	4.68	2008年9月	3.91	2012年3月	3.32	2015年9月	3.51	2019年3月	2.12
2005年4月	3.98	2008年10月	3.76	2012年4月	4.21	2015年10月	4.90	2019年4月	1.91
2005年5月	5.56	2008年11月	2.76	2012年5月	4.04	2015年11月	3.24	2019年5月	1.85
2005年6月	4.13	2008年12月	3.05	2012年6月	3.48	2015年12月	5.41	2019年6月	2.34
2005年7月	5.01	2009年1月	4.55	2012年7月	3.35	2016年1月	4.02	2019年7月	2.37
2005年8月	4.33	2009年2月	4.04	2012年8月	3.52	2016年2月	4.70	2019年8月	2.20
2005年9月	3.74	2009年3月	4.37	2012年9月	3.10	2016年3月	2.72	2019年9月	1.80
2005年10月	3.62	2009年4月	3.78	2012年10月	3.57	2016年4月	3.24	2019年10月	2.00
2005年11月	4.70	2009年5月	4.16	2012年11月	3.72	2016年5月	3.24	2019年11月	2.15
2005年12月	5.25	2009年6月	4.21	2012年12月	3.73	2016年6月	3.74	2019年12月	1.86
2006年1月	5.37	2009年7月	4.30	2013年1月	3.79	2016年7月	2.44	2020年1月	2.26
2006年2月	5.51	2009年8月	3.87	2013年2月	3.79	2016年8月	2.38	2020年2月	1.39
2006年3月	4.44	2009年9月	4.13	2013年3月	3.71	2016年9月	3.19	2020年3月	1.41
2006年4月	4.99	2009年10月	4.16	2013年4月	4.25	2016年10月	2.56	2020年4月	1.43
2006年5月	4.95	2009年11月	3.65	2013年5月	4.76	2016年11月	2.70	2020年5月	1.95
2006年6月	4.18	2009年12月	4.52	2013年6月	3.73	2016年12月	4.15	2020年6月	2.09
2006年7月	5.13	2010年1月	4.47	2013年7月	3.07	2017年1月	3.78	2020年7月	2.19
2006年8月	4.33	2010年2月	3.74	2013年8月	4.03	2017年2月	2.95	2020年8月	1.86
2006年9月	4.83	2010年3月	4.49	2013年9月	3.96	2017年3月	3.04	2020年9月	1.55
2006年10月	2.87	2010年4月	4.39	2013年10月	3.96	2017年4月	2.61	2020年10月	1.32
2006年11月	4.19	2010年5月	4.14	2013年11月	3.42	2017年5月	3.04	2020年11月	1.65
2006年12月	4.05	2010年6月	4.39	2013年12月	3.82	2017年6月	3.14	2020年12月	2.10
2007年1月	4.28	2010年7月	4.35	2014年1月	4.43	2017年7月	3.67		
2007年2月	4.68	2010年8月	3.63	2014年2月	3.49	2017年8月	3.00		
2007年3月	4.18	2010年9月	3.46	2014年3月	3.75	2017年9月	2.45		
2007年4月	5.55	2010年10月	3.59	2014年4月	4.59	2017年10月	2.30		
2007年5月	6.16	2010年11月	4.19	2014年5月	3.43	2017年11月	2.72		
2007年6月	5.17	2010年12月	3.38	2014年6月	4.25	2017年12月	3.15		

资料来源：笔者整理。

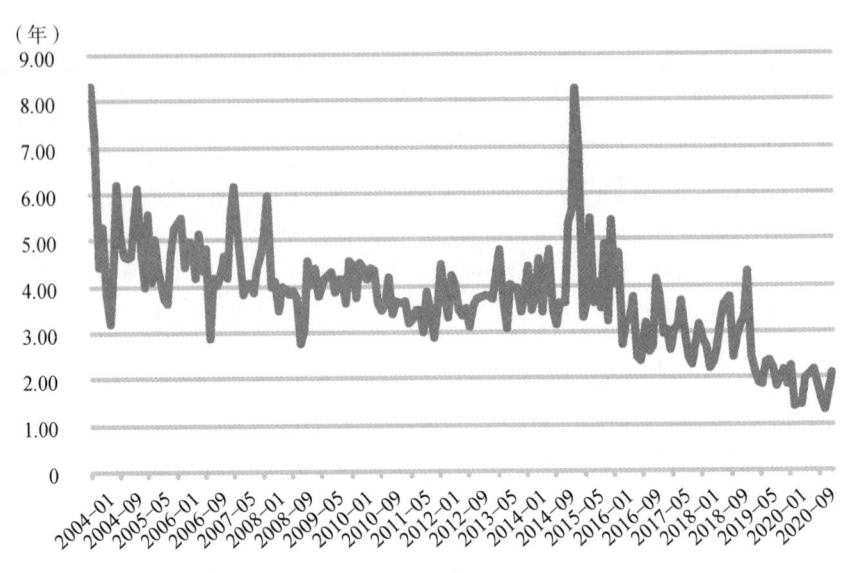

图 3.7　上市公司月度平均贷款期限变化趋势

资料来源：笔者整理。

从表3.5和图3.7可以看到，样本贷款合约月度平均贷款期限走势总体上与年度平均贷款期限指标一致：2004年以来呈现逐步下降的趋势。相对而言，月度平均贷款期限波动性比年度平均贷款期限的波动性要高。从年度变动趋势来看（见图3.6），2015年上市公司平均贷款期限达到阶段性高点，平均贷款期限达到4.86年。具体到月度数据（见图3.7），较高的平均贷款期限集中出现在2015年1—3月，这3个月的平均贷款期限分别为5.61年、8.27年和6.98年，说明这一期间商业银行向上市公司发放贷款期限相对较长。在此之后，上市公司平均贷款期限逐步下降，至2020年12月下降至2.10年。

第三节　信用增级

如前所述，除了对优质借款人发放信用贷款以外，商业银行对信用等级相对较差的借款人通常要求提供信用增级措施，常用的信用增级措施主要包括保证、抵押、质押、担保等。特别是，部分银行在发放贷款过程中，还会要求借款人提供多种信用增级措施的组合来控制风险。前文在构建信用增级强度指标时，将不同信用增级措施划分为 4 种类型并进行相应的赋值，具体包括：①信用贷款，即不要求借款人提供任何信用增级措施；②要求借款人提供 1 种信用增级措施；③要求借款人提供 2 种信用增级措施；④要求借款人提供 3 种及以上信用增级措施。基于以上分类，样本贷款合约要求借款人提供的信用增级措施情况如图 3.8 所示。

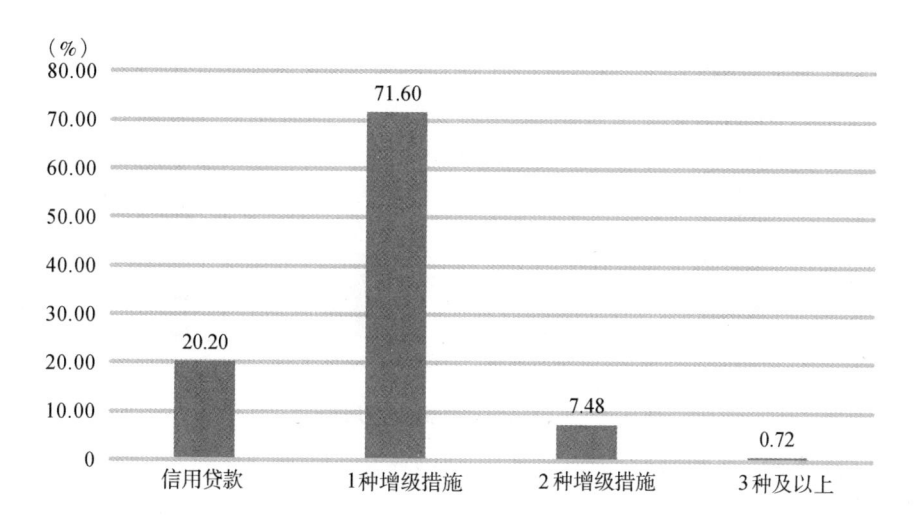

图 3.8　上市公司银行贷款信用增级措施

资料来源：笔者整理。

从图 3.8 可以看到，商业银行在向上市公司发放贷款的过程中，要求借款人提供 1 种信用增级措施的占绝大多数，占比达到 71.60%；其次为信用贷款方式，占比为 20.20%；要求借款人提供 2 种信用增级措施的占比为 7.48%；要求借款人提供 3 种及以上信用增级措施的占比为 0.72%。总体上看，绝大多数银行在向上市公司发放贷款时,都会要求上市公司提供至少1种信用增级措施,完全基于信用的贷款合约数量在全部样本中仅占20.20%,说明要求上市公司提供信用增级措施仍然是商业银行发放贷款过程中普遍采取的一种风控手段。

那么,实际中不同信用增级措施使用情况如何?我们进一步考察那些非信用贷款合约中不同信用增级措施的使用情况,具体如图3.9所示。

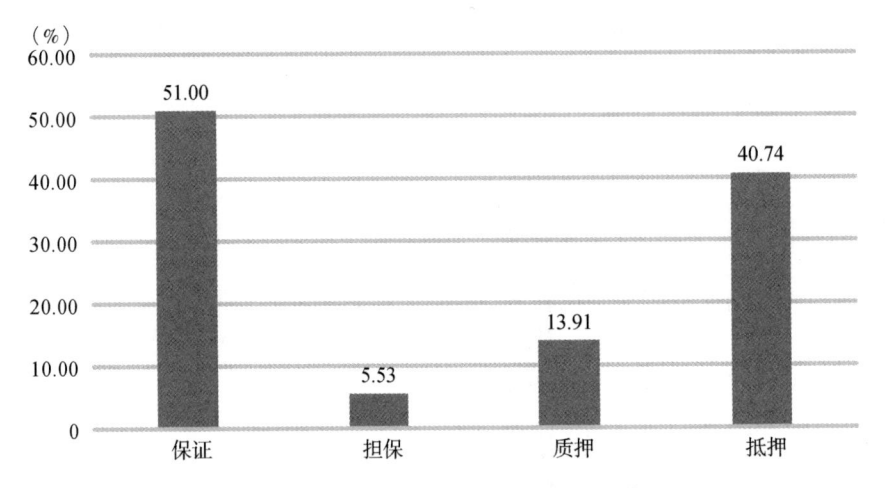

图3.9 不同信用增级措施使用情况①

资料来源:笔者整理。

从图3.9可以看到,保证是在四种措施中最常使用的信用增级措施,占比达到了51.00%,超过一半。之所以出现这种情况,可能是这种信用增级措施在操作程序上比较简单。其次为抵押,有40.74%的非信用贷款合约采用了这种信用增级措施。抵押是传统银行贷款中一种最常用的信用增级措施,通过抵押资产的价值来降

---

① 由于很多贷款合约要求借款人提供多种信用增级措施,因此不同信用增级措施占比之和超过100%。

低贷款的违约风险。这种信用增级措施的一个缺点是对抵押资产的要求比较高,可用于抵押的资产需要满足特定的要求。依托于抵押资产,商业银行可以在借款人出现违约的情况下对抵押资产进行处置以控制风险。除此之外,采用质押的非信用贷款合约在全部非信用贷款合约中占13.91%。随着与动产质押有关的法律制度的完善,质押方式得到了越来越多的应用。担保在四种信用增级措施中使用最少,采用担保的非信用贷款合约在全部非信用贷款合约中仅占5.53%。

一 年度趋势

2004—2020年,上市公司不同年度贷款平均信用增级措施变动情况如表3.6和图3.10所示。

表3.6　　　　　　　　上市公司贷款平均信用增级措施

年度	平均信用增级强度	平均非信用贷款占比(%)
2004	1.74	71.83
2005	1.89	83.83
2006	1.91	86.35
2007	1.89	80.36
2008	1.86	79.90
2009	1.83	78.06
2010	1.86	77.88
2011	1.86	77.73
2012	1.87	80.27
2013	1.86	75.47
2014	1.95	83.94

续表

年度	平均信用增级强度	平均非信用贷款占比（%）
2015	1.90	82.33
2016	1.91	77.46
2017	1.88	76.39
2018	1.90	78.51
2019	1.94	83.51
2020	1.93	82.75

资料来源：笔者整理。

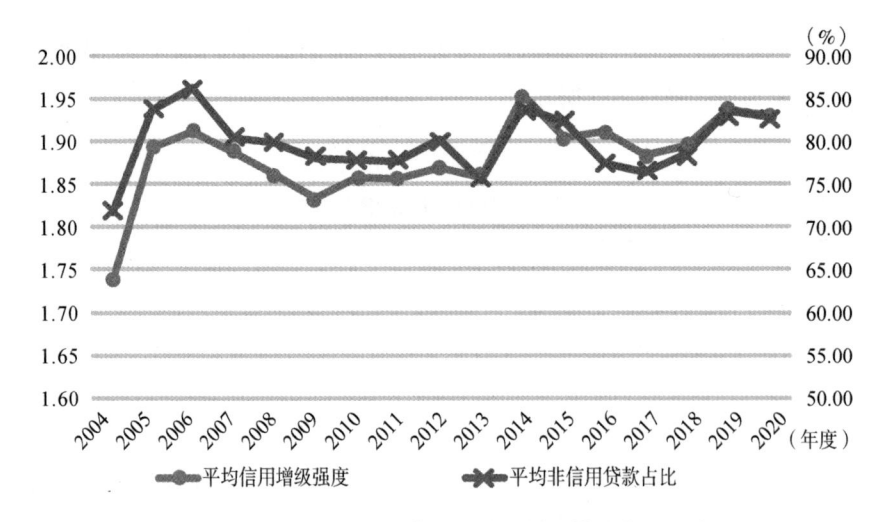

图 3.10　上市公司贷款平均信用增级措施变化趋势

资料来源：笔者整理。

从表 3.6 和图 3.10 可以看到，2004 年以来，中国上市公司银行贷款平均信用增级强度为 1.88，说明银行在提供贷款时平均要求上市公司提供接近 2 种信用增级措施；平均非信用贷款占比为 79.8%。从图 3.10 还可以看到，上市公司提供的信用增级措施呈现以下几方面特征。

第一，平均信用增级强度和平均非信用贷款占比这两项指标走势基本一致，在 2006 年、2014 年和 2019 年分别达到了阶段性高点，平均信用增级强度分别为 1.91、1.95 和 1.94，平均非信用贷款占比分别为 86.35%、83.94% 和 83.51%，这两项指标均明显高于全部样本期的平均值，意味着商业银行在上述年度中对贷款信用增级措施的要求较为严格。

第二，2014—2017 年，无论是平均信用增级强度还是平均非信用贷款占比指标，总体上均呈现明显的下降趋势。其中，平均信用增级强度指标从 2014 年的 1.95 下降到 2017 年的 1.88，下降了 0.07；平均非信用贷款占比指标从 2014 年的 83.94% 下降到 2017 年的 76.39%，下降了 7.55 个百分点。两个指标的下降说明商业银行在发放贷款过程中降低了对上市公司提供信用增级措施的要求。之所以出现这种趋势，可能有以下两个方面的原因。一方面，可能与近年来金融科技的快速发展紧密相关。随着金融与科技融合程度的加深，商业银行不断加大科技投入，将大数据、人工智能、物联网等技术应用到金融产品与服务创新、业务流程改造中，极大地提高了银行的风控能力，商业银行可以对借款人的信用信息进行有效评估，从而使得银行减少了对借款人信用增级措施的依赖。相应地，银行贷款的平均信用增级强度不断下降，平均非信用贷款占比不断上升。另一方面，可能与近年来商业银行向上市公司发放贷款期限的短期化有关。如前所述，近年来商业银行向上市公司发放贷款的平均期限不断下降，意味着短期贷款相对于长期贷款来说有所增加。通常而言，商业银行向上市公司提供的长期贷款要比短期贷款要求更多的信用增级措施，信用增级强度会更高。在这种情况下，平均贷款期限的短期化意味着商业银行要求上市公司提供的平均信用增级强度也会有所降低。

第三，2017 年以来，样本贷款合约平均信用增级强度和平均非信用贷款占比指标总体上呈现了一定的上升趋势。具体来看，平均信用增级强度从 2017 年的 1.88 上升到 2020 年的 1.93，上升了 0.05；平均非信用贷款占比从 2017 年的 76.39% 上升到 2020 年的 82.75%，上升了 6.36 个百分点。之所以出现这种情况，可能与商业银行风险偏好的下降有关。随着宏观经济下行和银行业竞争的加剧，商业银行近年来面临的经营风险有所上升，进而导致商业银行平均风险偏好下降，并在贷款决策中提高了对借款人信用增级措施的要求。因此，银行贷款信用增级要求的变动趋势最终取决于不同效应的综合影响。一旦商业银行由于风险偏好下降所产生的信用增级要求的上升幅度超过了金融科技应用以及贷款期限短期化带来的信用增级要求的下降幅度，就会出现前述结果。

二　月度趋势

2004—2020 年，上市公司不同月度平均信用增级强度变动情况如表 3.7 和图 3.11 所示。

表 3.7　　　　　　　上市公司不同月度平均信用增级强度

时间	平均信用增级强度	时间	平均信用增级强度	时间	平均信用增级强度	时间	平均信用增级强度	时间	平均信用增级强度
2004 年 1 月	1.73	2007 年 7 月	1.81	2011 年 1 月	1.76	2014 年 7 月	1.85	2018 年 1 月	1.95
2004 年 2 月	1.68	2007 年 8 月	2.07	2011 年 2 月	1.89	2014 年 8 月	2.09	2018 年 2 月	1.78
2004 年 3 月	1.68	2007 年 9 月	1.91	2011 年 3 月	1.92	2014 年 9 月	1.89	2018 年 3 月	1.89
2004 年 4 月	1.77	2007 年 10 月	1.78	2011 年 4 月	1.88	2014 年 10 月	1.92	2018 年 4 月	1.83
2004 年 5 月	1.76	2007 年 11 月	1.96	2011 年 5 月	1.81	2014 年 11 月	2.04	2018 年 5 月	1.86
2004 年 6 月	1.84	2007 年 12 月	1.82	2011 年 6 月	1.94	2014 年 12 月	1.97	2018 年 6 月	1.91
2004 年 7 月	1.87	2008 年 1 月	1.97	2011 年 7 月	1.79	2015 年 1 月	1.76	2018 年 7 月	1.94
2004 年 8 月	1.71	2008 年 2 月	1.89	2011 年 8 月	1.90	2015 年 2 月	1.98	2018 年 8 月	1.96
2004 年 9 月	1.63	2008 年 3 月	1.87	2011 年 9 月	1.80	2015 年 3 月	1.95	2018 年 9 月	1.90
2004 年 10 月	1.67	2008 年 4 月	1.99	2011 年 10 月	1.88	2015 年 4 月	1.79	2018 年 10 月	1.78

续表

时间	平均信用增级强度	时间	平均信用增级强度	时间	平均信用增级强度	时间	平均信用增级强度	时间	平均信用增级强度
2004年11月	1.97	2008年5月	1.86	2011年11月	1.78	2015年5月	1.76	2018年11月	1.95
2004年12月	1.68	2008年6月	1.86	2011年12月	1.90	2015年6月	1.79	2018年12月	1.88
2005年1月	1.97	2008年7月	1.72	2012年1月	1.64	2015年7月	1.92	2019年1月	2.04
2005年2月	1.90	2008年8月	1.78	2012年2月	1.59	2015年8月	1.95	2019年2月	2.00
2005年3月	1.73	2008年9月	1.90	2012年3月	1.92	2015年9月	1.96	2019年3月	1.91
2005年4月	2.00	2008年10月	1.95	2012年4月	1.97	2015年10月	2.12	2019年4月	2.07
2005年5月	1.78	2008年11月	1.80	2012年5月	1.88	2015年11月	2.08	2019年5月	1.94
2005年6月	1.83	2008年12月	1.79	2012年6月	1.96	2015年12月	1.88	2019年6月	1.91
2005年7月	1.89	2009年1月	1.89	2012年7月	1.88	2016年1月	1.90	2019年7月	1.95
2005年8月	1.68	2009年2月	1.72	2012年8月	1.84	2016年2月	1.96	2019年8月	1.96
2005年9月	2.00	2009年3月	1.80	2012年9月	1.88	2016年3月	1.89	2019年9月	1.89
2005年10月	1.79	2009年4月	1.81	2012年10月	1.86	2016年4月	1.98	2019年10月	1.77
2005年11月	1.87	2009年5月	1.78	2012年11月	1.81	2016年5月	1.86	2019年11月	1.90
2005年12月	2.02	2009年6月	1.89	2012年12月	1.91	2016年6月	1.98	2019年12月	2.00
2006年1月	2.03	2009年7月	1.78	2013年1月	1.86	2016年7月	1.88	2020年1月	1.97
2006年2月	1.74	2009年8月	1.93	2013年2月	1.76	2016年8月	1.82	2020年2月	1.91
2006年3月	1.95	2009年9月	1.89	2013年3月	1.91	2016年9月	1.96	2020年3月	1.98
2006年4月	1.91	2009年10月	1.84	2013年4月	1.75	2016年10月	2.03	2020年4月	1.88
2006年5月	1.90	2009年11月	1.91	2013年5月	2.32	2016年11月	1.87	2020年5月	1.89
2006年6月	2.00	2009年12月	1.73	2013年6月	1.81	2016年12月	1.85	2020年6月	1.85
2006年7月	1.93	2010年1月	1.82	2013年7月	1.63	2017年1月	1.88	2020年7月	2.13
2006年8月	1.81	2010年2月	1.80	2013年8月	1.83	2017年2月	1.94	2020年8月	1.90
2006年9月	1.92	2010年3月	1.84	2013年9月	1.89	2017年3月	1.96	2020年9月	1.91
2006年10月	1.81	2010年4月	1.83	2013年10月	1.75	2017年4月	1.82	2020年10月	1.92
2006年11月	1.89	2010年5月	1.88	2013年11月	1.89	2017年5月	1.89	2020年11月	1.88
2006年12月	1.85	2010年6月	1.83	2013年12月	1.78	2017年6月	1.82	2020年12月	1.95
2007年1月	1.93	2010年7月	1.84	2014年1月	1.95	2017年7月	1.86		
2007年2月	1.75	2010年8月	1.76	2014年2月	1.84	2017年8月	1.80		
2007年3月	1.81	2010年9月	1.77	2014年3月	1.91	2017年9月	1.94		
2007年4月	2.06	2010年10月	1.90	2014年4月	2.06	2017年10月	1.87		
2007年5月	1.77	2010年11月	2.09	2014年5月	1.91	2017年11月	1.91		
2007年6月	1.85	2010年12月	1.88	2014年6月	1.91	2017年12月	1.91		

资料来源：笔者整理。

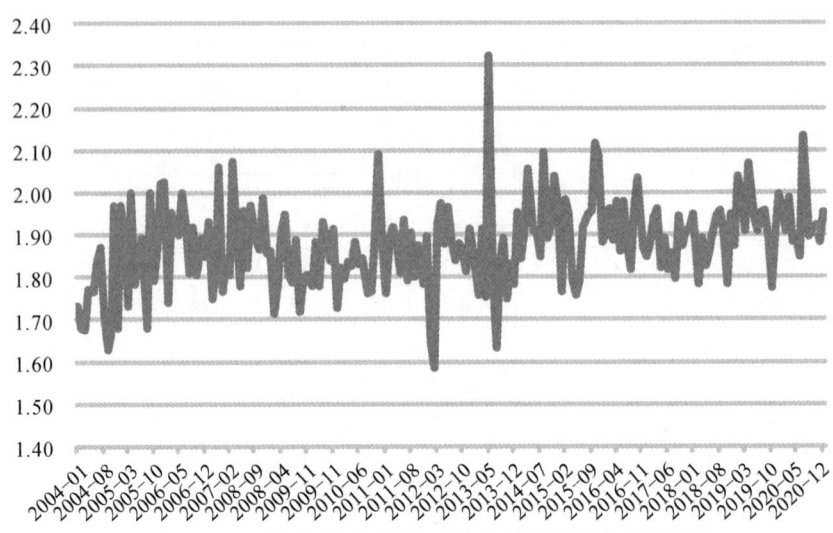

图 3.11　上市公司不同月度平均信用增级强度变化趋势

资料来源：笔者整理。

从表 3.7 和图 3.11 可以看到，样本贷款合约月度平均信用增级强度走势总体上与年度趋势一致，但不同月份存在较大的波动。样本期间上市公司贷款平均信用增级强度的最高点出现在 2013 年 5 月，达到 2.32；最低点出现在 2012 年 2 月，为 1.59，两者相差 0.73。即使在同一年度，平均信用增级强度也存在较大的波动。比如，2019 年平均信用增级强度最高的月度为 4 月，为 2.07；平均信用增级强度最低的月份为 10 月，为 1.77，两者相差 0.30。

2004 年以来，上市公司不同月度平均非信用贷款占比变动情况如表 3.8 和图 3.12 所示。

表 3.8　　　　　上市公司不同月度平均非信用贷款占比　　　　单位：%

时间	非信用贷款占比	时间	非信用贷款占比	时间	非信用贷款占比	时间	非信用贷款占比	时间	非信用贷款占比
2004 年 1 月	73.08	2007 年 7 月	77.19	2011 年 1 月	68.70	2014 年 7 月	82.61	2018 年 1 月	85.59
2004 年 2 月	68.18	2007 年 8 月	93.90	2011 年 2 月	79.01	2014 年 8 月	87.04	2018 年 2 月	70.77

续表

时间	非信用贷款占比	时间	非信用贷款占比	时间	非信用贷款占比	时间	非信用贷款占比	时间	非信用贷款占比
2004年3月	67.68	2007年9月	82.35	2011年3月	84.40	2014年9月	72.31	2018年3月	75.49
2004年4月	72.92	2007年10月	76.19	2011年4月	83.74	2014年10月	91.67	2018年4月	73.12
2004年5月	76.47	2007年11月	79.79	2011年5月	76.00	2014年11月	77.78	2018年5月	76.84
2004年6月	80.65	2007年12月	77.38	2011年6月	79.53	2014年12月	81.82	2018年6月	79.38
2004年7月	76.09	2008年1月	91.18	2011年7月	72.22	2015年1月	64.71	2018年7月	84.62
2004年8月	70.59	2008年2月	84.72	2011年8月	82.54	2015年2月	91.38	2018年8月	86.01
2004年9月	62.86	2008年3月	76.29	2011年9月	75.58	2015年3月	83.93	2018年9月	75.00
2004年10月	66.67	2008年4月	83.78	2011年10月	78.13	2015年4月	79.31	2018年10月	66.67
2004年11月	90.63	2008年5月	82.35	2011年11月	66.98	2015年5月	74.36	2018年11月	81.76
2004年12月	68.00	2008年6月	81.05	2011年12月	83.77	2015年6月	76.83	2018年12月	76.80
2005年1月	93.55	2008年7月	62.39	2012年1月	64.44	2015年7月	84.34	2019年1月	89.39
2005年2月	90.00	2008年8月	74.68	2012年2月	58.62	2015年8月	84.62	2019年2月	84.52
2005年3月	71.15	2008年9月	81.90	2012年3月	84.81	2015年9月	82.09	2019年3月	80.63
2005年4月	89.47	2008年10月	88.50	2012年4月	88.16	2015年10月	95.00	2019年4月	92.49
2005年5月	78.38	2008年11月	78.26	2012年5月	82.61	2015年11月	91.55	2019年5月	81.87
2005年6月	76.56	2008年12月	76.47	2012年6月	83.69	2015年12月	82.84	2019年6月	83.10
2005年7月	83.78	2009年1月	86.27	2012年7月	79.57	2016年1月	79.28	2019年7月	88.83
2005年8月	67.86	2009年2月	66.94	2012年8月	77.78	2016年2月	82.72	2019年8月	85.37
2005年9月	94.12	2009年3月	76.62	2012年9月	79.49	2016年3月	76.73	2019年9月	81.36
2005年10月	76.47	2009年4月	78.13	2012年10月	82.50	2016年4月	77.27	2019年10月	71.60
2005年11月	84.78	2009年5月	67.14	2012年11月	78.35	2016年5月	78.10	2019年11月	81.97
2005年12月	89.01	2009年6月	81.97	2012年12月	85.11	2016年6月	75.98	2019年12月	85.81
2006年1月	97.30	2009年7月	74.75	2013年1月	80.95	2016年7月	79.84	2020年1月	83.76
2006年2月	66.67	2009年8月	82.91	2013年2月	68.29	2016年8月	70.06	2020年2月	80.41
2006年3月	94.26	2009年9月	83.86	2013年3月	82.52	2016年9月	81.46	2020年3月	86.64
2006年4月	89.47	2009年10月	81.87	2013年4月	71.23	2016年10月	80.41	2020年4月	79.66
2006年5月	81.97	2009年11月	84.07	2013年5月	77.12	2016年11月	76.85	2020年5月	78.53
2006年6月	90.65	2009年12月	67.49	2013年6月	77.00	2016年12月	75.12	2020年6月	76.61
2006年7月	87.27	2010年1月	80.82	2013年7月	56.60	2017年1月	80.45	2020年7月	87.15
2006年8月	79.25	2010年2月	77.06	2013年8月	78.57	2017年2月	80.30	2020年8月	83.62
2006年9月	77.78	2010年3月	77.22	2013年9月	85.29	2017年3月	81.94	2020年9月	82.75
2006年10月	80.65	2010年4月	80.82	2013年10月	69.32	2017年4月	73.73	2020年10月	86.54
2006年11月	85.45	2010年5月	82.81	2013年11月	77.86	2017年5月	72.73	2020年11月	81.40
2006年12月	84.85	2010年6月	79.20	2013年12月	76.72	2017年6月	68.18	2020年12月	85.58

续表

时间	非信用贷款占比	时间	非信用贷款占比	时间	非信用贷款占比	时间	非信用贷款占比	时间	非信用贷款占比
2007年1月	91.38	2010年7月	81.90	2014年1月	93.02	2017年7月	76.06		
2007年2月	75.00	2010年8月	74.58	2014年2月	84.38	2017年8月	67.13		
2007年3月	75.36	2010年9月	71.09	2014年3月	84.44	2017年9月	74.45		
2007年4月	75.00	2010年10月	80.00	2014年4月	92.31	2017年10月	76.30		
2007年5月	74.42	2010年11月	78.43	2014年5月	83.58	2017年11月	83.16		
2007年6月	80.77	2010年12月	71.52	2014年6月	86.79	2017年12月	81.01		

资料来源：笔者整理。

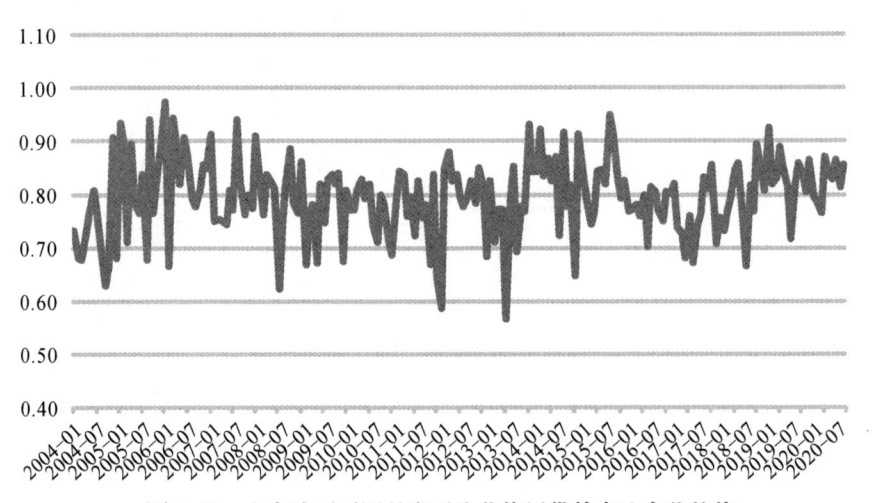

图3.12　上市公司不同月度平均非信用贷款占比变化趋势

资料来源：笔者整理。

从表3.8和图3.12可以看到，上市公司平均非信用贷款占比月度变动趋势与年度情形基本保持一致。月度非信用贷款占比指标也呈现较大的波动性。样本期间，平均非信用贷款占比的最高值出现在2006年1月，达到97.30%，意味着几乎所有的贷款都为非信用贷款，借款人在向银行借款时基本都需要提供一定的信用增级方式；样本期间平均非信用贷款占比的最低值出现在2013年7月，达到56.60%，不到60.00%，与最高点相差40.70个百分点。类似地,同一年度中不同月度非信用贷款占比也存在较大的波动。以 2020 年为例,平均非信用贷款占比最低的月份为 6 月,占比为 76.61%;平均非信用贷款占比最高的月份为 7 月,占比为 87.15%,两者相差 10.54 个百分点,与前文的结果具有一致性。

第四节 贷款额度

一 年度趋势

2004—2020 年,上市公司不同年度平均贷款额度变动情况如表 3.9 和图 3.13 所示。

表 3.9　　　　　上市公司不同年度平均贷款额度　　　　单位:%

年度	平均贷款额度
2004	5.70
2005	4.02
2006	2.78
2007	4.60
2008	3.64
2009	3.76
2010	3.40
2011	1.56
2012	1.75
2013	1.76
2014	1.23
2015	1.35
2016	1.86
2017	1.34
2018	1.72
2019	1.70
2020	1.21

资料来源:笔者整理。

图 3.13　上市公司不同年度平均贷款额度变化趋势

资料来源：笔者整理。

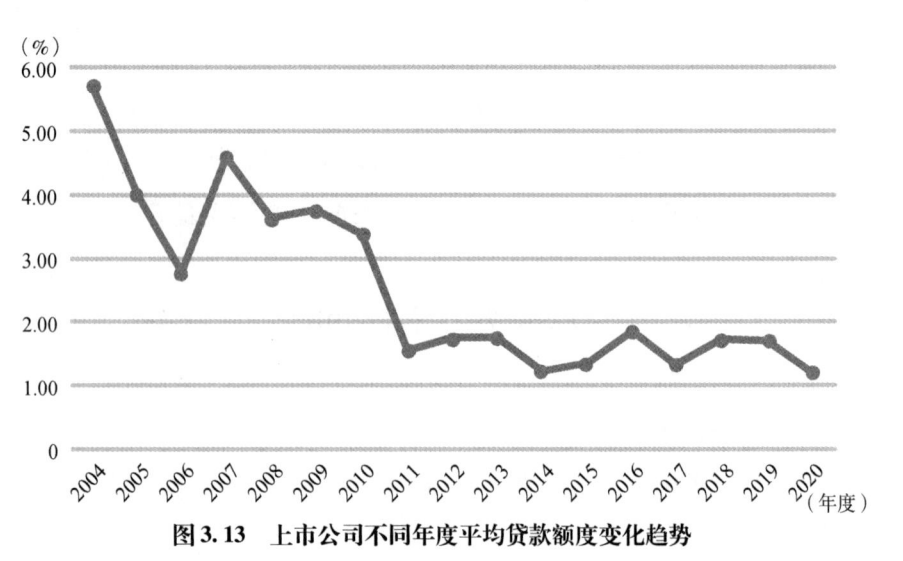

从表 3.9 可以看到，2004—2020 年，商业银行向上市公司提供的贷款金额在上市公司总资产中平均占比为 2.55%，说明银行提供的贷款额度相对于上市公司的资产规模而言还比较小。

另外，从图 3.13 可以看到，2004 年以来，商业银行向上市公司提供的贷款在上市公司总资产中的占比呈现明显的下降趋势。之所以出现这种情况，可能有两方面的原因。一是银行贷款金额本身发生了变化。样本数据显示，2004 年以来，银行向上市公司提供的贷款金额总体上呈下降趋势。其中，2004 年平均贷款金额为 1.60 亿元，而到 2020 年平均贷款金额仅为 0.43 亿元，下降非常明显。而平均贷款额度的下降可能与中国银行业结构的变化有关。随着银行业金融机构的增加，越来越多的中小银行开始向上市公司提供贷款，包括城商行、农商行等。中国现行监管政策对银行贷款的集中度设置了比例限制，比如，对同一借款人的贷款余额不得超过银行资本净额的 10%。在这种情况下，中小银行的单笔贷款金额就会受到限制，需要低于特定的门槛值。受这些限制的影响，这些中小银行的最高单笔贷款额度要低于大银行，由此导致平均贷款额度的下降。二是上市公司本身资产规模的增加。近年来，上市公司平均经营规模总体上呈现稳步扩张的趋势。随着上市公司资产规模的扩大，单笔银行贷款相对于上市公司总资产的比例也会不断下降。

需要说明的是，从图3.13还可以看到，上市公司平均贷款额度自2011年以来总体上保持平稳，下降的幅度有所减小。之所以出现这种情况，可能与商业银行向上市公司提供贷款时会设定一个额度下限有关。如果低于这个下限，对于借款人来说，贷款金额可能很难与其实际资金需求相匹配；对于商业银行来说，也可能不符合成本收益原则。

二 月度趋势

2004—2020年，上市公司不同月度平均贷款额度变动情况如表3.10和图3.14所示。

表3.10　　　　　　　上市公司不同月度平均贷款额度　　　　单位:%

时间	贷款金额占总资产的比例	时间	贷款金额占总资产的比例	时间	贷款金额占总资产的比例	时间	贷款金额占总资产的比例	时间	贷款金额占总资产的比例
2004年1月	73.08	2007年7月	77.19	2011年1月	68.70	2014年7月	82.61	2018年1月	85.59
2004年2月	68.18	2007年8月	93.90	2011年2月	79.01	2014年8月	87.04	2018年2月	70.77
2004年3月	67.68	2007年9月	82.35	2011年3月	84.40	2014年9月	72.31	2018年3月	75.49
2004年4月	72.92	2007年10月	76.19	2011年4月	83.74	2014年10月	91.67	2018年4月	73.12
2004年5月	76.47	2007年11月	79.79	2011年5月	76.00	2014年11月	77.78	2018年5月	76.84
2004年6月	80.65	2007年12月	77.38	2011年6月	79.53	2014年12月	81.82	2018年6月	79.38
2004年7月	76.09	2008年1月	91.18	2011年7月	72.22	2015年1月	64.71	2018年7月	84.62
2004年8月	70.59	2008年2月	84.72	2011年8月	82.54	2015年2月	91.38	2018年8月	86.01
2004年9月	62.86	2008年3月	76.29	2011年9月	75.58	2015年3月	83.93	2018年9月	75.00
2004年10月	66.67	2008年4月	83.78	2011年10月	78.13	2015年4月	79.31	2018年10月	66.67
2004年11月	90.63	2008年5月	82.35	2011年11月	66.98	2015年5月	74.36	2018年11月	81.76

续表

时间	贷款金额占总资产的比例	时间	贷款金额占总资产的比例	时间	贷款金额占总资产的比例	时间	贷款金额占总资产的比例	时间	贷款金额占总资产的比例
2004年12月	68.00	2008年6月	81.05	2011年12月	83.77	2015年6月	76.83	2018年12月	76.80
2005年1月	93.55	2008年7月	62.39	2012年1月	64.44	2015年7月	84.34	2019年1月	89.39
2005年2月	90.00	2008年8月	74.68	2012年2月	58.62	2015年8月	84.62	2019年2月	84.52
2005年3月	71.15	2008年9月	81.90	2012年3月	84.81	2015年9月	82.09	2019年3月	80.63
2005年4月	89.47	2008年10月	88.50	2012年4月	88.16	2015年10月	95.00	2019年4月	92.49
2005年5月	78.38	2008年11月	78.26	2012年5月	82.61	2015年11月	91.55	2019年5月	81.87
2005年6月	76.56	2008年12月	76.47	2012年6月	83.69	2015年12月	82.84	2019年6月	83.10
2005年7月	83.78	2009年1月	86.27	2012年7月	79.57	2016年1月	79.28	2019年7月	88.83
2005年8月	67.86	2009年2月	66.94	2012年8月	77.78	2016年2月	82.72	2019年8月	85.37
2005年9月	94.12	2009年3月	76.62	2012年9月	79.49	2016年3月	76.73	2019年9月	81.36
2005年10月	76.47	2009年4月	78.13	2012年10月	82.50	2016年4月	77.27	2019年10月	71.60
2005年11月	84.78	2009年5月	67.14	2012年11月	78.35	2016年5月	78.10	2019年11月	81.97
2005年12月	89.01	2009年6月	81.97	2012年12月	85.11	2016年6月	75.98	2019年12月	85.81
2006年1月	97.30	2009年7月	74.75	2013年1月	80.95	2016年7月	79.84	2020年1月	83.76
2006年2月	66.67	2009年8月	82.91	2013年2月	68.29	2016年8月	70.06	2020年2月	80.41
2006年3月	94.26	2009年9月	83.86	2013年3月	82.52	2016年9月	81.46	2020年3月	86.64
2006年4月	89.47	2009年10月	81.87	2013年4月	71.23	2016年10月	80.41	2020年4月	79.66
2006年5月	81.97	2009年11月	84.07	2013年5月	77.12	2016年11月	76.85	2020年5月	78.53
2006年6月	90.65	2009年12月	67.49	2013年6月	77.00	2016年12月	75.12	2020年6月	76.61
2006年7月	87.27	2010年1月	80.82	2013年7月	56.60	2017年1月	80.45	2020年7月	87.15
2006年8月	79.25	2010年2月	77.06	2013年8月	78.57	2017年2月	80.30	2020年8月	83.62
2006年9月	77.78	2010年3月	77.22	2013年9月	85.29	2017年3月	81.94	2020年9月	82.75
2006年10月	80.65	2010年4月	80.82	2013年10月	69.32	2017年4月	73.73	2020年10月	86.54
2006年11月	85.45	2010年5月	82.81	2013年11月	77.86	2017年5月	72.73	2020年11月	81.40
2006年12月	84.85	2010年6月	79.20	2013年12月	76.72	2017年6月	68.18	2020年12月	85.58
2007年1月	91.38	2010年7月	81.90	2014年1月	93.02	2017年7月	76.06		
2007年2月	75.00	2010年8月	74.58	2014年2月	84.38	2017年8月	67.13		
2007年3月	75.36	2010年9月	71.09	2014年3月	84.44	2017年9月	74.45		
2007年4月	75.00	2010年10月	80.00	2014年4月	92.31	2017年10月	76.30		
2007年5月	74.42	2010年11月	78.43	2014年5月	83.58	2017年11月	83.16		
2007年6月	80.77	2010年12月	71.52	2014年6月	86.79	2017年12月	81.01		

资料来源：笔者整理。

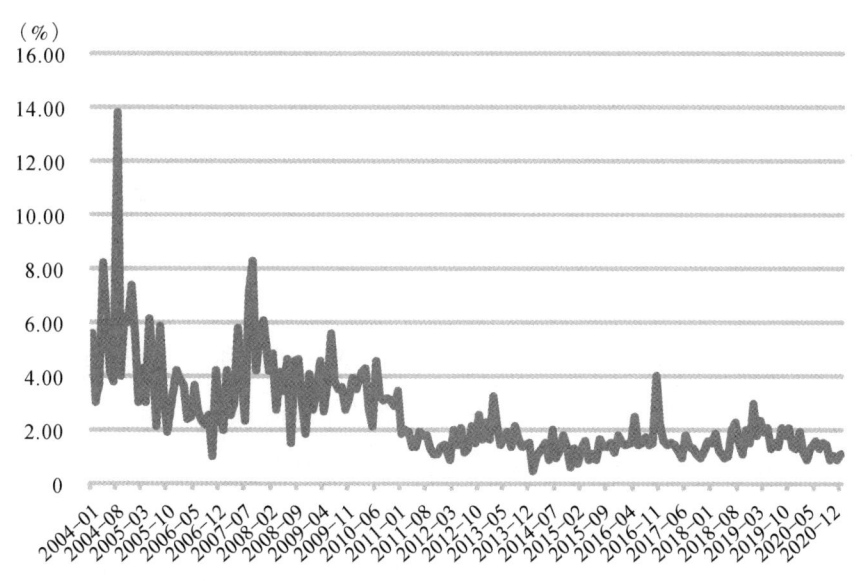

图 3.14　上市公司不同月度平均贷款额度变化趋势

资料来源：笔者整理。

从表 3.10 和图 3.14 可以看到，上市公司平均贷款额度月度变动趋势与年度变动情况基本一致。样本期间上市公司平均贷款额度于 2004 年 8 月达到阶段性高点 13.81%，在此之后呈现先上升后下降的趋势，至 2007 年 9 月达到 8.28% 的阶段性高点。在此之后上市公司平均贷款额度总体上不断下降。到 2020 年 12 月，平均贷款额度下降至 1.13%，意味着贷款金额在借款人总资产中的平均占比非常小。类似地，我们看到，2011 年以来，样本贷款平均贷款额度的下降趋势有所减缓，总体上围绕 1.5% 的水平上下波动。

第五节　小结

基于前文的分析，我们对 2004—2020 年上市公司信贷融资条件的总体特征和时间趋势总结如下。

第一，上市公司实际银行贷款利率在总体上会随着贷款基准利率的波动而波动。说明基准利率是商业银行在确定贷款利率时考虑的主要因素之一。但是，从 2017 年开始，上市公司平均贷款利率走势与基准利率出现了一定程度的偏离，说明贷款利率管制放开以后商业银行自主定价能力有所提升。由于中国贷款利率的管制从 2013 年已完全放开，上述结果表明商业银行贷款自主定价能力的提升要明显滞后于利率市场化进程。

第二，2018 年以来，上市公司平均贷款利率和贷款利差均呈现明显的下降趋势，反映出近年来中国企业信贷融资成本的下降。其中，2020 年样本贷款合约平均贷款利差为 0.23%，意味着上市公司这一时期的平均贷款成本略高于贷款基准利率水平。

第三，商业银行向上市公司发放的贷款呈现明显的短期化趋势。平均贷款期限从 2004 年的 4.88 年下降到 2020 年的 1.76 年，减少了 3.12 年，说明商业银行对上市公司的贷款由中长期为主变化为以中短期为主。

第四，2017 年以来上市公司贷款平均信用增级强度有所上升。意味着近年来随着业绩压力的加大和经营风险的上升，银行总体风险偏好有所下降，在向上市公司提供贷款时对信用增级措施的要求也有所提高。

第五，商业银行向上市公司贷款的平均额度呈现下降趋势，即贷款金额相对于上市公司资产规模的平均比例不断下降。但随着平均贷款额度接近于一个较低的门槛，平均贷款额度的下降趋势有所放缓。

第四章

新冠肺炎疫情对信贷融资条件的影响

新冠肺炎疫情的暴发成为2019年以来中国和世界范围内出现的最大一次"黑天鹅"事件,对中国和世界经济社会都造成了巨大冲击。新冠肺炎疫情的暴发至少从以下三个方面对上市公司信贷融资条件产生影响。

第一,对借款人的信用风险产生影响。疫情的暴发对企业的正常生产经营活动产生了重大冲击,很多企业面临停工停产、市场需求萎缩、供应链断裂等问题,导致企业的信用风险上升,进而会对其信贷融资条件产生影响。对于不同企业而言,新冠肺炎疫情所产生的冲击具有一定异质性。具体地,从行业分布情况来看,疫情对不同行业的冲击有所不同。交通运输、餐饮、住宿、旅游等行业受到的冲击较大,疫情期间这些行业中的很多企业处于完全停摆状态,银行对这些行业的资金投放面临较高的信贷风险。从区域分布来看,湖北特别是武汉是本次疫情暴发的中心,受疫情冲击较大,加之采取了严厉的防控措施,本地经济社会发展受到很大影响,处于湖北地区的企业受到影响也较大。从客户类型来看,小微企业受到的冲击更为严重。与大企业相比,小微企业通常资金储备不高,产品和市场单一,资产规模小,抗风险能力差;而大企业资金实力较强、抗风险能力较强,能够在不同区域或通过不同渠道销售产品，进而分散风险。相应地，那些业务主要集中于小微企业的银行受到疫情的冲击会更加明显。

第二，对商业银行的经营活动产生了影响。与非金融企业类似，商业银行经营活动也会受到疫情影响，银行可能面临资产增速下滑、盈利能力下降以及不良贷款比率上升等问题，进而影响到其信贷决策。这种影响对不同类型银行以及同一银行不同贷款业务来说也存在异质性。具体地，从银行类型来看，区域性中小银行面临的冲击更大。与全国性大型商业银行相比，区域性中小银行业务主要集中于特定区域，经营业务高度依赖于本地经济发展，无法在全国或更大的范围内分散风险。另外，区域性中小银行客户中小微企业客户相对较多，而此类客户又是受疫情冲击最为明显的客户，客户结构的这种特点也使得区域性中小银行受疫情冲击较大。不过，这种冲击是短期的，随着疫情的控制，生产生活将逐步得到恢复，疫情对银行的负向影响将随之趋于缓和。从业务结构来看，疫情短期内对银行对公业务的冲击更加明显，对零售业务的冲击较弱。原因在于，对公业务主要针对企业客户，大量企业在疫情冲击下面临停工停产，正常的生产经营活动受到较大冲击；与之相比，零售业务主要针对个人客户，金融需求额度较小且客户分散，部分零售金融业务（如住房按揭贷款业务）需求不会直接受到疫情影响。此外，很多银行会通过线上方式向零售客户提供金融服务，这也会导致零售业务受到疫情的冲击较小。当然，从中长期来看，疫情的暴发对银行业发展也可能会产生潜在的积极影响，为银行业实施转型升级提供了契机。一是对银行业务结构调整产生了影响。疫情的暴发会对企业和个人的生产生活方式带来改变，由此改变了其金融需求。以本次疫情为例，尽管传统行业受到较大冲击，但网络理财、线上生活缴费、网络教育、远程办公、医药医疗等相关领域成长迅速，由此诞生了不同于传统产业的金融需求，因此金融机构需要改进金融服务方式以此满足这类新增的金融需求，并将更多的资金投入上述领域。此外，为了应对疫情冲击，未来一段时间中国将会加大在基础设施建设、民生等领域的投资力度，这在一定程度上将产生大量的金融需求。二是为金融机构本身的数字化转型提供了契机。首先是金融产品和服务的数字化。银行业预计将会加大对金融科技的投入和利用，预期未来将有更多的金融服务可以通过线上的方式提供，无接触式金融服务的比重会不断上升，物理网点的重要性可能会不断下降。其次是内部管理和业务流程的数字化，主要体现在利用科技手段对内部管理和业务流程进行改造等。

第三，上市公司信贷融资政策环境发生变化。为应对疫情，中国充分发挥体制优势，短期内密集出台了一系列支持政策，对冲疫情对经济社会所带来的不利影响，努力把疫情造成的损失降到最低。比如，2020年6月1日，中国人民银行等部委联合印发《关于进一步对中小微企业贷款实施阶段性延期还本付息的通知》（银发〔2020〕122号），对于2020年6月1日至12月31日到期的普惠小微贷款，按照"应延尽延"要求，实施阶段性延期还本付息；对地方法人银行给予其办理的延期还本普惠小微贷款本金的1%作为激励。2020年6月1日，中国人民银行等部委联合印发《关于加大小微企业信用贷款支持力度的通知》（银发〔2020〕123号），明确中国人民银行会同财政部使用4000亿元再贷款专用额度，通过创新货币政策工具按照一定比例购买符合条件的地方法人银行业金融机构普惠小微信用贷款，促进银行加大小微企业信用贷款投放，支持更多小微企业获得免抵押担保的信用贷款支持。这些政策的出台一定程度上为企业获得信贷融资提供了便利，有助于对冲疫情对企业产生的冲击。

考虑到新冠肺炎疫情于2019年底开始暴发，结合样本数据情况，我们将2020年界定为疫情暴发后，2019年界定为疫情暴发前，通过将2020年与2019年进行对比分析疫情暴发对上市公司信贷融资条件的影响。

第一节 总体影响

一 贷款成本

图4.1反映了新冠肺炎疫情暴发对上市公司贷款成本的影响。

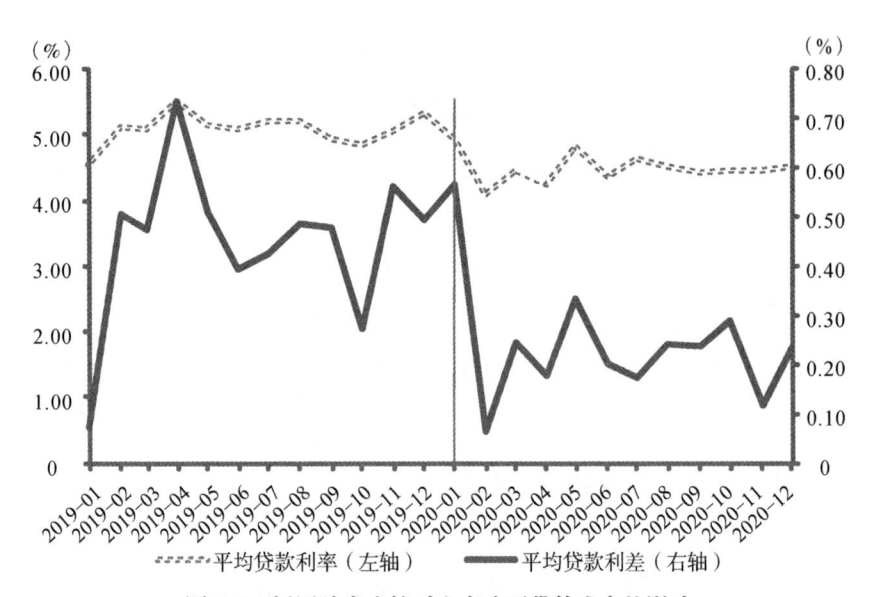

图4.1 新冠肺炎疫情对上市公司贷款成本的影响

资料来源：笔者整理。

从图4.1可以看到，从平均贷款利率来看，在相关政策的支持下，2020年以来上市公司平均贷款利率出现了较为明显的下降。平均贷款利率从2019年12月的5.32%下降到2020年1月的4.94%，下降了0.38个百分点；2020年2月进一步下降至4.08%，比2019年12月和2020年1月分别下降了1.24个百分点和0.86个百分点。在之后的月度中尽管略有上升，但总体上仍低于 2019 年平均水平。从这个角度看，为应对新冠肺炎疫情而出台的货币与信贷政策对于降低企业信贷融资成本起到了积极作用。需要说明的是，由于新冠肺炎疫情暴发后出台的支持政策主要针对的是小微企业等弱势群体，而上市公司通常为规模较大、风险抵抗能力较强的公司，受政策的影响可能不是特别明显。从实际看，新冠肺炎疫情暴发以来上市公司以外的中小微企业贷款成本的下降幅度可能会更为明显。

从平均贷款利差情况看，疫情暴发后上市公司平均贷款利差也出现了一定幅度的下降。2020 年 2 月，样本贷款合约平均贷款利差为 0.06%，与 2019 年 12 月的 0.49% 相比下降了 0.43 个百分点；在此之后基本上围绕在 0.20% 的水平小幅波动，意味着商业银行在向上市公司提供贷款时通常将利率维持在略高于基准利率的水平。

二 贷款期限

图 4.2 反映了疫情暴发对上市公司平均贷款期限的影响。

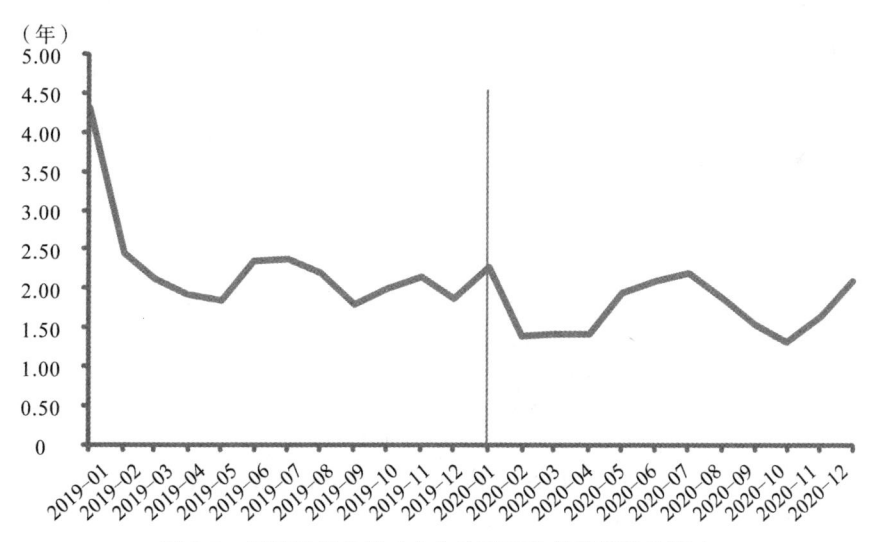

图 4.2 新冠肺炎疫情对上市公司平均贷款期限的影响

资料来源：笔者整理。

从图 4.2 可以看到，自 2019 年底新冠肺炎疫情暴发以来，上市公司平均贷款期限延续了之前的下降趋势，但下滑幅度非常小。总体来看，在疫情暴发初期，平均贷款期限出现了一定幅度的下降，从 2019 年 12 月的 1.86 年下降到 2020 年 2 月的 1.39 年，下降幅度为 0.47 年。从 2020 年 5 月开始，平均贷款期限出现了一定幅度的上升，在 2020 年 7 月达到 2.19 年的阶段性高点之后又开始下降，不过在 2020 年 12 月又重新出现上升趋势。上述情况表明，新冠肺炎疫情对商业银行贷款期限在短期内出现了一定的负向影响，但变化幅度并不明显，且随着时间的推移，新冠肺炎疫情对贷款期限的负向冲击逐渐减弱。

三 信用增级

图 4.3 反映了疫情对上市公司贷款平均信用增级措施的影响。

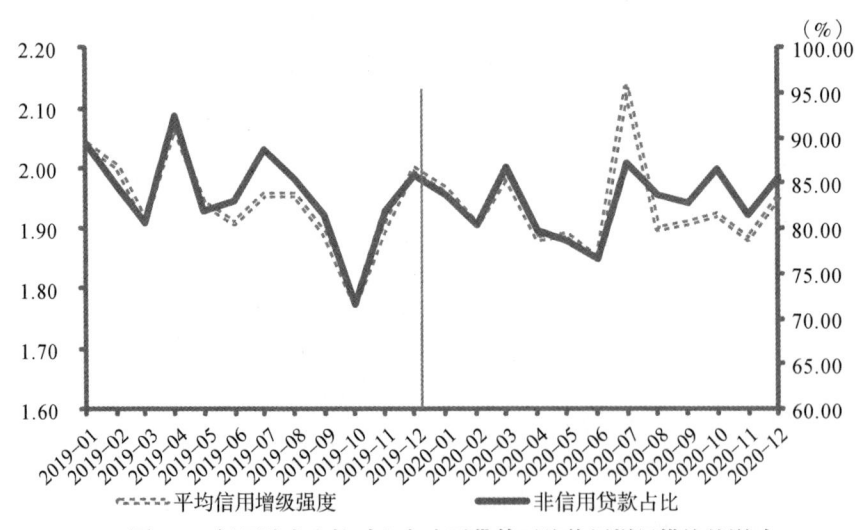

图 4.3 新冠肺炎疫情对上市公司贷款平均信用增级措施的影响

资料来源：笔者整理。

从图 4.3 可以看到，平均信用增级强度和平均非信用贷款占比指标反映的趋势是一致的。疫情暴发以后,上市公司平均信用增级措施短期内出现了一定幅度的下降,但之后又出现了一定幅度的上升。具体来看,2020年上市公司平均信用增级强度和平均非信用贷款占比分别为1.93和82.72%,而2019年这两个指标分别为1.95和83.91%。可以看到,疫情暴发后上市公司信用增级措施在总体上略有下降,意味着新冠肺炎疫情暴发以来商业银行风险偏好反而出现了小幅上升,对上市公司信用增级措施的要求反而有所下降。

四 贷款额度

图4.4反映了疫情对上市公司平均贷款额度的影响。

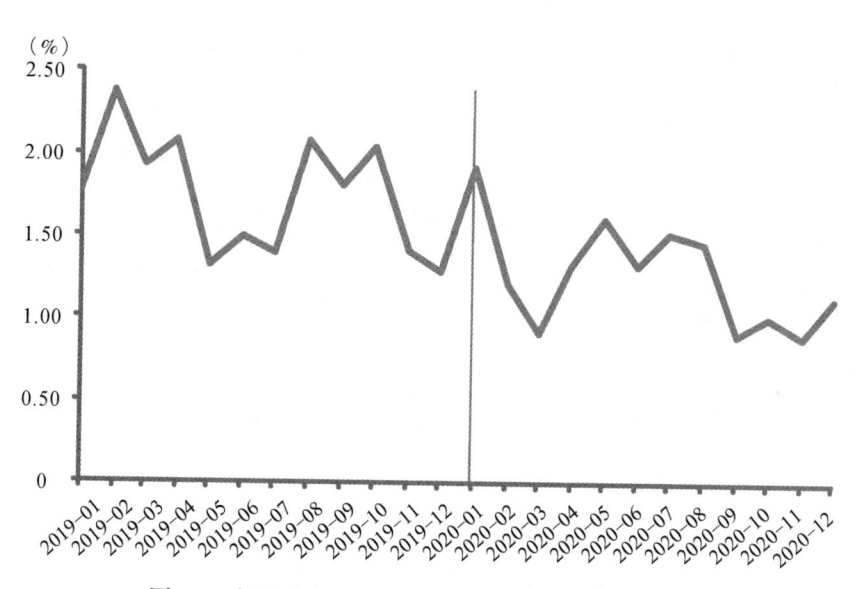

图4.4 新冠肺炎疫情对上市公司平均贷款额度的影响

资料来源:笔者整理。

可以看到,2020年初新冠肺炎疫情暴发以来,上市公司平均贷款额度延续了前期的下降趋势,从2019年的1.70%下降到2020年的1.21%,下降了0.49个百分点,一定程度上说明银行对上市公司的信贷支持力度有所降低。当然，这种下降是趋势性的，是对前期下降趋势的延续，而且从幅度上看并不十分明显。

第二节 地域差异

从中国情况看，新冠肺炎疫情最初是从武汉开始暴发并蔓延到其他省份。与其他省份相比，湖北省受到疫情的冲击最为严重。那么，新冠肺炎疫情对湖北上市公司信贷融资条件的不利影响是否比其他省份更为严重？对于这一问题，我们将上市公司根据其所在地分为两组：湖北上市公司和其他省份上市公司，在此基础上对两类上市公司信贷融资条件在新冠肺炎疫情暴发前后的变化进行比较。具体结果如图 4.5 至图 4.8 所示。

图 4.5 反映了新冠肺炎疫情暴发前后两类样本贷款合约平均贷款成本的变化。可以看到，两类样本贷款合约平均贷款成本在疫情暴发后均出现了下降，与全样本情形一致。从幅度上看，湖北上市公司平均贷款利率从 2019 年的 4.85% 下降到 2020 年的 4.46%，下降了 0.39 个百分点；平均贷款利差从 2019 年的 0.45% 下降到 2020 年的 0.35%，下降了 0.10 个百分点。其他省份上市公司平均贷款利率从 2019 年的 5.06% 下降到 2020 年的 4.49%，下降了 0.57 个百分点；平均贷款利差从 2019 年的 0.45% 下降到 2020 年的 0.23%，下降了 0.22 个百分点。对比以上数据可以发现，与其他省份相比，新冠肺炎疫情暴发后湖北上市公司平均贷款成本下降的幅度要明显小于其他省份上市公司平均贷款成本下降的幅度。换言之，新冠肺炎疫情暴发后，与其他省份上市公司相比，商业银行对湖北上市公司收取了相对较高的贷款成本，这种情况可能与湖北上市公司信用风险相对上升有关。

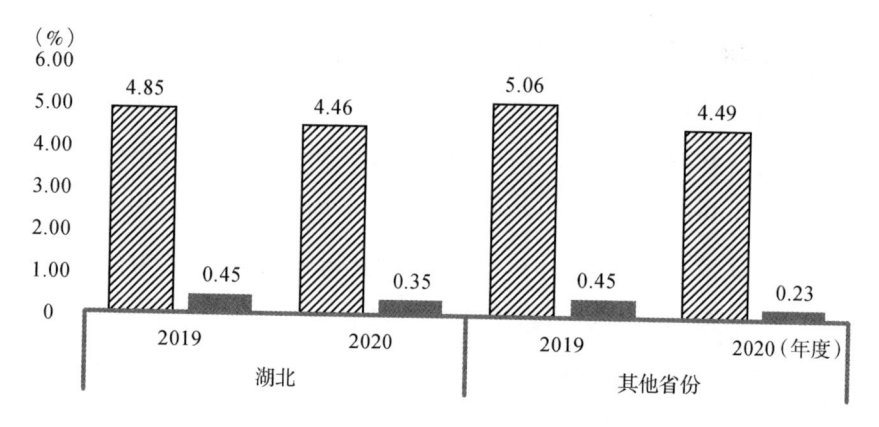

第四章 新冠肺炎疫情对信贷融资条件的影响

```
(%)
6.00
5.00   4.85            5.06
4.00          4.46            4.49
3.00
2.00
1.00       0.45      0.35      0.45      0.23
 0
       2019      2020      2019      2020（年度）
           湖北              其他省份

       ▨ 平均贷款利率   ■ 平均贷款利差
```

图 4.5　上市公司平均贷款成本变化（湖北 VS 其他省份）

资料来源：笔者整理。

图 4.6 反映了新冠肺炎疫情暴发前后两类样本贷款合约平均贷款期限的变化。可以看到，两类样本贷款合约平均贷款期限在疫情暴发后均出现了下降，与全样本情形一致。从幅度上看，湖北上市公司平均贷款期限从 2019 年的 2.24 年下降到 2020 年的 1.76 年，

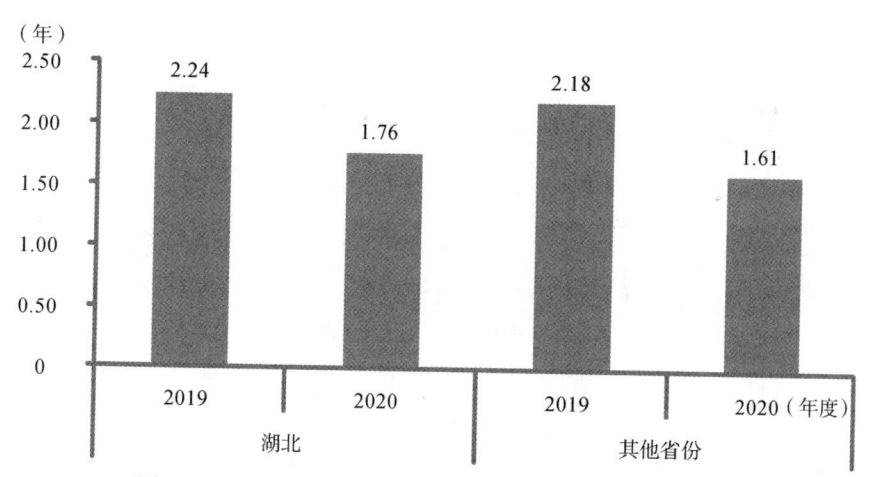

```
(年)
2.50    2.24            2.18
2.00          1.76            1.61
1.50
1.00
0.50
 0
       2019      2020      2019      2020（年度）
           湖北              其他省份
```

图 4.6　上市公司平均贷款期限变化（湖北 VS 其他省份）

资料来源：笔者整理。

下降了0.48年。其他省份上市公司平均贷款期限从2019年的2.18年下降到2020年的1.61年，下降了0.57年。与其他省份相比，新冠肺炎疫情暴发后湖北上市公司平均贷款期限下降的幅度较小，但差异并不十分明显。这一结果表明，从平均贷款期限上来看，新冠肺炎疫情暴发后商业银行对湖北上市公司的支持力度相对更大一些，并未出现明显缩短贷款期限的情形。

从图4.7看，两类样本贷款合约平均信用增级措施在新冠肺炎疫情暴发前后均出现了变化但变化幅度较小。湖北上市公司贷款平均信用增级强度从2019年的1.94下降到2020年的1.93，下降幅度为0.01；平均非信用贷款占比从2019年的83.42%下降到2020年的82.57%，下降了0.85个百分点，变化幅度非常小。其他省份上市公司贷款平均信用增级强度从2019年的1.93上升到2020年的1.94，上升幅度为0.01；平均非信用贷款占比从2019年的86.49%上升到2020年的88.89%，上升了2.40个百分点。与其他省份相比，新冠肺炎疫情暴发后湖北上市公司贷款平均信用增级措施下降

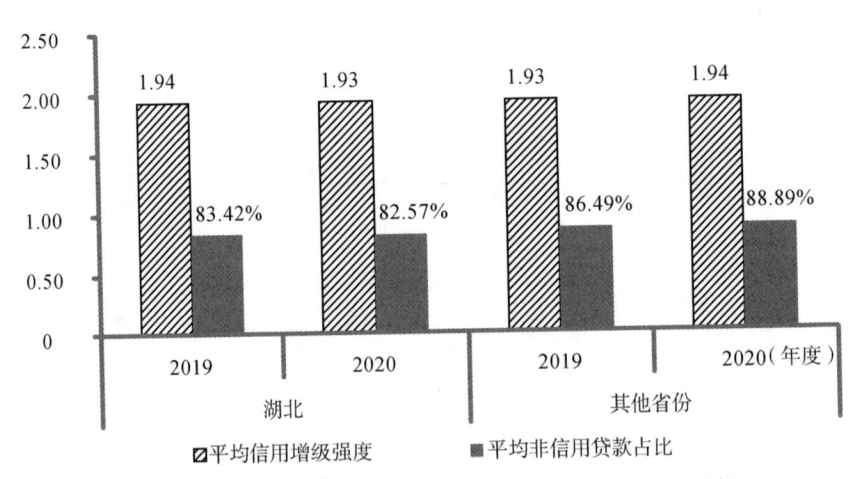

图4.7 上市公司平均信用增级措施变化（湖北VS其他省份）

资料来源：笔者整理。

的幅度更大。这一结果表明，从平均信用增级措施角度看，新冠肺炎疫情暴发后商业银行对湖北上市公司的支持力度更大一些，并未出现明显提高信用增级措施要求的情形。

从图4.8看，两类样本贷款合约平均贷款额度在疫情暴发前后均出现了一定幅度的下滑，与全样本情形一致。湖北上市公司平均贷款额度从2019年的1.68%下降到2020年的1.18%，下降了0.50个百分点。其他省份上市公司平均贷款额度从2019年的2.48%下降到2020年的2.24%，下降了0.24个百分点。与其他省份相比，新冠肺炎疫情暴发后湖北上市公司平均贷款额度下降的幅度要更大一些。

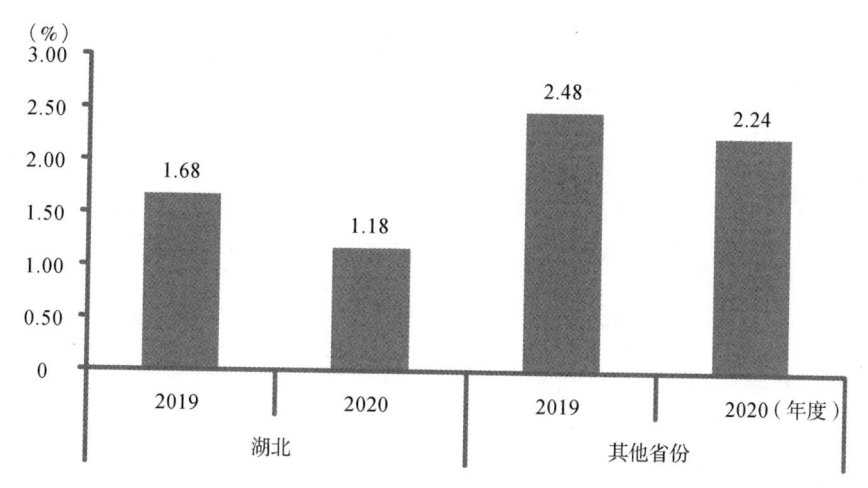

图4.8　上市公司平均贷款额度变化（湖北 VS 其他省份）

资料来源：笔者整理。

第三节　行业差异

为反映新冠肺炎疫情对不同行业上市公司信贷融资条件影响的异质性，我们按照新冠肺炎疫情的影响程度将样本涉及的16个行业分为以下三种类型。第一类是受损较大行业,包括批发和零售业(F)、交通运输业(G)、住宿和餐饮业(H)、文化体育和娱乐业(R)四类行业,这些行业主要面向个人消费者且属于人员较为密集的行业,受疫情冲击最为直接。第二类是部分受益行业,包括信息传输、软件和信息技术服务业(I),科学研究和技术服务业(M)等行业,这些行业通常不直接面向个人消费者,办公环境相对封闭,且在很多情况下可以通过线上方式进行办公,受疫情影响较小。不仅如此,由于疫情改变了消费者的消费习惯,一些消费行为由线下转移到线上(比如在线教育),同时疫情也促使部分企业加大了科技研发投入,使得疫情对这类行业一定程度上反而会产生积极影响。第三类是其他行业,包括除上述两类行业以外的其他行业。疫情对此类行业的冲击程度介于第一类和第二类行业之间。在此基础上,我们对各类行业上市公司信贷融资条件在新冠肺炎疫情暴发前后的变化进行分析,具体结果如图4.9至图4.12所示。

图4.9反映了新冠肺炎疫情暴发前后三类样本贷款合约平均贷款成本的变化。可以看到,三类样本贷款合约平均贷款成本在疫情暴发后均出现了下降,与全样本的变化情形保持一致。从幅度上来看,受损较大行业上市公司平均贷款利率从2019年的4.94%下降到2020年的4.61%,下降了0.33个百分点;平均贷款利差从2019年的0.50%上升到2020年的0.56%,上升了0.06个百分点。部分受益行业上市公司平均贷款利率从2019年的5.35%下降到2020年的4.54%,下降了0.81个百分点;平均贷款利差从2019年的0.96%下降到2020年的0.36%,下降了0.60个百分点。其他行业上市公司平均贷款利率从2019年的5.05%下降到2020年的4.47%,下降了0.58个百分点;平均贷款利差从2019年的0.41%下降到2020年的0.19%,下降了0.22个百分点。与其他两类上市公司相比,受损较大行业上市公司平均贷款成本疫情暴发后相对有

所提升，意味着新冠肺炎疫情暴发后这类上市公司向商业银行申请贷款时，需要支付更高的成本；部分受益行业上市公司平均贷款成本疫情暴发后下降的幅度最大，意味着疫情暴发后这类上市公司向商业银行申请贷款时，支付的贷款成本下降幅度最为明显，信贷融资条件改善的幅度也更大。

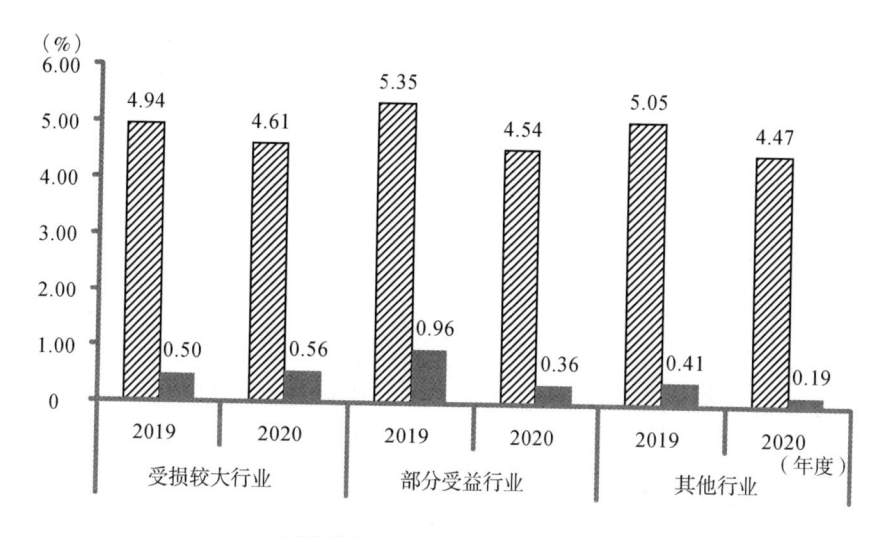

图 4.9　上市公司平均贷款成本变化（不同行业）

资料来源：笔者整理。

图 4.10 反映了新冠肺炎疫情暴发前后三类样本贷款合约平均贷款期限的变化。可以看到，三类样本贷款合约平均贷款期限在疫情暴发后均出现了下降，与全样本情形一致。从幅度上看，受损较大行业上市公司平均贷款期限从 2019 年的 2.22 年下降到 2020 年的 1.45 年，下降幅度为 0.77 年；部分受益行业上市公司平均贷款期限从 2019 年的 2.10 年下降到 2020 年的 1.64 年，下降了 0.46 年；其他行业上市公司平均贷款期限从 2019 年的 2.25 年下降到 2020 年的 1.80 年，下降了 0.45 年。与其他两类上市公司相比，受损较大

行业上市公司平均贷款期限疫情暴发后下降的幅度最为明显，意味着疫情暴发后这类上市公司向商业银行申请贷款时，能够获取的贷款期限平均来说要更短一些，意味着融资条件的相对恶化。部分受益行业与其他行业上市公司平均贷款期限疫情暴发后下降的幅度较为接近。

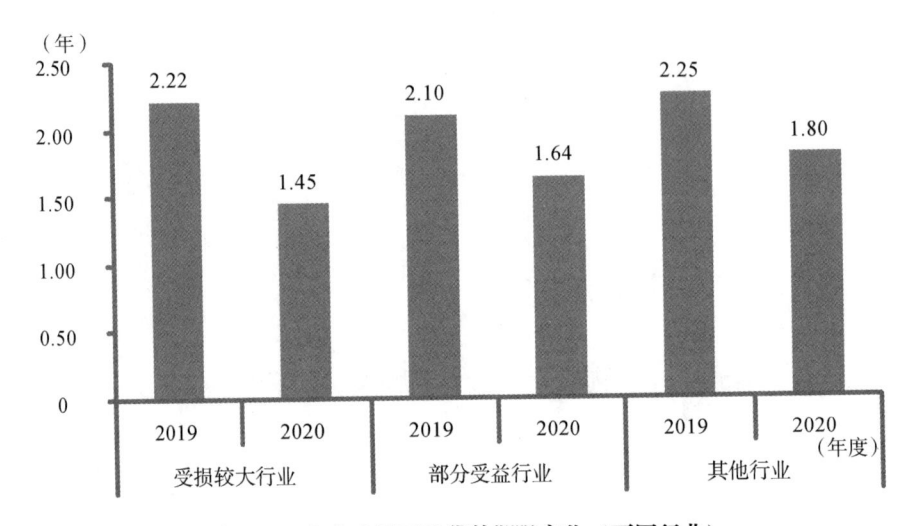

图 4.10　上市公司平均贷款期限变化（不同行业）

资料来源：笔者整理。

图 4.11 反映了新冠肺炎疫情暴发前后三类样本贷款合约平均信用增级措施的变化。总体上看，三类样本贷款合约平均信用增级措施在疫情暴发后均呈现稳中有降的变化趋势，与全样本变化情形基本保持一致。不过，无论是哪一类行业，疫情暴发后上市公司信用增级措施的变动幅度均非常小。

图 4.12 反映了新冠肺炎疫情暴发前后三类样本贷款合约平均贷款额度的变化情况。总体上看，三类样本贷款合约平均贷款额度在疫情暴发后均呈现下降的趋势，与全样本情形一致。区分不同行

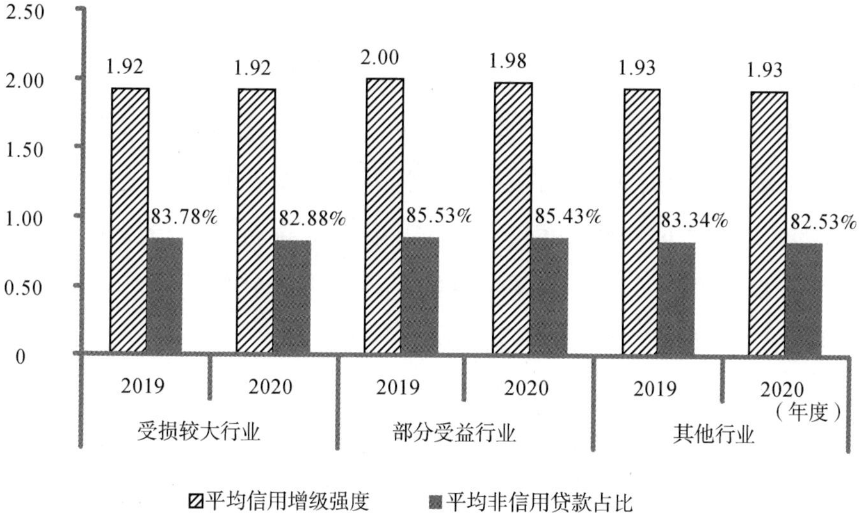
2.50
2.00
1.50
1.00
0.50
0
1.92
1.92
2.00
1.98
1.93
1.93
83.78%
82.88%
85.53%
85.43%
83.34%
82.53%
2019
2020
2019
2020
2019
2020
（年度）
受损较大行业
部分受益行业
其他行业
平均信用增级强度
平均非信用贷款占比

图 4.11　上市公司平均信用增级措施变化（不同行业）

资料来源：笔者整理。

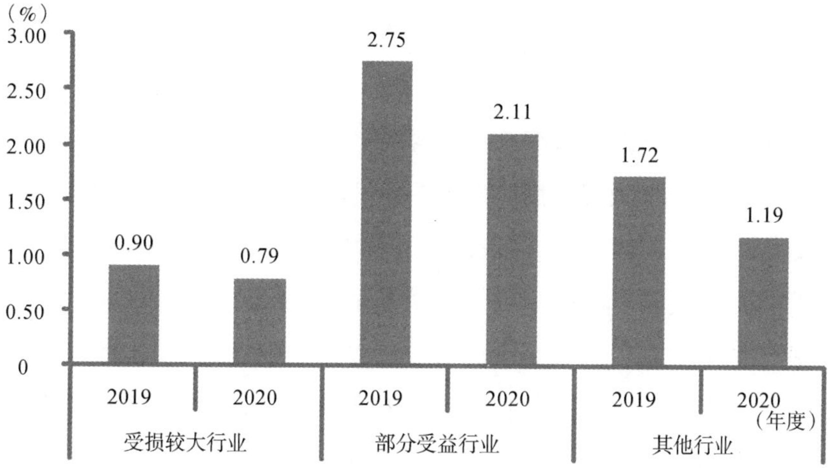
（%）
3.00
2.50
2.00
1.50
1.00
0.50
0
0.90
0.79
2.75
2.11
1.72
1.19
2019
2020
2019
2020
2019
2020
（年度）
受损较大行业
部分受益行业
其他行业

图 4.12　上市公司平均贷款额度变化（不同行业）

资料来源：笔者整理。

业上市公司来看，受损较大行业上市公司平均贷款额度从 2019 年的 0.90% 下降到 2020 年的 0.79%，下降了 0.11 个百分点；部分受益行业上市公司平均贷款额度从2019年的2.75%下降到2020年的2.11%，下降了0.64个百分点；其他行业上市公司平均贷款额度从2019年的1.72%下降到2020年的1.19%，下降了0.53个百分点。与其他两类上市公司相比，疫情暴发后受损较大行业上市公司平均贷款额度下降的幅度较小，意味着商业银行在疫情暴发后并未显著降低此类行业上市公司贷款的平均额度。其他两类行业上市公司平均贷款额度的变化则比较接近。

第四节　不同类型银行差异

为分析疫情对不同类型银行信贷融资条件影响的异质性，我们把样本贷款合约涉及的银行分为以下三类：一是国有大型商业银行，包括工、农、中、建、交5家银行；二是股份制银行，共12家；三是其他中小银行，包括城市商业银行、农村商业银行、农村合作银行、村镇银行、城市信用社、农村信用社6类。在此基础上，我们对疫情如何影响不同类型银行信贷融资条件进行分析。

图4.13反映了新冠肺炎疫情暴发前后三类银行平均贷款成本的变化情况。总体上看，三类银行平均贷款成本均出现了一定程度的下降，与全样本情形一致。区分不同类型银行发现，国有大型商业银行平均贷款利率从2019年的4.67%下降到2020年的4.24%，下降了0.43个百分点；平均贷款利差从2019年的0.25%下降到2020年的0.07%，下降了0.18个百分点。股份制银行平均贷款利率从2019年的4.96%下降到2020年的4.47%，下降了0.49个百分点；平均贷款利差从2019年的0.41%下降到2020年的0.29%，下降了0.12个百分点。其他中小银行平均贷款利率从2019年的5.80%下降到2020年的5.01%，下降了0.79个百分点；平均贷款利差从2019年的0.81%下降到2020年的0.43%，下降了0.38个

百分点。比较来看，疫情暴发后，其他中小银行平均贷款成本下降的幅度更为明显。国有大型商业银行和股份制银行平均贷款成本的变化比较接近。之所以出现这种情况，可能与其他中小银行支持的上市公司规模较小有关。与大企业相比，国家为应对疫情针对中小企业出台的扶持政策力度更为明显，如针对中小企业的再贷款政策、定向降准政策等，使得客户以中小企业为主的其他中小银行能够降低贷款价格。除此之外，我们还会看到，与其他两类银行相比，疫情暴发后其他中小银行对贷款期限的压缩更为明显，贷款的短期化也会导致平均利率水平的下降。

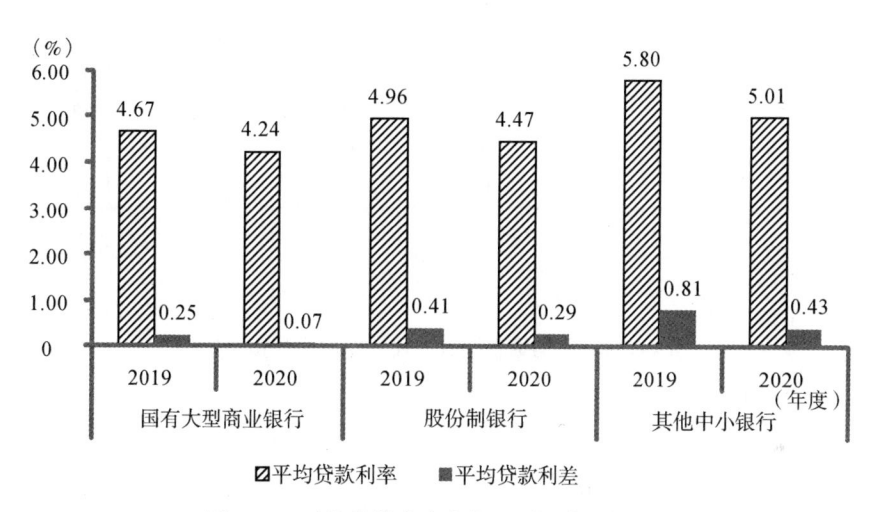

图 4.13 平均贷款成本变化（不同类型银行）

资料来源：笔者整理。

图 4.14 反映了新冠肺炎疫情暴发前后三类银行平均贷款期限的变化。可以看到，三类银行平均贷款期限在疫情暴发后均出现了下降，意味着银行贷款均呈现短期化趋势，与全样本情形保持一致。从幅度上来看，国有大型商业银行平均贷款期限从 2019 年的 2.49 年下降到 2020 年的 2.11 年，下降幅度为 0.38 年；股份制银

行平均贷款期限从2019年的2.03年下降到2020年的1.63年，下降了0.40年；其他中小银行平均贷款期限从2019年的2.13年下降到2020年的1.39年，下降了0.74年。通过比较可以看到，国有大型商业银行平均贷款期限下降幅度最小，其他中小银行平均贷款期限下降幅度最大。上述结果意味着，疫情暴发后其他中小银行压缩贷款期限的意愿最为强烈，股份制银行次之，国有大型商业银行最不明显。

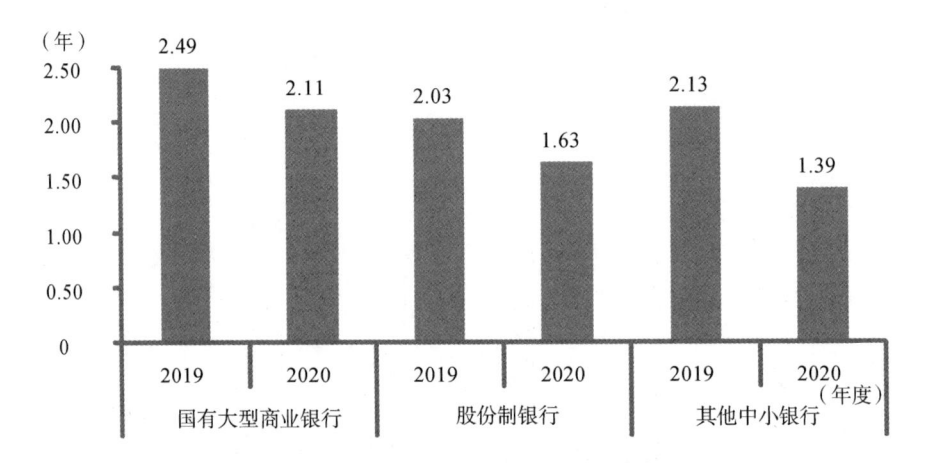

图 4.14　平均贷款期限变化（不同类型银行）

资料来源：笔者整理。

图 4.15 反映了新冠肺炎疫情暴发前后三类银行平均信用增级措施的变化。总体上看，疫情暴发后国有大型商业银行和股份制银行平均信用增级措施变化并不明显，其他中小银行平均信用增级措施有所下降。其中，其他中小银行平均信用增级强度从2019年的2.00下降到2020年的1.93，下降幅度为0.07；平均非信用贷款占比从2019年的86.69%下降到2020年的84.50%，下降了2.19个百分点，说明疫情后其他中小银行在向上市公司发放贷款时要求提供的信用增级措施反而有所减弱。

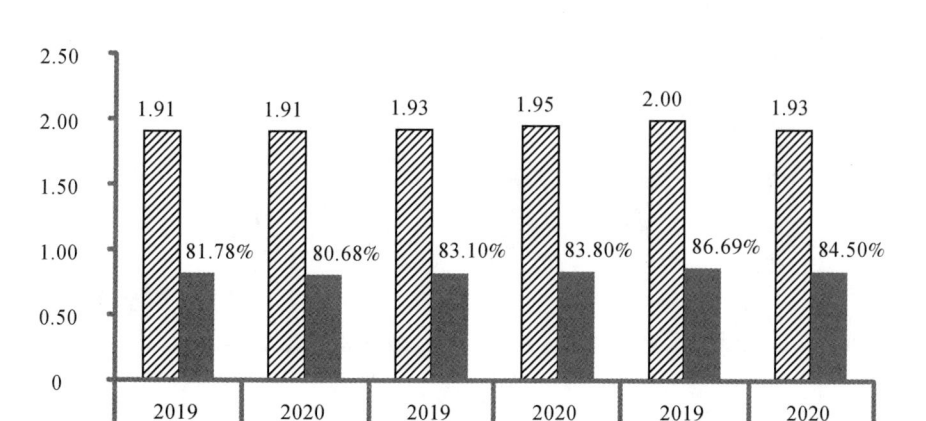

第四章 新冠肺炎疫情对信贷融资条件的影响 ◇ 73

图中数据：
- 国有大型商业银行：2019年 平均信用增级强度 1.91，平均非信用贷款占比 81.78%；2020年 1.91，80.68%
- 股份制银行：2019年 1.93，83.10%；2020年 1.95，83.80%
- 其他中小银行：2019年 2.00，86.69%；2020年 1.93，84.50%

图 4.15 平均信用增级措施变化（不同类型银行）

资料来源：笔者整理。

图 4.16 反映了新冠肺炎疫情暴发前后三类银行贷款合约平均贷款额度的变化。总体来看，疫情后三类银行平均贷款额度均出现了较为明显的下降，与全样本情形保持一致。从不同类型银行来看，国有大型商业银行平均贷款额度从 2019 年的 1.55% 下降到 2020 年的 1.04%，下降了 0.51 个百分点；股份制银行平均贷款额度从 2019 年的 1.86% 下降到 2020 年的 1.58%，下降了 0.28 个百分点；其他中小银行平均贷款额度从 2019 年的 1.74% 下降到 2020 年的 0.95%，下降了 0.79 个百分点。通过比较可以看到，其他中小银行平均贷款额度下降的幅度最大，国有大型商业银行次之，股份制银行最小。

```
(%)
2.00                1.86
1.80   1.55                        1.74
1.60                       1.58
1.40
1.20        1.04
1.00                                      0.95
0.80
0.60
0.40
0.20
   0
     2019  2020   2019  2020   2019  2020 （年度）
     国有大型商业银行  股份制银行    其他中小银行
```

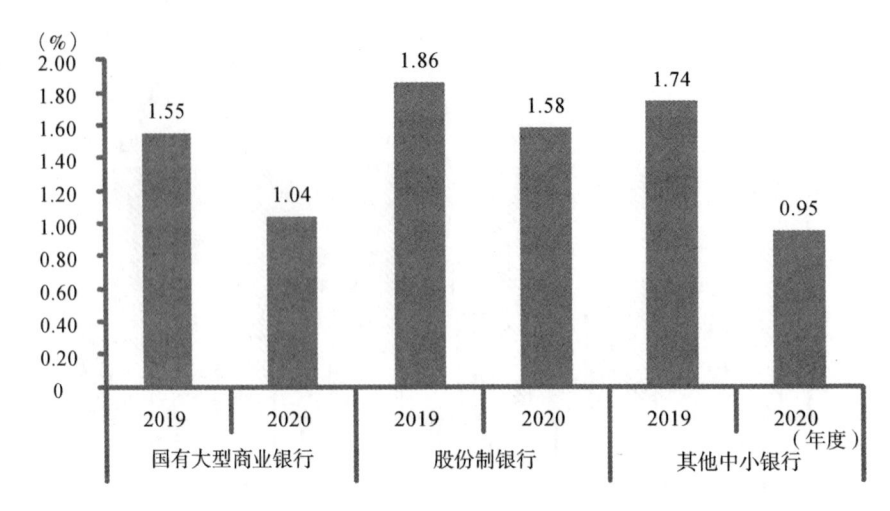

图 4.16　平均贷款额度变化（不同类型银行）

资料来源：笔者整理。

第五节　不同所有权性质差异

这一节中，我们进一步分析疫情暴发后国企和民企在信贷融资条件变化上的异质性。

图 4.17 反映了新冠肺炎疫情暴发前后两类企业平均贷款成本的变化情况。总体来看，两类企业平均贷款成本均出现了不同程度的下降，与全样本情形一致。区分不同类型企业可以发现，民企上市公司平均贷款利率从 2019 年的 5.06% 下降到 2020 年的 4.50%，下降了 0.56 个百分点；平均贷款利差从 2019 年的 0.47% 下降到 2020 年的 0.21%，下降了 0.26 个百分点。国企上市公司平均贷款利率从 2019 年的 5.01% 下降到 2020 年的 4.47%，下降了 0.54 个百分点；平均贷款利差从 2019 年的 0.34% 下降到 2020 年的 0.30%，下降了 0.04 个百分点。比较来看，疫情暴发后，民企上市公司平均贷款成本下降的幅度更大，这一点在平均贷款利差上体现得更为明显。之所以出现这种情况，一方面，可能与民营上市公

司规模较小有关。如前文所述，疫情以来针对中小企业出台了多项支持政策，由于民企资产规模较小，因此从支持政策中获益更多。另一方面，也可能与民企上市公司平均贷款期限下降幅度更大有关，我们将会在下文中看到这一点。平均期限的缩短将会在一定程度上降低贷款成本。

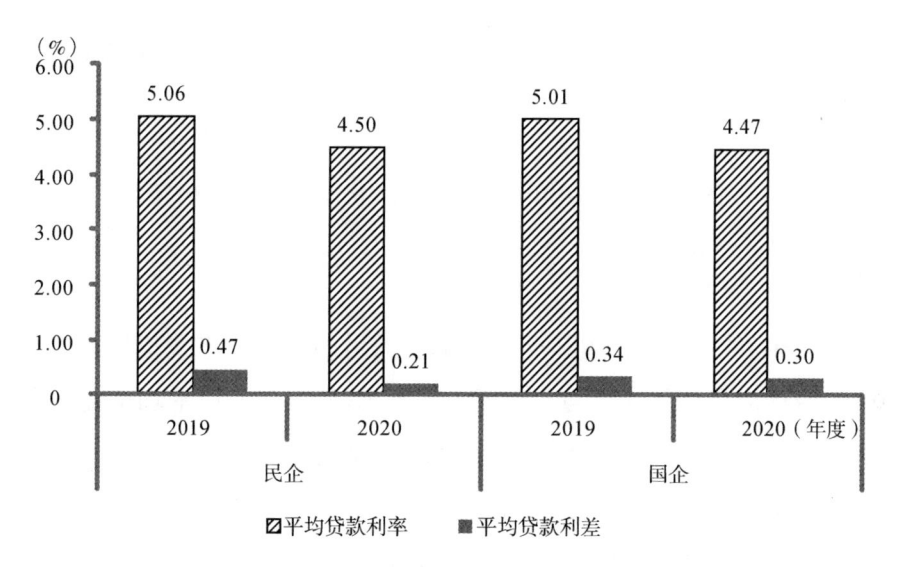

图 4.17　上市公司平均贷款成本变化（国企 VS 民企）

资料来源：笔者整理。

图 4.18 反映了新冠肺炎疫情暴发前后两类企业平均贷款期限的变化情况。总体上看，两类企业平均贷款期限均出现了一定程度的下降，与全样本情形类似。区分不同类型企业可以发现，民企上市公司平均贷款期限从 2019 年的 2.29 年下降到 2020 年的 1.74 年，下降了 0.55 年；国企上市公司平均贷款期限从 2019 年的 2.13 年下降到 2020 年的 1.82 年，下降了 0.31 年。比较来看，疫情暴发后，民企上市公司平均贷款期限下降的幅度更大，说明疫情以来民企上市公司贷款短期化趋势更加明显。

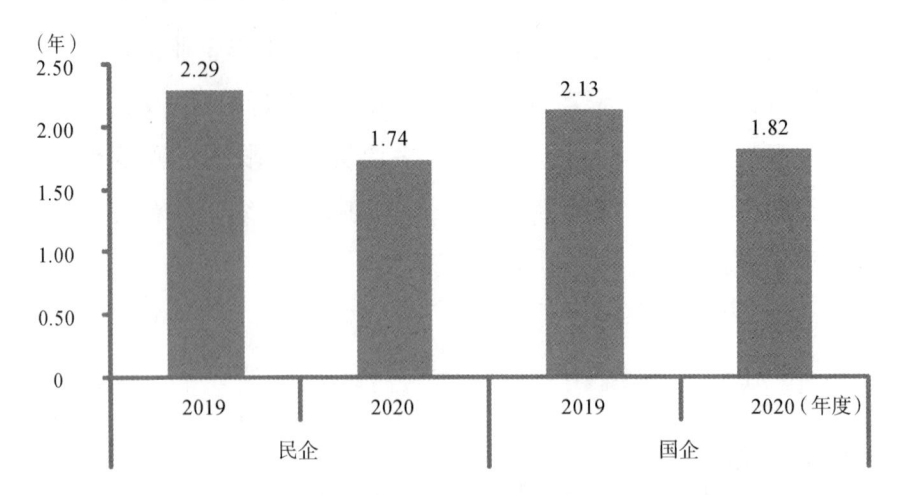

```
(年)
2.50        2.29
                          2.13
2.00                                   1.82
              1.74
1.50
1.00
0.50
  0
         2019   2020    2019    2020 (年度)
            民企           国企
```

图 4.18　上市公司平均贷款期限变化（国企 VS 民企）

资料来源：笔者整理。

图 4.19 反映了新冠肺炎疫情暴发前后两类企业平均信用增级措施的变化情况。总体上看，疫情暴发后民企上市公司平均信用增级强度出现了一定程度的上升，反映出商业银行对民企贷款风险偏好的下降。与之相比，国企上市公司贷款平均信用增级措施则出现了较为明显的下降。具体来看，平均信用增级强度从 2019 年的 1.92 下降到 2020 年的 1.87，下降了 0.05；平均非信用贷款占比从 2019 年的 80.83% 下降到 2020 年的 78.80%，下降了 2.03 个百分点。上述结果意味着，疫情暴发后商业银行在向国企提供贷款时，反而降低了对信用增级措施的要求，即对国企的风险偏好有所上升。

图 4.20 反映了新冠肺炎疫情暴发前后两类企业平均贷款额度的变化情况。总体来看，疫情暴发后民企上市公司平均贷款额度出现了一定程度的下降趋势，从 2019 年的 2.07% 下降到 2020 年的 1.44%，下降了 0.63 个百分点；国企上市公司平均贷款额度也出现了下降，从 2019 年的 0.83% 下降到 2020 年的 0.72%，下降了

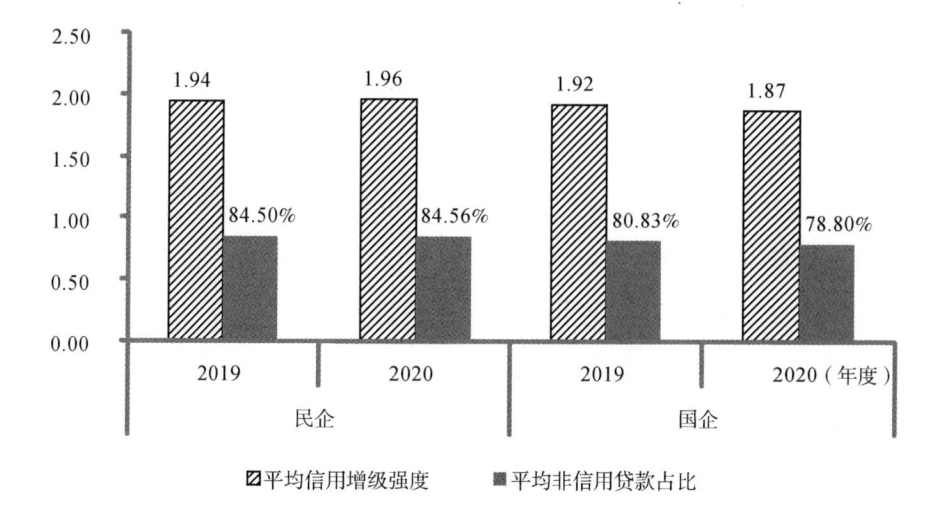

图 4.19　上市公司平均信用增级措施变化（国企 VS 民企）

资料来源：笔者整理。

0.11 个百分点。通过比较可以看到，民企上市公司平均贷款额度下降的幅度更大，下降幅度比国企上市公司高 0.52 个百分点，反映出商业银行对民企上市公司贷款支持力度的下降。

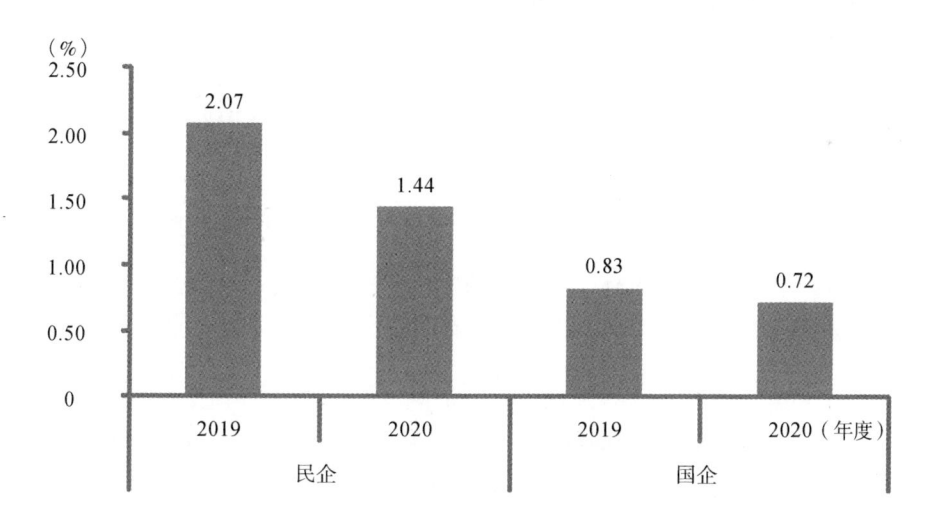

图 4.20　上市公司平均贷款额度变化（国企 VS 民企）

资料来源：笔者整理。

第六节 小结

总体上看,新冠肺炎疫情暴发对上市公司信贷融资条件产生了重要的影响,主要体现在以下五个方面。

第一,疫情暴发后上市公司信贷融资条件总体上有所改善。与疫情暴发之前相比,上市公司信贷融资条件的改善主要体现为贷款成本的下降,平均贷款利率和贷款利差均有一定幅度的下降。这一结果意味着为应对新冠肺炎疫情而出台的货币政策与信贷政策对降低企业信贷融资成本起到了积极作用。与之相比,疫情暴发后上市公司贷款条件在贷款期限、信用增级措施和贷款额度等方面的变化并不明显。

第二,作为受疫情影响最为严重的省份,处于湖北省的上市公司信贷融资条件也受到了较大的冲击。一方面,新冠肺炎疫情暴发后商业银行对湖北省上市公司平均贷款成本下降的幅度更小、平均贷款额度下降的幅度更大,说明其信贷融资条件与其他省份相比出现了恶化;另一方面,新冠肺炎疫情暴发后商业银行对湖北省上市公司平均贷款期限下降的幅度更小、平均信用增级措施下降幅度更大,说明其信贷融资条件与其他省份相比出现了改善。

第三,疫情对不同行业上市公司信贷融资条件的影响具有不同特征。从行业差异上来看,批发和零售业(F)、交通运输业(G)、住宿和餐饮业(H)、文化体育和娱乐业(R)四类行业上市公司信贷融资条件受疫情冲击较为明显,主要体现在贷款成本和贷款期限上。与之相比,疫情暴发反而对信息传输、软件和信息技术服务业(I),科学研究和技术服务业(M)等行业信贷融资条件产生了一定的积极影响。

第四,与其他类型商业银行相比,疫情暴发后其他中小银行平均贷款成本下降的幅度更为明显。之所以出现这一情况，可能与国家对中小企业的支持政策以及其他中小银行贷款更加明显的短期化趋势有关。

第五，疫情暴发对不同所有权性质企业信贷融资条件的影响也存在差异。与国企上市公司相比，一方面，民企上市公司贷款短期化趋势更加明显，平均贷款额度下降的幅度更大，信用增级措施的要求也更高，反映了其信贷融资条件的相对恶化；另一方面，疫情暴发后民企上市公司平均贷款成本下降的幅度更大，意味着信贷融资条件的相对改善。

第 五 章

不同区域上市公司信贷融资条件

这一章里，我们将对不同区域上市公司的信贷融资条件的异质性进行分析。中国幅员辽阔，不同地区经济社会发展差异较大，东西差异、南北差异十分明显。外部环境的差异将会作用于银行和上市公司等微观主体，并对上市公司的信贷融资条件产生影响。从理论上来讲，不同区域上市公司在信贷融资条件上之所以会存在差异，主要是由于以下几方面原因。

首先，从金融供给角度看，一方面，中国不同区域金融发展水平不同，由此导致金融供给存在较大差异。部分经济发达地区积聚了大量金融机构，金融业高度发达。不同银行之间的竞争非常充分，银行业金融机构与非银行业金融机构的竞争也很充分，比如北京、上海、广东等发达省份。较高的金融发展水平增大了金融供给，为上市公司筹集资金提供了更多的选择渠道；与之相比，其他一些地区金融业发展相对落后，金融机构数量较少，金融供给不够充分。大量研究表明，金融发展水平越高，企业融资难度越低，企业面临的融资约束越小，在融资过程中面临的条件也会相对宽松（Love，2003；Khurana et al.，2006；饶华春，2009；沈红波等，2010；姚耀军和董钢锋，2015）。另一方面，不同区域金融机构经营状况和风险状况也存在较大差异。根据中国人民银行2021年9

月公布的《中国金融稳定报告（2021）》，中国人民银行2021年第二季度对4400家银行业金融机构开展了金融机构评级[①]。评级结果显示，不同区域银行风险分化明显。浙江、福建、江西、上海等省份无高风险机构；广东、江苏、湖南、安徽等省份"绿区"机构占比均超过60%；19个省份高风险机构维持在个位数水平。与之相比，辽宁、甘肃、内蒙古、河南、山西、吉林、黑龙江等省份高风险机构数量较多。不同区域金融机构经营状况和风险的分化会对信贷融资条件产生影响。

其次，从金融需求角度看，一方面，不同区域经济发展水平不同，位于该区域的上市公司质量和信用等级通常会存在较大差异，由此对信贷融资条件产生影响。总体上看，经济发展水平越高，该区域的上市公司经营状况也越好，经营风险较低，信用等级较高；而经济发展水平较低的区域上市公司经营状况通常较差，经营风险较高，信用等级会比较低。另一方面，不同区域的产业结构存在较大差异，本地上市公司业务范围往往较多地集中于特定产业，由此导致不同区域上市公司在融资需求和融资风险上存在较大差异。比如，在融资需求方面，部分产业是资本密集型产业，具有较高的信贷融资需求；部分产业是非资本密集型产业，并不具有太高的信贷融资需求。在融资风险方面，不同地区上市公司的业务领域往往与本地产业结构有一定关系，其经营风险会受到本地产业结构的影响。换言之，区域经济发展的差异使得该区域上市公司在金融需求和金融风险方面产生较大的异质性，进而影响信贷融资条件（周中胜和罗正英，2007；罗正英等，2010；盛丹和王永进，2013）。

最后，从外部环境角度看，上市公司信贷融资条件依赖于外部市场环境。一是地区法治化水平和营商环境（王小鲁等，2019；周

---

① 数据来源：《中国金融稳定报告（2021）》，中国金融出版社2021年版。

泽将等，2020；Alvarez‐Botas and Gonzalez，2021）。良好的法治化水平和营商环境能够对债权人和债务人提供有效的保护，减少市场摩擦和交易成本，从而改善信贷融资条件。二是政府与企业之间的关系。已有研究表明，地方政府对商业银行和企业的干预程度、对本地企业补贴力度的大小、政府对有关经济金融政策的执行力度等，都会对信贷融资条件产生影响（Laporta et al.，1997；Khurana et al.，2006；谢德仁和张高菊，2007；余明桂和潘红波，2008）。三是金融科技的发展。随着金融与科技融合程度的加深，越来越多的金融机构会将科技手段应用于业务流程改造和产品创新，由此改变部分经济欠发达地区企业的信贷融资状况，从而降低了上市公司信贷融资条件与本地区经济发展之间的关联性。

第一节　贷款成本

一　不同省份

2004—2020 年，不同省份上市公司平均贷款成本如表 5.1 和图 5.1 所示。

表 5.1　　　　　不同省份上市公司平均贷款成本　　　　单位：%

省份	平均贷款利率	平均贷款利差	省份	平均贷款利率	平均贷款利差
安徽	5.52	0.07	辽宁	5.87	0.01
北京	5.91	0.19	内蒙古	6.30	0.49
福建	5.84	0.24	宁夏	7.21	0.64
甘肃	5.79	0.28	青海	6.34	0.25
广东	5.56	-0.09	山东	5.80	0.01
广西	5.81	0.12	山西	5.86	-0.02
贵州	6.33	0.30	陕西	5.68	-0.02
海南	6.12	0.40	上海	5.96	0.08

续表

省份	平均贷款利率	平均贷款利差	省份	平均贷款利率	平均贷款利差
河北	5.89	0.03	四川	5.98	0.08
河南	5.83	0.12	天津	6.35	0.52
黑龙江	5.86	0.01	西藏	3.85	-1.01
湖北	6.06	0.10	新疆	5.60	-0.31
湖南	5.93	0.20	云南	6.00	0.15
吉林	5.85	0.07	浙江	6.05	0.28
江苏	5.87	0.20	重庆	6.27	0.34
江西	5.96	0.06			

资料来源：笔者整理。

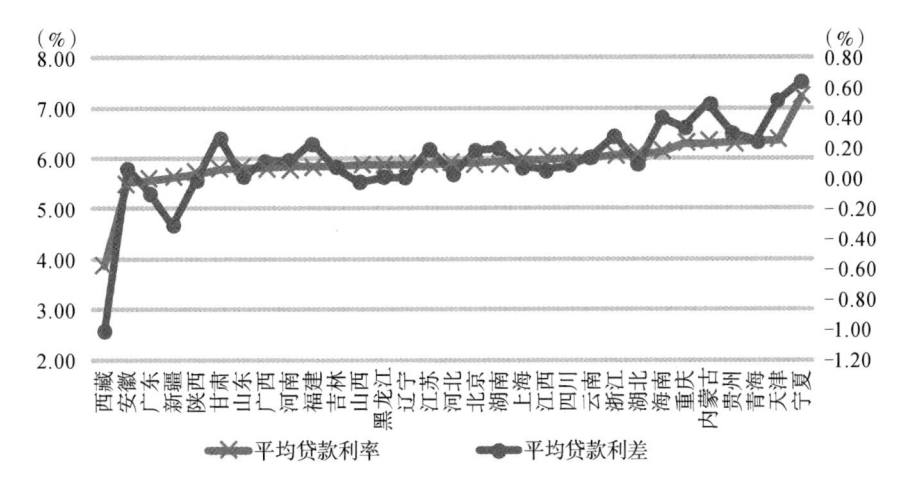

图5.1 不同省份上市公司平均贷款成本变化趋势

资料来源：笔者整理。

从图5.1和表5.1可以看到，不同省份的上市公司在贷款成本方面存在着较大的差异。在样本上市公司的贷款合约中，平均贷款成本最低的为西藏，其平均贷款利率仅为3.85%，平均贷款利差为-1.01%。可以看到，西藏上市公司的平均贷款利率远低于全国平均水平，也远低于基准利率水平。西藏上市公司的贷款融资成本之所以较低,可能有以下几个方面的原因。首先,利率从本质上说是资金的价格,而特定区域的资金价格从根本上取决于本地经济的整体收益率即经济发展状况。西藏属于中国经济发展相对落后的西部地区,决定了本地资金价格处于较低的水平。尽管近年来西藏的经济增速有所提高,但长期以来的缓慢增长可能形成了较低的市场利率环境。其次,西藏本地企业发展相对缓慢,由此产生的金融需求也较少。尽管西藏的金融供给也不充分,但有效金融需求的缺乏拉低了本地市场资金价格。最后,国家对西藏的扶持政策也会降低该地区企业的融资成本。一方面,西藏既是经济欠发达地区,也是民族地区。商业银行为了履行社会责任,对位于西藏地区的上市公司通常会给予更加优惠的融资条件。另一方面,国家对西藏等经济发展相对落后地区的上市公司申请银行借款时,通常会有一些财政或税收方面的优惠政策,通过财政贴息或税收减免等方式对商业银行向此类地区上市公司发放贷款进行补偿,这在一定程度上会大大减少商业银行在利息收入上的损失。比如,在脱贫攻坚阶段,政府会通过补贴等方式来引导金融资源向贫困地区倾斜,以降低此类地区企业的融资成本。

除西藏以外,安徽、广东、新疆、陕西、甘肃等地的上市公司平均贷款成本也比较低。样本期间,上述部分省份平均贷款利差甚至出现了负值,说明上述地区上市公司平均贷款利率总体上要低于基准利率。

与之相比,宁夏上市公司平均贷款利率高达7.21%,平均贷款利差达到0.64%,是各省份中上市公司平均贷款成本最高的省份。除此之外,天津、青海、内蒙古等省份上市公司平均贷款成本也比较高。通过比较可以看到,宁夏与西藏上市公司平均贷款利率的差异达到3.36个百分点,平均贷款利差的差异达到1.65个百分点,差距非常明显。

值得注意的是，不同省份上市公司平均贷款成本与地区经济发展水平之间并不存在简单的线性关系。比如，同样作为经济发展水平相对落后的地区，西藏、新疆、甘肃等地区上市公司平均贷款成本非常低，但宁夏、青海、贵州等地区上市公司平均贷款成本却非常高；类似地，同样作为经济发展水平较高的地区，广东、山东等地上市公司平均贷款成本较低，但天津、浙江等地的上市公司平均贷款成本则较高。之所以出现这种情况，可能的原因在于：如前所述，上市公司贷款成本会受到多种因素共同影响，包括经济发展水平、金融业发展、地方法治化水平、政府对企业的支持政策等，经济发展水平只是众多影响因素中的一部分。其中，不同因素对贷款成本的影响既有可能是同向的，也有可能会相互抵消。比如，一方面，经济发展水平较高可能会使本地企业整体收益率较高，从而能够承受较高的融资成本；或者那些位于经济发展水平较高地区的上市公司具有更高的成长性，从而面临更高的融资成本。另一方面，经济发展水平较高的地区往往金融业发展也比较好，金融竞争更加充分。金融供给的增加又会在一定程度上降低企业的融资成本。在上述不同因素的共同作用下，我们会发现上市公司贷款成本与所在地区经济发展水平之间可能并不存在简单的线性关系。

二 不同省份时间趋势

我们进一步分析各个省份上市公司样本期间平均贷款成本的时间变动趋势。由于部分省份在部分年度贷款合约数量较少，我们通过拉大时间间隔扩大每一个时间段中各个省份贷款合约样本的数量。结合样本实际情况，考虑到样本前期各年度贷款合约样本较少，而样本后期各年度贷款合约样本较多，我们将前两个时间区间的间隔设置为4年，后三个时间区间的间隔设置为3年。具体地，我们将样本期间划分为以下5个时间区间：2004—2007年、2008—

2011年、2012—2014年、2015—2017年、2018—2020年。为了提高分析结果的可靠性,如果给定省份在某一时间区间内贷款合约数量少于30个,我们将其进行剔除,作为缺失值处理。

(一)平均贷款利率

2004—2020年,不同省份上市公司平均贷款利率变动情况如表5.2所示。

表5.2　　　　不同省份上市公司平均贷款利率变动情况　　　单位:%

省份	2004—2007年	2008—2011年	2012—2014年	2015—2017年	2018—2020年
安徽	6.10	5.93	6.18		4.91
北京	6.38	5.94	6.54	6.08	5.03
福建	6.67	6.09	6.84	5.77	4.65
甘肃		6.29	6.95	5.91	4.71
广东	6.09	5.62	6.38	5.98	4.90
广西	5.84	6.08	6.16	5.83	
贵州	6.26	6.66	7.07	5.94	
海南		6.64	6.28	6.54	
河北	6.60	5.88	6.06	5.57	5.20
河南	6.05	5.80	6.66	5.87	5.05
黑龙江		6.25	6.58	6.00	
湖北	6.24	6.16	6.51	7.76	4.78
湖南	6.19	6.20	6.54	5.61	5.03
吉林		6.12	6.96	6.18	4.55
江苏	6.28	6.01	6.45	5.36	5.03
江西	6.69	6.36	5.82	7.15	
辽宁	5.97	6.10	6.56	6.63	4.04
内蒙古	6.44	6.79	7.03		
宁夏	7.70	7.21		6.34	
青海		6.64	6.60		
山东	6.05	5.91	6.24	6.57	5.38

续表

省份	2004—2007 年	2008—2011 年	2012—2014 年	2015—2017 年	2018—2020 年
山西	5.89	5.65	6.53	7.77	
陕西	6.31	5.76	6.06	6.73	5.22
上海	6.35	5.95	6.42	6.70	5.38
四川	6.38	6.10	6.18	6.76	5.04
天津	6.73	6.68	6.93	6.56	5.31
西藏		4.83		6.65	3.89
新疆	5.64	5.67	6.23		4.82
云南	6.25	5.86	7.05	7.14	4.66
浙江	6.55	6.23	6.74		5.12
重庆	6.17	5.91	7.57		

注：表格空白栏表示数据缺失，下同。

资料来源：笔者整理。

从表5.2可以看到，2004—2007年，上市公司平均贷款利率最高的三个省份是宁夏、天津、江西，分别为7.70%、6.73%、6.69%；平均贷款利率最低的三个省份是新疆、广西、山西，分别为5.64%、5.84%、5.89%。平均贷款利率最高的宁夏与最低的新疆相差2.06个百分点。

2008—2011年，上市公司平均贷款利率最高的三个省份是宁夏、内蒙古、天津，分别为7.21%、6.79%、6.68%；平均贷款利率最低的三个省份是西藏、广东、山西，分别为4.83%、5.62%、5.65%。平均贷款利率最高的宁夏与最低的西藏相差2.38个百分点，差距与2004—2007年相比有所扩大。

2012—2014年，上市公司平均贷款利率最高的三个省份是重庆、贵州、云南，分别为7.57%、7.07%、7.05%；平均贷款利率最低的三个省份是江西、河北、陕西，分别为5.82%、6.06%、6.06%。平均贷款利率最高的重庆与最低的江西相差1.75个百分点，差距与2008—2011年和2004—2007年相比均有所缩小。

2015—2017年，上市公司平均贷款利率最高的三个省份是山西、湖北、江西，分别为7.77%、7.76%、7.15%；平均贷款利率最低的三个省份是江苏、河北、湖南，分别为5.36%、5.57%、5.61%。平均贷款利率最高的山西与最低的江苏相差2.41个百分点，差距与之前几个区间相比均有所增大。

2018—2020年，上市公司平均贷款利率最高的三个省份是山东、上海、天津，分别为5.38%、5.38%、5.31%；平均贷款利率最低的三个省份是西藏、辽宁、吉林，分别为3.89%、4.04%、4.55%。平均贷款利率最高的山东、上海与最低的西藏相差1.49个百分点，差距与2015—2017年相比明显缩小。

（二）平均贷款利差

2004—2020年，不同省份上市公司平均贷款利差变动情况如表5.3所示。

表5.3　　　　不同省份上市公司平均贷款利差变动情况　　　单位：%

省份	2004—2007年	2008—2011年	2012—2014年	2015—2017年	2018—2020年
安徽	-0.13	-0.02	-0.05	-0.16	0.57
北京	-0.21	-0.05	0.51	0.30	0.36
福建	-0.01	0.08	0.47	0.16	0.29
甘肃		0.14	0.76	0.44	0.24
广东	-0.31	-0.37	0.00	-0.02	0.25
广西	-0.18	0.18	0.01	-0.18	1.17
贵州	-0.13	0.49	0.71		
海南		0.57	0.04		0.87
河北	0.24	-0.09	-0.31		0.74
河南	-0.37	-0.11	0.23	0.15	0.47
黑龙江		0.08	0.09		0.39
湖北	-0.25	0.03	0.26	0.32	0.41

续表

省份	2004—2007 年	2008—2011 年	2012—2014 年	2015—2017 年	2018—2020 年
湖南	-0.34	0.02	0.21	0.63	0.26
吉林		0.00	0.56	-0.06	0.23
江苏	-0.08	0.12	0.11	0.22	0.47
江西	-0.29	0.35	-0.36	0.24	0.09
辽宁	-0.03	0.10	0.18	0.09	-0.53
内蒙古	0.39	0.73	0.72	0.38	
宁夏	0.68	0.71			
青海		0.26	0.12		
山东	-0.78	0.02	-0.14	-0.21	0.60
山西	-0.24	-0.17	0.24		0.62
陕西	-0.33	-0.11	-0.28	-0.88	0.57
上海	0.00	-0.13	0.04	0.21	0.59
四川	0.06	0.08	-0.15	0.25	0.24
天津	0.08	0.58	0.59	0.47	0.69
西藏		-0.96		-1.64	0.14
新疆	-0.67	-0.30	-0.09	0.02	0.07
云南	0.03	-0.06	0.83	1.07	0.29
浙江	-0.03	0.24	0.32	-0.08	0.73
重庆	-0.58	-0.08	1.68		

资料来源：笔者整理。

从表5.3可以看到，2004—2007年，上市公司平均贷款利差最高的三个省份是宁夏、内蒙古、河北，分别为0.68%、0.39%、0.24%；平均贷款利差最低的三个省份是山东、新疆、重庆，分别为-0.78%、-0.67%、-0.58%。平均贷款利差最高的宁夏与最低的山东相差1.46个百分点。

2008—2011年，上市公司平均贷款利差最高的三个省份是内蒙古、宁夏、天津，分别为0.73%、0.71%、0.58%；平均贷款利差最低的三个省份是西藏、广东、新疆，分别为-0.96%、

−0.37%、−0.30%。平均贷款利差最高的内蒙古与最低的西藏相差1.69个百分点，差距与2004—2007年相比有所上升。

2012—2014年，上市公司平均贷款利差最高的三个省份是重庆、云南、甘肃，分别为1.68%、0.83%、0.76%；平均贷款利差最低的三个省份是江西、河北、陕西，分别为−0.36%、−0.31%、−0.28%。平均贷款利差最高的重庆与最低的江西相差2.04个百分点，差距与2008—2011年相比进一步扩大。

2015—2017年，上市公司平均贷款利差最高的三个省份是云南、湖南、天津，分别为1.07%、0.63%、0.47%；平均贷款利差最低的三个省份是西藏、陕西、山东，分别为−1.64%、−0.88%、−0.21%。平均贷款利差最高的云南与最低的西藏相差2.71个百分点，差距与2012—2014年相比继续扩大，与之前的几个区间相比也明显增大。

2018—2020年，上市公司平均贷款利差最高的三个省份是广西、海南、河北，分别为1.17%、0.87%、0.74%；平均贷款利差最低的三个省份是辽宁、新疆、江西，分别为−0.53%、0.07%、0.09%。平均贷款利差最高的广西与最低的辽宁相差1.70个百分点，差距与2015—2017年相比有所减小。

总体上看，无论是平均贷款利率还是平均贷款利差，不同省份的排名都随着时间的变化而变化，不同省份的贷款成本在时间变动趋势上也各不相同。

三　制造业

考虑到制造业的重要性以及制造业上市公司贷款合约样本相对较多，我们对不同省份制造业上市公司不同时间区间的信贷融资条件进行单独分析。

(一) 平均贷款利率

2004—2020 年，不同省份制造业上市公司平均贷款利率变动情况如表 5.4 所示。

表 5.4　不同省份制造业上市公司平均贷款利率变动情况　　单位:%

省份	2004—2007 年	2008—2011 年	2012—2014 年	2015—2017 年	2018—2020 年
安徽		5.87	6.31	4.29	4.70
北京	6.09	5.87	6.64	4.91	4.85
福建	7.00	6.04	6.84	4.77	4.74
甘肃		5.90	6.95	5.44	4.71
广东	6.16	5.54	6.09	4.34	4.78
广西	5.90	6.35			
贵州	6.55	6.75	6.80		
海南					
河北		5.92	6.09		
河南	6.92	5.95	6.56	5.63	5.01
黑龙江					
湖北	6.35	6.16	6.39	5.24	
湖南		6.22	6.41	5.56	5.85
吉林		6.02			
江苏	6.19	5.97	6.34	5.07	5.04
江西		6.18			
辽宁	6.10	5.90	6.06		3.95
内蒙古	6.45	6.87	6.92	4.70	
宁夏	7.90	7.23			
青海		6.60			
山东	6.00	5.93	6.03	5.00	5.45
山西	5.98	5.68	6.92		
陕西		5.55	6.26		5.06
上海	6.17	6.04	6.22	5.51	5.42
四川	6.34	6.07	6.08	4.77	5.15
天津		6.76		4.87	5.55

续表

省份	2004—2007年	2008—2011年	2012—2014年	2015—2017年	2018—2020年
新疆	5.56	5.75	6.40	4.59	4.46
云南	6.30	5.79	6.54		
浙江	6.16	6.04	6.54	4.46	5.02
重庆		6.18			

资料来源：笔者整理。

从表5.4可以看到，2004—2007年，制造业上市公司平均贷款利率最高的三个省份是宁夏、福建、河南，分别为7.90%、7.00%、6.92%；平均贷款利率最低的三个省份是新疆、广西、山西，分别为5.56%、5.90%、5.98%。制造业上市公司平均贷款利率最高的宁夏与最低的新疆相差2.34个百分点。

2008—2011年，制造业上市公司平均贷款利率最高的三个省份是宁夏、内蒙古、天津，分别为7.23%、6.87%、6.76%；平均贷款利率最低的三个省份是广东、陕西、山西，分别为5.54%、5.55%、5.68%。平均贷款利率最高的宁夏与最低的广东相差1.69个百分点，差距与2004—2007年相比有所减小。

2012—2014年，制造业上市公司平均贷款利率最高的三个省份是甘肃、内蒙古、山西，分别为6.95%、6.92%、6.92%；平均贷款利率最低的三个省份是山东、辽宁、四川，分别为6.03%、6.06%、6.08%。平均贷款利率最高的甘肃与最低的山东相差0.92个百分点，差距与2008—2011年相比有所下降。

2015—2017年，制造业上市公司平均贷款利率最高的三个省份是河南、湖南、上海，分别为5.63%、5.56%、5.51%；平均贷款利率最低的三个省份是安徽、广东、浙江，分别为4.29%、4.34%、4.46%。平均贷款利率最高的河南与最低的安徽相差1.34个百分点，差距与2012—2014年相比有所扩大。

2018—2020 年，制造业上市公司平均贷款利率最高的三个省份是湖南、天津、山东，分别为 5.85%、5.55%、5.45%；平均贷款利率最低的三个省份是辽宁、新疆、安徽，分别为 3.95%、4.46%、4.70%。平均贷款利率最高的湖南与最低的辽宁相差 1.90 个百分点，差距与 2015—2017 年相比有所加大。

（二）平均贷款利差

2004—2020 年，不同省份制造业上市公司不同时间区间内平均贷款利差变动情况如表 5.5 所示。

表 5.5　　不同省份制造业上市公司平均贷款利差变动情况　　单位：%

省份	2004—2007 年	2008—2011 年	2012—2014 年	2015—2017 年	2018—2020 年
安徽		0.05	0.07	-0.49	0.37
北京	-0.38	-0.15	0.23	-0.02	0.06
福建	0.35	0.10	0.48	0.27	0.29
甘肃		-0.19	0.76	0.52	0.16
广东	-0.23	-0.45	-0.25	-0.13	0.14
广西	0.13	0.47	0.30		
贵州	0.29	0.59	0.47		
海南					
河北		-0.06	-0.32		0.69
河南	0.54	0.02	0.12	0.19	0.46
黑龙江		-0.31	-0.18		0.43
湖北	0.03	0.02	0.15	0.39	0.02
湖南		0.08	0.07	0.96	0.70
吉林		-0.36	0.82		
江苏	-0.06	-0.03	-0.09	0.14	0.54
江西		0.19			0.10
辽宁	0.21	-0.12	-0.26		-0.63
内蒙古	0.44	0.79	0.50	0.06	
宁夏	1.00	0.72			
青海		0.33			

续表

省份	2004—2007 年	2008—2011 年	2012—2014 年	2015—2017 年	2018—2020 年
山东	-0.80	0.03	-0.36	-0.07	0.58
山西	0.05	-0.07	0.65		
陕西	-0.15	-0.28	-0.12	-1.18	0.45
上海	-0.44	-0.15	-0.18	0.68	0.67
四川	-0.12	0.07	-0.18	0.12	0.21
天津		1.03			0.72
新疆	-0.74	-0.17	-0.03	-0.39	-0.31
云南	-0.15	-0.15	0.19		0.47
浙江	-0.34	0.09	0.12	-0.40	0.69
重庆		-0.11			

资料来源：笔者整理。

从表5.5可以看到，2004—2007年，制造业上市公司平均贷款利差最高的三个省份是宁夏、河南、内蒙古，分别为1.00%、0.54%、0.44%；平均贷款利差最低的三个省份是山东、新疆、上海，分别为-0.80%、-0.74%、-0.44%，三个省份平均贷款利差均为负值，说明这三个省份制造业上市公司平均贷款利率低于基准利率，总体利率水平非常低。制造业上市公司平均贷款利差最高的宁夏与最低的山东相差1.80个百分点。

2008—2011年，制造业上市公司平均贷款利差最高的三个省份是天津、内蒙古、宁夏，分别为1.03%、0.79%、0.72%；平均贷款利差最低的三个省份是广东、吉林、黑龙江，分别为-0.45%、-0.36%、-0.31%，也均为负值。平均贷款利差最高的天津与最低的广东相差1.48个百分点，差距与2004—2007年相比有所下降。

2012—2014年，制造业上市公司平均贷款利差最高的三个省份是吉林、甘肃、山西，分别为0.82%、0.76%、0.65%；平均贷款利差最低的三个省份是山东、河北、辽宁，分别为-0.36%、

−0.32%、−0.26%。平均贷款利差最高的吉林与最低的山东相差1.18个百分点，差距与2008—2011年相比有所下降。

2015—2017年，制造业上市公司平均贷款利差最高的三个省份是湖南、上海、甘肃，分别为0.96%、0.68%、0.52%；平均贷款利差最低的三个省份是陕西、安徽、浙江，分别为−1.18%、−0.49%、−0.40%。平均贷款利差最高的湖南与最低的陕西相差2.14个百分点，差距与2012—2014年相比有所扩大。

2018—2020年，制造业上市公司平均贷款利差最高的四个省份是天津、湖南、河北、浙江，分别为0.72%、0.70%、0.69%、0.69%；平均贷款利差最低的三个省份是辽宁、新疆、湖北，分别为−0.63%、−0.31%、0.02%。平均贷款利差最高的天津与最低的辽宁相差1.35个百分点，差距与2015—2017年相比有所缩小。

第二节 贷款期限

一 不同省份

2004—2020年，不同省份上市公司平均贷款期限如表5.6和图5.2所示。

表5.6　　　　不同省份上市公司平均贷款期限　　　　单位：年

省份	贷款期限	省份	贷款期限
宁夏	2.08	云南	3.75
西藏	2.60	内蒙古	3.77
陕西	2.73	山西	3.83
四川	3.10	辽宁	3.85
福建	3.11	上海	3.91
江苏	3.17	新疆	3.95
广东	3.22	湖北	4.00

续表

省份	贷款期限	省份	贷款期限
山东	3.27	广西	4.05
天津	3.31	青海	4.07
浙江	3.33	黑龙江	4.11
海南	3.37	吉林	4.60
河南	3.40	江西	4.90
北京	3.47	重庆	4.90
河北	3.52	贵州	5.34
甘肃	3.54	湖南	6.51
安徽	3.69		

资料来源：笔者整理。

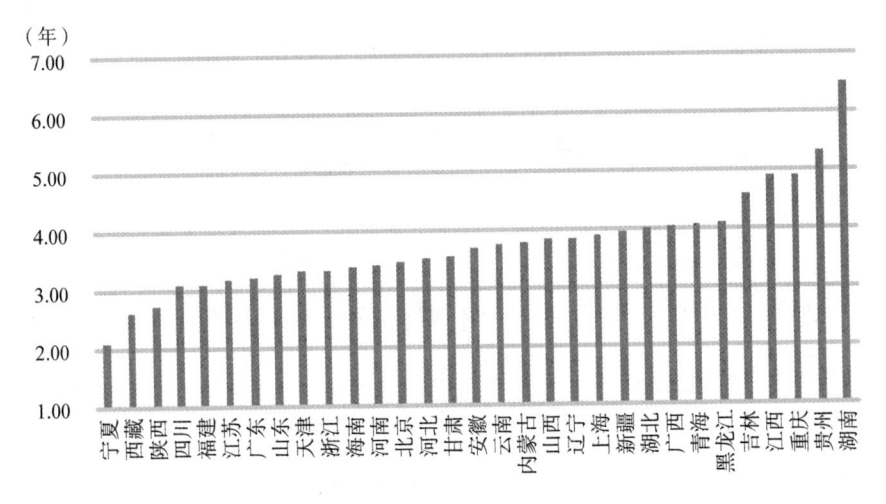

图 5.2　不同省份上市公司平均贷款期限

资料来源：笔者整理。

从平均贷款期限来看，不同省份上市公司的差异非常明显。2004—2020 年，上市公司平均贷款期限最短的是宁夏，仅为 2.08 年；其次为西藏和陕西，平均贷款期限分别为 2.60 年和 2.73 年。与之相比，湖南、贵州的上市公司平均贷款期限则比较长，分别为

6.51 年、5.34 年。其中，平均贷款期限最长的湖南和平均贷款期限最短的宁夏相差 4.43 年，差距非常大。

与平均贷款成本类似，不同省份上市公司平均贷款期限与地区经济发展水平之间也不存在简单的线性关系。比如，同样作为经济发展水平相对落后的地区，宁夏、西藏等省份的上市公司平均贷款期限较短，但贵州、青海等省份的上市公司平均贷款期限则比较长；类似的，同样作为经济发展水平相对较高的地区，福建、江苏等省份的上市公司平均贷款期限较短，但上海等省份的上市公司平均贷款期限则比较长。其背后的原因可能与平均贷款成本类似：除经济发展水平以外，上市公司贷款期限也会受到其他多种因素共同影响。

二　不同省份时间趋势

2004—2020 年，不同省份上市公司平均贷款期限变动情况如表 5.7 所示。

表 5.7　　不同省份上市公司平均贷款期限变动情况　　单位：年

省份	2004—2007 年	2008—2011 年	2012—2014 年	2015—2017 年	2018—2020 年
安徽	4.43	4.03	4.06	4.57	2.10
北京	5.13	4.45	3.54	2.65	2.27
福建	3.62	4.14	3.04	3.21	2.05
甘肃	2.76	4.35	3.01	4.68	2.61
广东	4.77	3.51	4.11	3.08	2.10
广西	4.70	4.50	3.53	3.90	2.24
贵州	8.97	3.87	3.62		2.00
海南		4.48	3.27	2.49	2.39
河北	4.44	3.57	4.45	2.14	2.32
河南	4.58	3.76	3.81	4.09	2.29
黑龙江		4.19	6.23		1.90

续表

省份	2004—2007 年	2008—2011 年	2012—2014 年	2015—2017 年	2018—2020 年
湖北	4.92	4.57	4.13	3.39	2.02
湖南	8.37	6.79	7.53	8.68	2.64
吉林	7.54	5.02	3.86	6.10	2.50
江苏	4.02	3.08	3.56	3.51	2.45
江西	10.37	4.28	6.22	3.87	2.32
辽宁	4.20	3.68	3.70	4.73	3.51
内蒙古	3.80	4.30	2.99	3.41	3.69
宁夏	1.61	2.86		1.11	1.55
青海		3.66	3.81		2.49
山东	5.68	4.08	3.54	2.60	1.91
山西	4.78	3.81	3.35	3.75	2.12
陕西	4.47	2.56	3.27	2.42	2.49
上海	4.57	4.42	3.97	3.66	2.49
四川	3.97	3.59	2.63	2.52	1.97
天津	5.42	3.91	3.30	1.96	2.08
西藏		2.93		2.65	1.90
新疆	4.44	4.12	4.34	3.19	2.21
云南	4.58	3.88	3.93	2.75	2.45
浙江	4.80	3.26	3.58	4.07	2.28
重庆	9.99	5.51	3.02	2.76	1.45

资料来源：笔者整理。

从表 5.7 可以看到，2004—2007 年，上市公司平均贷款期限最高的三个省份是江西、重庆、贵州，分别为 10.37 年、9.99 年、8.97 年；平均贷款期限最低的三个省份是宁夏、甘肃、福建，分别为 1.61 年、2.76 年、3.62 年。平均贷款期限最高的江西与最低的宁夏相差 8.76 年，差异非常明显。

2008—2011 年，上市公司平均贷款期限最高的三个省份是湖南、重庆、吉林，分别为 6.79 年、5.51 年、5.02 年；平均贷款期限最低的三个省份是陕西、宁夏、西藏,分别为2.56年、2.86年、2.93年。平均贷款期限最高的湖南与最低的陕西相差4.23年,差距与2004—2007年相比有所减小。

2012—2014年,上市公司平均贷款期限最高的三个省份是湖南、黑龙江、江西,分别为7.53年、6.23年、6.22年;平均贷款期限最低的三个省份是四川、内蒙古、甘肃,分别为2.63年、2.99年、3.01年。平均贷款期限最高的湖南与最低的四川相差4.90年,差距与2008—2011年相比有所扩大。

2015—2017年,上市公司平均贷款期限最高的三个省份是湖南、吉林、辽宁,分别为8.68年、6.10年、4.73年;平均贷款期限最低的三个省份是宁夏、天津、河北,分别为1.11年、1.96年、2.14年。平均贷款期限最高的湖南与最低的宁夏相差7.57年,差距与2012—2014年相比明显扩大。

2018—2020年,上市公司平均贷款期限最高的三个省份是内蒙古、辽宁、湖南,分别为3.69年、3.51年、2.64年;平均贷款期限最低的四个省份是重庆、宁夏、西藏、黑龙江,分别为1.45年、1.55年、1.90年、1.90年。平均贷款期限最高的内蒙古与最低的重庆相差2.24年,差距与2015—2017年相比大幅度减小。

三 制造业

2004—2020年,不同省份制造业上市公司平均贷款期限变动情况如表5.8所示。

表5.8　　　不同省份制造业上市公司平均贷款期限　　　单位:年

省份	2004—2007年	2008—2011年	2012—2014年	2015—2017年	2018—2020年
安徽	4.10	4.62	4.77	5.65	3.10
北京	4.89	4.50	3.57	2.27	2.09

续表

省份	2004—2007年	2008—2011年	2012—2014年	2015—2017年	2018—2020年
福建		4.94	3.68	4.65	2.13
甘肃			3.99		
广东	7.44	4.94	5.72	3.83	2.32
广西	10.25	6.34		4.15	2.36
贵州	14.02	2.28	3.24		
海南		4.43			2.27
河北	5.48	5.06	3.78		
河南	4.67	4.70			2.63
黑龙江		4.79	5.13		
湖北	8.32	6.11	11.77		1.85
湖南	11.09	12.73	3.73	14.85	3.10
吉林		6.41	3.70	4.94	2.99
江苏	3.63	2.84	6.94	3.91	2.49
江西	12.85	4.34	3.85	4.87	2.19
辽宁	4.26	3.99			2.14
宁夏	1.84				
青海	7.33		4.22	5.42	
山东	8.94	4.94	3.30		2.10
山西	8.67	4.73	3.38	3.93	1.92
陕西	5.29	2.80	3.96	3.71	3.05
上海	4.42	4.72	4.77	4.36	3.31
四川	4.43	4.97	3.28	2.20	2.24
天津	5.82	4.24		2.95	1.70
西藏		2.93	3.56	2.19	
新疆	3.64	4.01	3.46	2.20	2.71
云南	4.11	4.02	4.05	6.86	1.96
浙江	5.73	3.66	3.10		2.73
重庆	11.32	7.03	7.03	7.03	

资料来源：笔者整理。

从表 5.8 可以看到，2004—2007 年，制造业上市公司平均贷款期限最高的三个省份是贵州、江西、重庆，分别为 14.02 年、12.85 年、11.32 年，平均贷款期限均超过 10 年，意味着这三个省份的贷款中长期贷款居多；平均贷款期限最低的三个省份是宁夏、江苏、新疆，分别为 1.84 年、3.63 年、3.64 年。平均贷款期限最高的贵州与最低的宁夏相差 12.18 年，差距非常大。

2008—2011 年，制造业上市公司平均贷款期限最高的三个省份是湖南、重庆、吉林，分别为 12.73 年、7.03 年、6.41 年；平均贷款期限最低的三个省份是贵州、陕西、江苏，分别为 2.28 年、2.80 年、2.84 年。平均贷款期限最高的湖南与最低的贵州相差 10.45 年，差距与 2004—2007 年相比有所减小。

2012—2014 年，制造业上市公司平均贷款期限最高的三个省份是湖北、重庆、江苏，分别为 11.77 年、7.03 年、6.94 年；平均贷款期限最低的三个省份是浙江、贵州、四川，分别为 3.10 年、3.24 年、3.28 年。平均贷款期限最高的湖北与最低的浙江相差 8.67 年，差距与 2008—2011 年相比进一步缩小。

2015—2017 年，制造业上市公司平均贷款期限最高的三个省份是湖南、重庆、云南，分别为 14.85 年、7.03 年、6.86 年；平均贷款期限最低的三个省份是西藏、新疆、四川，分别为 2.19 年、2.20 年、2.20 年。平均贷款期限最高的湖南与最低的西藏相差 12.66 年，差距与 2012—2014 年相比有所扩大。

2018—2020 年，制造业上市公司平均贷款期限最高的三个省份是上海、湖南、安徽，分别为 3.31 年、3.10 年、3.10 年；平均贷款期限最低的三个省份是天津、湖北、山西，分别为 1.70 年、1.85 年、1.92 年。平均贷款期限最高的上海与最低的天津相差 1.61 年，差距与 2015—2017 年相比明显减小。

第三节　信用增级

一　不同省份

2004—2020 年，不同省份上市公司贷款平均信用增级措施如表 5.9 和图 5.3 所示。

表 5.9　　不同省份上市公司贷款平均信用增级措施

省份	平均信用增级强度	平均非信用贷款占比（%）	省份	平均信用增级强度	平均非信用贷款占比（%）
安徽	1.73	67.34	辽宁	1.84	79.80
北京	1.93	81.90	内蒙古	1.93	92.21
福建	2.03	81.02	宁夏	2.06	94.36
甘肃	1.99	90.10	青海	2.07	94.34
广东	1.93	80.84	山东	1.90	82.32
广西	1.64	62.38	山西	1.65	61.41
贵州	1.62	59.55	陕西	1.98	83.79
海南	1.79	74.07	上海	1.86	79.10
河北	1.86	79.25	四川	1.85	82.11
河南	1.87	78.54	天津	1.80	76.94
黑龙江	1.90	79.31	西藏	1.75	70.69
湖北	1.97	83.62	新疆	1.90	81.80
湖南	1.83	77.47	云南	1.73	70.05
吉林	1.98	86.58	浙江	1.86	76.01
江苏	1.91	81.40	重庆	1.95	92.49
江西	1.77	74.36			

资料来源：笔者整理。

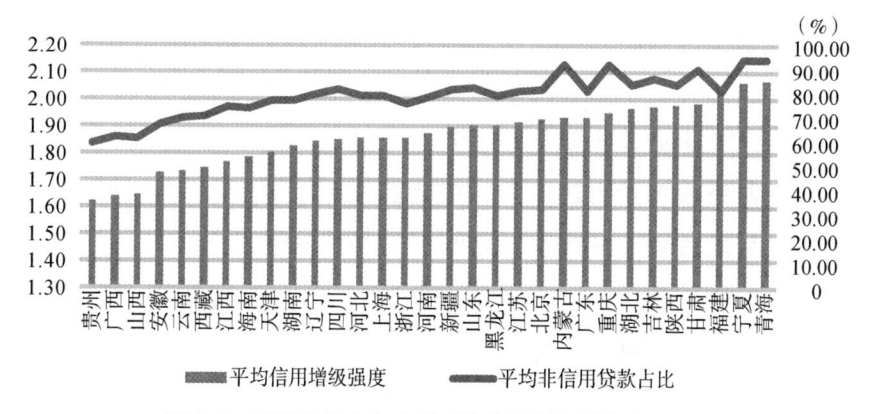

图 5.3　不同省份上市公司平均信用增级措施变化趋势

资料来源：笔者整理。

从平均信用增级强度来看，2004—2020年，上市公司贷款平均信用增级强度最低的是贵州，为1.62；其次为广西和山西，平均信用增级强度分别为1.64和1.65。与之相比，青海上市公司贷款平均信用增级强度最高，达到2.07，宁夏、福建、甘肃等省份上市公司平均信用增级强度也比较高，分别为2.06、2.03、1.99。贷款平均信用增级强度最低的贵州与平均信用增级强度最高的青海相比差0.45。

平均非信用贷款占比指标反映的趋势与信用增级强度指标类似，排在后三位的同样是贵州、山西、广西，平均非信用贷款占比分别为59.55%、61.41%、62.38%。与之相比，宁夏、青海、重庆等省份上市公司平均非信用贷款占比均比较高，分别为94.36%、94.34%、92.49%。平均非信用贷款占比最高的宁夏与平均非信用贷款占比最低的贵州相差34.81个百分点。

与前文类似，不同省份上市公司贷款平均信用增级措施与地区经济发展水平之间也不存在简单的线性关系。比如，同样作为经济发展水平相对落后的地区，广西、贵州、西藏等省份的上市公司贷款平均信用增级强度均较低，但宁夏、甘肃、青海等省份的上市公司贷款平均信用增级强度则较高；类似的，同样作为经济发展水平相对较高的地区，天津、浙江等省份的上市公司贷款平均信用增级强度较低，但北京、江苏等省份的上市公司贷款平均信用增级强度则较高。上述结果表明，上市公司贷款信用增级强度受多种因素共同影响，与地区经济发展水平之间没有必然联系。

二 不同省份时间趋势

（一）平均信用增级强度

2004—2020年，不同省份上市公司贷款平均信用增级强度变动情况如表5.10所示。

表5.10　不同省份上市公司贷款平均信用增级强度变动情况

省份	2004—2007年	2008—2011年	2012—2014年	2015—2017年	2018—2020年
安徽	1.58	1.68	1.59	1.72	1.85
北京	1.95	1.90	2.03	1.96	1.88
福建	2.00	2.02	2.57	1.82	1.91
甘肃	2.00	1.83		2.11	1.97
广东	1.93	1.89	1.93	1.98	1.94
广西	1.55	1.59	2.00	1.36	1.94
贵州	1.52	1.74			1.66
海南		1.93	1.61		1.97
河北	1.60	1.99	1.72	1.77	1.97
河南	1.75	1.79	1.65	2.09	1.96
黑龙江		1.76			2.15
湖北	1.75	2.00	2.06	1.93	1.96
湖南	1.52	1.57	1.82	2.04	1.89
吉林		1.94	1.83	2.13	1.97
江苏	1.77	1.97	1.94	1.86	1.92
江西		1.43	1.91	1.98	1.87
辽宁	1.85	1.82	1.63	1.70	2.03

续表

省份	2004—2007年	2008—2011年	2012—2014年	2015—2017年	2018—2020年
内蒙古	1.99	2.00		1.77	1.92
宁夏	2.19	2.08		1.79	1.72
青海		2.03			2.08
山东	1.82	1.87	1.94	1.87	1.96
山西	1.85	1.37	1.36		1.88
陕西	1.77	1.68	1.73	2.17	2.08
上海	1.87	1.85	1.77	1.98	1.84
四川	1.82	1.81	1.83	1.92	1.86
天津	1.94	1.76	1.95	1.45	2.00
西藏		1.71		1.62	1.91
新疆	2.05	1.83	1.65	2.03	1.96
云南	1.83	1.72	1.49	1.88	1.77
浙江	2.04	1.94	2.06	1.60	1.86
重庆		1.87	1.99	2.05	2.07

资料来源：笔者整理。

从表5.10可以看到，2004—2007年，上市公司贷款平均信用增级强度最高的三个省份是宁夏、新疆、浙江，分别为2.19、2.05、2.04；平均信用增级强度最低的三个省份是湖南、贵州、广西，分别为1.52、1.52、1.55。平均信用增级强度最高的宁夏与最低的湖南相差0.67。

2008—2011年，上市公司贷款平均信用增级强度最高的三个省份是宁夏、青海、福建，分别为2.08、2.03、2.02；平均信用增级强度最低的三个省份是山西、江西、湖南，分别为1.37、1.43、1.57。平均信用增级强度最高的宁夏与最低的山西相差0.71，差距与2004—2007年相比非常接近。

2012—2014年，上市公司贷款平均信用增级强度最高的三个省份是福建、湖北、浙江，分别为2.57、2.06、2.06；平均信用增级强度最低的三个省份是山西、云南、安徽，分别为1.36、1.49、1.59。平均信用增级强度最高的福建与最低的山西相差1.21，差距与2008—2011年相比有所上升。

2015—2017年，上市公司贷款平均信用增级强度最高的三个省份是陕西、吉林、甘肃，分别为2.17、2.13、2.11；平均信用增级强度最低的三个省份是广西、天津、浙江，分别为1.36、1.45、1.60。平均信用增级强度最高的陕西与最低的广西相差0.81，差距与2012—2014年相比有所减小。

2018—2020年，上市公司贷款平均信用增级强度最高的三个省份是黑龙江、青海、陕西，分别为2.15、2.08、2.08；平均信用增级强度最低的三个省份是贵州、宁夏、云南，分别为1.66、1.72、1.77。平均信用增级强度最高的黑龙江与最低的贵州相差0.49，差距与2015—2017年相比有所减小。

（二）平均非信用贷款占比

2004—2020年，不同省份上市公司平均非信用贷款占比变动情况如表5.11所示。

表5.11　不同省份上市公司平均非信用贷款占比变动情况　　单位：%

省份	2004—2007年	2008—2011年	2012—2014年	2015—2017年	2018—2020年
安徽	57.69	62.68	59.38	67.03	76.14
北京	90.13	77.64	88.14	83.65	78.45
福建	91.11	84.38	85.25	70.15	81.21
甘肃	100.00	80.56		95.74	85.53
广东	77.90	73.56	80.78	86.67	82.93
广西	53.62	58.70	100.00	34.48	88.00
贵州	52.05	74.19			50.00
海南		92.68	58.67		85.51
河北	59.68	90.34	72.13	67.92	87.34
河南	68.35	75.67	61.11	88.37	84.74

续表

省份	2004—2007年	2008—2011年	2012—2014年	2015—2017年	2018—2020年
黑龙江		73.81	60.00		95.38
湖北	65.63	85.92	86.17	77.78	88.39
湖南	45.45	56.94	82.26	93.33	82.63
吉林		80.17	82.86	96.77	87.50
江苏	71.13	94.52	82.89	70.83	79.96
江西		43.04	90.74	98.11	80.28
辽宁	85.22	75.25	63.16	65.96	95.88
内蒙古	98.65	100.00		77.36	87.18
宁夏	98.78	100.00		78.72	65.52
青海		96.67			97.22
山东	82.29	84.68	90.78	75.35	84.09
山西	81.89	37.38	35.85		75.00
陕西	68.09	56.67	73.33	98.50	91.23
上海	85.16	78.57	72.79	84.23	78.95
四川	80.75	80.19	81.03	87.96	80.70
天津	94.00	75.59	94.59	43.84	87.88
西藏		70.59		60.64	81.82
新疆	97.67	79.78	63.64	71.13	83.18
云南	82.86	71.01	48.78	72.00	72.13
浙江	98.75	89.40	94.80	46.35	74.47
重庆		87.04	98.82	90.00	93.33

资料来源：笔者整理。

从表 5.11 可以看到，2004—2007 年，上市公司平均非信用贷款占比最高的三个省份是甘肃、宁夏、浙江，分别为 100%[①]、98.78%、98.75%；平均非信用贷款占比最低的三个省份是湖南、贵州、广西，分别为 45.45%、52.05%、53.62%。平均非

---

① 之所以出现平均非信用贷款占比为 100% 的情况，主要与样本选取有关，并不意味着该地区所有贷款均为非信用贷款，下同。

信用贷款占比最低的湖南与最高的甘肃相比,前者还不到后者的一半。

2008—2011年,上市公司平均非信用贷款占比最高的三个省份是宁夏、内蒙古、青海,分别为100%、100%、96.67%;平均非信用贷款占比最低的三个省份是山西、江西、陕西,分别为37.38%、43.04%、56.67%。平均非信用贷款占比最低的山西与最高的宁夏及内蒙古相比,前者仅为后者的三分之一左右,差距与2004—2007年相比有所扩大。

2012—2014年,上市公司平均非信用贷款占比最高的三个省份是广西、重庆、浙江,分别为100%、98.82%、94.80%;平均非信用贷款占比最低的三个省份是山西、云南、海南,分别为35.85%、48.78%、58.67%。平均非信用贷款占比最低的山西与最高的广西相比,前者仅为后者的三分之一左右,差距与2008—2011年相比较为接近。

2015—2017年,上市公司平均非信用贷款占比最高的三个省份是陕西、江西、吉林,分别为98.50%、98.11%、96.77%;平均非信用贷款占比最低的三个省份是广西、天津、浙江,分别为34.48%、43.84%、46.35%。平均非信用贷款占比最低的广西与最高的陕西相比,前者仅为后者的三分之一左右,差距与2012—2014年相比基本类似。

2018—2020年,上市公司平均非信用贷款占比最高的三个省份是青海、辽宁、黑龙江,分别为97.22%、95.88%、95.38%;平均非信用贷款占比最低的三个省份是贵州、宁夏、云南,分别为50.00%、65.52%、72.13%。平均非信用贷款占比最高的青海与最低的贵州差距非常明显。

三 制造业

(一) 平均信用增级强度

2004—2020 年，不同省份制造业上市公司贷款平均信用增级强度变动情况如表 5.12 所示。

表 5.12　不同省份制造业上市公司贷款平均信用增级强度变动情况

省份	2004—2007 年	2008—2011 年	2012—2014 年	2015—2017 年	2018—2020 年
安徽		1.92	1.95	1.60	1.83
北京	1.76	1.94	2.07	2.10	1.79
福建	2.10	1.99	2.76	1.71	1.86
甘肃	2.00	1.79		2.12	2.02
广东	2.04	1.89	1.92	1.88	1.93
广西	1.63	1.69			
贵州	1.12	1.64			
海南					2.06
河北	2.00	2.04	1.75	1.81	1.98
河南	2.07	1.74	1.59	2.11	1.97
黑龙江		1.58			2.19
湖北	1.72	2.00	2.07	1.95	2.02
湖南		1.52		2.09	1.95
吉林		1.90		2.21	1.95
江苏	2.15	1.93	2.03	1.78	1.87
江西		1.25		1.96	1.93
辽宁	1.81	1.72		2.03	2.01
内蒙古	1.99	2.00		1.78	
宁夏	2.20	2.08		1.79	1.70
青海		2.04			
山东	1.79	1.86	1.92	1.84	1.97
山西	1.80	1.33	1.48		
陕西	1.62	1.66		2.24	2.05

续表

省份	2004—2007 年	2008—2011 年	2012—2014 年	2015—2017 年	2018—2020 年
上海	1.73	1.78	1.53	2.03	1.85
四川	1.93	1.96	1.93	2.03	1.83
天津		1.83		1.27	2.01
新疆	2.06	1.78	1.49	1.85	2.07
云南		1.72			1.88
浙江	2.11	1.88	2.13	1.75	1.77
重庆		1.88			

资料来源：笔者整理。

从表5.12可以看到，2004—2007年，制造业上市公司平均信用增级强度最高的三个省份是宁夏、江苏、浙江，分别为2.20、2.15、2.11；平均信用增级强度最低的三个省份是贵州、陕西、广西，分别为1.12、1.62、1.63。平均信用增级强度最高的宁夏与最低的贵州相差1.08。

2008—2011年，制造业上市公司平均信用增级强度最高的三个省份是宁夏、青海、河北，分别为2.08、2.04、2.04；平均信用增级强度最低的三个省份是江西、山西、湖南，分别为1.25、1.33、1.52。平均信用增级强度最高的宁夏与最低的江西相差0.83，差距与2004—2007年相比有所减小。

2012—2014年，制造业上市公司平均信用增级强度最高的四个省份是福建、浙江、湖北、北京，分别为2.76、2.13、2.07、2.07；平均信用增级强度最低的三个省份是山西、新疆、上海，分别为1.48、1.49、1.53。平均信用增级强度最高的福建与最低的山西相差1.28，差距与2008—2011年相比进一步扩大。

2015—2017年，制造业上市公司平均信用增级强度最高的三个省份是陕西、吉林、甘肃，分别为2.24、2.21、2.12；平均信用增级强度最低的三个省份是天津、安徽、福建，分别为1.27、1.60、1.71。平均信用增级强度最高的陕西与最低的天津相差0.97，差距与2012—2014年相比有所减小。

2018—2020年，制造业上市公司平均信用增级强度最高的三个省份是黑龙江、新疆、海南，分别为2.19、2.07、2.06；平均信用增级强度最低的三个省份是宁夏、浙江、北京，分别为1.70、1.77、1.79。平均信用增级强度最高的黑龙江与最低的宁夏相差0.49，差距与2015—2017年相比进一步减小。

（二）平均非信用贷款占比

2004—2020年，不同省份制造业上市公司平均非信用贷款占比变动情况如表5.13所示。

表5.13 不同省份制造业上市公司平均非信用贷款占比变动情况　　单位：%

省份	2004—2007年	2008—2011年	2012—2014年	2015—2017年	2018—2020年
安徽		88.68	95.35	49.25	74.40
北京	76.09	73.60	89.66	86.67	72.95
福建	100.00	83.13	82.98	65.38	79.12
甘肃	100.00	78.79		97.67	87.10
广东	82.74	75.16	78.62	76.33	82.45
广西	62.50	68.52			
贵州	12.00	63.64			
海南					96.77
河北	100.00	94.57	75.44	70.21	90.77
河南	97.56	69.46	53.85	88.50	84.59
黑龙江		57.69			96.55
湖北	66.67	84.29	84.15	77.27	95.65
湖南		51.81		88.54	87.13
吉林		70.00		100.00	91.89
江苏	100.00	91.52	90.27	69.67	77.54
江西		25.00		95.65	85.19

续表

省份	2004—2007 年	2008—2011 年	2012—2014 年	2015—2017 年	2018—2020 年
辽宁	81.03	58.88		96.77	98.57
内蒙古	98.65	100.00		77.55	
宁夏	100.00	100.00		78.72	62.96
青海					
山东	79.27	84.21	90.60	73.67	84.55
山西	74.32	32.91	48.39		
陕西	46.15	53.66		99.01	89.47
上海	72.55	68.13	51.89	84.80	82.53
四川	89.66	95.28	91.11	99.39	80.14
天津		82.50		25.00	91.43
新疆	97.94	75.52	47.54	59.68	90.41
云南		71.52			79.41
浙江	100.00	85.65	97.44	53.96	69.87
重庆		87.50			

资料来源：笔者整理。

从表 5.13 可以看到，2004—2007 年，制造业上市公司平均非信用贷款占比最高的六个省份是浙江、宁夏、江苏、河北、甘肃、福建，均为 100%；平均非信用贷款占比最低的三个省份是贵州、陕西、广西，分别为 12.00%、46.15%、62.50%。平均非信用贷款占比最高的六个省份与最低的贵州相比，后者仅为前者的 10% 左右，差距非常明显。

2008—2011 年，制造业上市公司平均非信用贷款占比最高的三个省份是宁夏、内蒙古、四川，分别为 100%、100%、95.28%；平均非信用贷款占比最低的三个省份是江西、山西、湖南，分别为 25.00%、32.91%、51.81%。平均非信用贷款占比最高的宁夏及内蒙古与最低的江西相比，前者是后者的 4 倍，差距依然十分明显。

2012—2014 年，制造业上市公司平均非信用贷款占比最高的三个省份是浙江、安徽、四川，分别为 97.44%、95.35%、91.11%；平均非信用贷款占比最低的三个省份是新疆、山西、上海，分别为 47.54%、48.39%、51.89%。平均非信用贷款占比最高的浙江与最低的新疆相比，后者仅为前者的一半左右，差距与 2008—2011 年相比有所减小。

2015—2017 年，制造业上市公司平均非信用贷款占比最高的三个省份是吉林、四川、陕西，分别为 100%、99.39%、99.01%；平均非信用贷款占比最低的三个省份是天津、安徽、浙江，分别为 25.00%、49.25%、53.96%。平均非信用贷款占比最高的吉林与最低的天津相比，后者仅为前者的 1/4，差距与 2012—2014 年相比有所扩大。

2018—2020 年，制造业上市公司平均非信用贷款占比最高的三个省份是辽宁、海南、黑龙江，分别为 98.57%、96.77%、96.55%；平均非信用贷款占比最低的三个省份是宁夏、浙江、北京，分别为 62.96%、69.87%、72.95%。平均非信用贷款占比最高的辽宁与最低的宁夏相差 35.61 个百分点，差距与 2015—2017 年相比有所减小。

第四节 贷款额度

一 不同省份

2004—2020 年，不同省份上市公司平均贷款额度情况如表 5.14 和图 5.4 所示。

表 5.14　　　　不同省份上市公司平均贷款额度　　　　单位：%

省份	平均贷款额度	省份	平均贷款额度
安徽	1.75	辽宁	2.56

续表

省份	平均贷款额度	省份	平均贷款额度
北京	2.45	内蒙古	2.29
福建	2.72	宁夏	1.18
甘肃	5.47	青海	1.86
广东	1.98	山东	1.97
广西	2.41	山西	6.57
贵州	2.33	陕西	1.81
海南	4.40	上海	2.31
河北	1.55	四川	2.14
河南	2.77	天津	1.96
黑龙江	1.98	西藏	2.85
湖北	4.71	新疆	1.34
湖南	2.90	云南	3.19
吉林	3.10	浙江	2.31
江苏	1.74	重庆	4.02
江西	3.07		

资料来源：笔者整理。

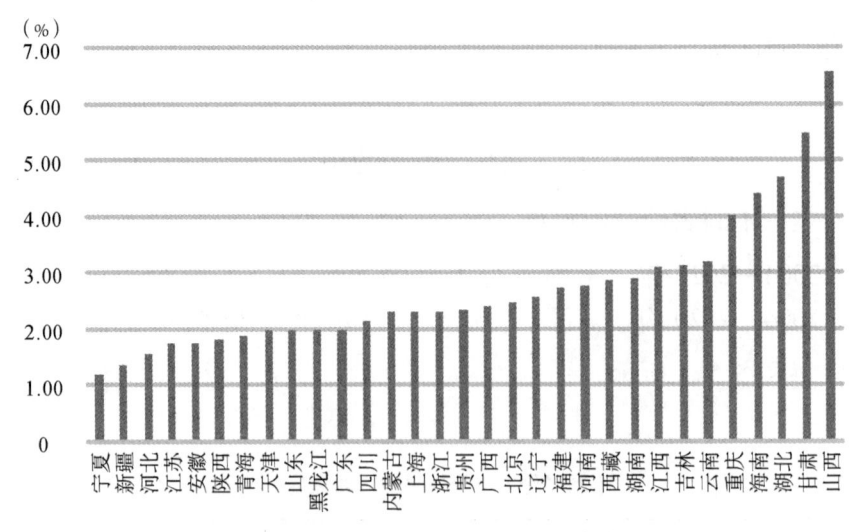

图5.4 不同省份上市公司平均贷款额度

资料来源：笔者整理。

从平均贷款额度来看,2004—2020 年,上市公司平均贷款额度最低的省份是宁夏,单笔贷款在上市公司总资产中平均占比为 1.18%;其次为新疆和河北,单笔贷款在上市公司总资产中平均占比分别为 1.34%、1.55%。可以看到,上述省份中商业银行向上市公司提供的贷款额度相对于上市公司总资产来说还比较小,仅占上市公司总资产中很小的一部分。

与之相比,2004—2020 年,上市公司平均贷款额度最高的省份是山西,单笔贷款在上市公司总资产中平均占比为 6.57%;其次为甘肃和湖北,单笔贷款在上市公司总资产中平均占比分别为 5.47%、4.71%。可以看到,平均贷款额度最高的山西与平均贷款额度最低的宁夏相比差 5.39 个百分点。

同样可以看到,不同省份上市公司平均贷款额度与地区经济发展水平之间也不存在简单的线性关系:同样作为经济发展水平相对落后的地区,宁夏、新疆等省份的上市公司平均贷款额度较低,但甘肃、海南等省份的上市公司平均贷款额度则较高;类似的,同样作为经济发展水平相对较高的地区,江苏、天津等省份的上市公司平均贷款额度较低,但福建、北京等省份的上市公司平均贷款额度则较高。

二 不同省份时间趋势

2004—2020 年,不同省份上市公司平均贷款额度如表 5.15 所示。

表 5.15　　　　　不同省份上市公司平均贷款额度　　　　单位:%

省份	2004—2007 年	2008—2011 年	2012—2014 年	2015—2017 年	2018—2020 年
安徽	1.07	3.11	1.48	1.07	0.90
北京	5.79	3.42	1.55	0.52	1.39

续表

省份	2004—2007 年	2008—2011 年	2012—2014 年	2015—2017 年	2018—2020 年
福建	4.08	4.64	1.30	1.45	2.24
甘肃	6.08	13.76	1.89	1.41	1.45
广东	2.83	2.76	1.47	0.87	1.22
广西	3.03	2.96	1.64	1.53	1.88
贵州	2.44	2.58	1.93	1.29	
海南		7.21	5.02	1.13	3.44
河北	1.69	1.97	0.99		1.37
河南	8.34	3.42	2.17	3.01	2.23
黑龙江		2.55	1.42	1.87	
湖北	17.79	3.31	2.60	2.14	1.57
湖南	6.75	3.50	3.30	0.95	2.11
吉林		4.37	2.64	1.48	2.80
江苏	1.52	2.15	1.45	1.36	1.77
江西	8.17	3.46	1.11	1.51	1.28
辽宁	5.90	2.14	1.75	1.82	0.71
内蒙古	3.76	2.08	0.77	2.16	1.54
宁夏	1.09	1.39		2.20	1.02
青海		1.87	0.81		1.19
山东	3.10	3.21	1.62	0.66	1.21
山西	7.69	10.51	2.07	1.44	1.33
陕西	7.19	1.42	2.14	1.13	1.10
上海	2.00	3.65	1.46	1.25	1.31
四川	3.13	2.29	1.29	1.64	1.16
天津	2.54	2.22	1.78	2.01	1.09
西藏		6.37		2.29	1.63
新疆	1.55	1.43	0.98	3.19	1.39
云南	2.33	4.09	1.90		2.75
浙江	4.27	2.52	1.57		2.91
重庆	11.38	4.49	1.13		1.75

资料来源：笔者整理。

从表5.15可以看到，2004—2007年，上市公司平均贷款额度最高的三个省份是湖北、重庆、河南，分别为17.79%、11.38%、8.34%；平均贷款额度最低的三个省份是安徽、宁夏、江苏，分别为1.07%、1.09%、1.52%。平均贷款额度最高的湖北与最低的安徽相差16.72个百分点，差距十分明显。

2008—2011年，上市公司平均贷款额度最高的三个省份是甘肃、山西、海南，分别为13.76%、10.51%、7.21%；平均贷款额度最低的三个省份是宁夏、陕西、新疆，分别为1.39%、1.42%、1.43%。平均贷款额度最高的甘肃与最低的宁夏相差12.37个百分点，差距与2004—2007年相比有所减小。

2012—2014年，上市公司平均贷款额度最高的三个省份是海南、湖南、吉林，分别为5.02%、3.30%、2.64%；平均贷款额度最低的三个省份是内蒙古、青海、新疆，分别为0.77%、0.81%、0.98%。平均贷款额度最高的海南与最低的内蒙古相差4.25个百分点，差距与2008—2011年相比明显缩小。

2015—2017年，上市公司平均贷款额度最高的三个省份是新疆、河南、西藏，分别为3.19%、3.01%、2.29%；平均贷款额度最低的三个省份是北京、山东、广东，分别为0.52%、0.66%、0.87%。平均贷款额度最高的新疆与最低的北京相差2.67个百分点，差距与2012—2014年相比进一步缩小。

2018—2020年，上市公司平均贷款额度最高的三个省份是海南、浙江、吉林，分别为3.44%、2.91%、2.80%；平均贷款额度最低的三个省份是辽宁、安徽、宁夏，分别为0.71%、0.90%、1.02%。平均贷款额度最高的海南与最低的辽宁相差2.73个百分点，差距与2015—2017年相比基本相同。

三 制造业

2004—2020 年,不同省份制造业上市公司平均贷款额度如表 5.16 所示。

表 5.16　　不同省份制造业上市公司平均贷款额度　　单位:%

省份	2004—2007 年	2008—2011 年	2012—2014 年	2015—2017 年	2018—2020 年
安徽	1.25	2.54	2.05	0.99	1.23
北京	3.48	1.12	1.27	1.66	1.77
福建	4.62	3.87	1.12	1.75	1.72
甘肃	2.26	6.80	1.89	1.15	0.55
广东	1.75	2.99	1.33	1.45	2.15
广西	0.87	1.83	1.03		
贵州	1.20	3.23	1.89		
海南					2.63
河北	2.04	2.17	1.08	1.30	1.12
河南	4.24	3.01	2.25	2.25	1.13
黑龙江		2.12	1.44		1.63
湖北	23.17	1.92	1.77	1.81	2.52
湖南	2.54	1.57	1.70	2.33	2.18
吉林		1.44	2.12	4.40	1.28
江苏	2.56	2.34	1.15	2.02	1.95
江西		1.62			3.65
辽宁	1.42	1.50	1.20	0.83	1.03
内蒙古	3.87	2.19	0.89	1.84	
宁夏	0.63	1.29		1.02	0.71
青海		1.88			
山东	1.22	3.23	1.62	1.15	1.27
山西	9.86	11.76	1.74		
陕西	11.49	1.37	1.70	0.76	1.46
上海	1.15	1.35	0.91	1.83	1.73
四川	3.45	1.75	1.04	1.14	3.18

续表

省份	2004—2007 年	2008—2011 年	2012—2014 年	2015—2017 年	2018—2020 年
天津		2.03		1.02	1.91
新疆	1.57	1.26	0.88	1.47	0.62
云南	2.20	1.55	1.60		0.96
浙江	2.64	2.04	1.62	3.83	1.81
重庆		4.51	1.54		

资料来源：笔者整理。

从表5.16可以看到，2004—2007年，制造业上市公司平均贷款额度最高的三个省份是湖北、陕西、山西，分别为23.17%、11.49%、9.86%；平均贷款额度最低的三个省份是宁夏、广西、上海，分别为0.63%、0.87%、1.15%。平均贷款额度最高的湖北与最低的宁夏相差22.54个百分点，差距十分明显。

2008—2011年，制造业上市公司平均贷款额度最高的三个省份是山西、甘肃、重庆，分别为11.76%、6.80%、4.51%；平均贷款额度最低的三个省份是北京、新疆、宁夏，分别为1.12%、1.26%、1.29%。平均贷款额度最高的山西与最低的北京相差10.64个百分点，差距与2004—2007年相比有所缩小。

2012—2014年，制造业上市公司平均贷款额度最高的三个省份是河南、吉林、安徽，分别为2.25%、2.12%、2.05%；平均贷款额度最低的三个省份是新疆、内蒙古、上海，分别为0.88%、0.89%、0.91%。平均贷款额度最高的河南与最低的新疆相差1.37个百分点，差距与2008—2011年相比明显降低。

2015—2017年，制造业上市公司平均贷款额度最高的三个省份是吉林、浙江、湖南，分别为4.40%、3.83%、2.33%；平均贷款额度最低的三个省份是陕西、辽宁、安徽，分别为0.76%、0.83%、0.99%。平均贷款额度最高的吉林与最低的陕西相差3.64

个百分点,差距与2012—2014年相比有所上升。

2018—2020年,制造业上市公司平均贷款额度最高的三个省份是江西、四川、海南,分别为3.65%、3.18%、2.63%;平均贷款额度最低的三个省份是甘肃、新疆、宁夏,分别为0.55%、0.62%、0.71%。平均贷款额度最高的江西与最低的甘肃相差3.10个百分点,差距与2015—2017年相比有所减小。

第五节 小结

基于以上分析,我们将中国上市公司信贷融资条件的区域特征总结如下。

第一,不同区域上市公司信贷融资条件差异明显。2004—2020年,上市公司平均贷款利率最高省份和最低省份的差异达到3.36个百分点,平均贷款利差的差异达到1.65个百分点;平均贷款期限最长的省份和最短的省份相差4.43年;贷款平均信用增级强度最高的省份与最低的省份相比差0.45;平均非信用贷款占比最高的省份与最低的省份相差34.81个百分点;平均贷款额度最高的省份与最低的省份相差5.39个百分点。

第二,不同区域上市公司在信贷融资条件上的差异随着时间的变动而变动。部分省份上市公司信贷融资条件随着时间的推移而有所改善,主要表现为融资成本的下降、贷款期限的上升、信用增级要求的下降等;与此同时,也有一部分省份上市公司信贷融资条件随着时间的推移改善得并不明显,甚至出现了一定程度的恶化,主要表现为融资成本的上升、贷款期限的下降、信用增级要求的提高等。总体来看,不同省份在信贷融资条件上的排名也随着时间的变化而不断发生变化。这种变动既可能与不同地区上市公司的总体质量变动有关,也可能由地区外部融资环境的变化所引起。

第三，不同区域上市公司信贷融资条件与该区域经济发展状况并不存在简单的线性关系。无论是从贷款成本、贷款期限、信用增级还是贷款额度情况来看，部分经济发展状况相对较好的省份在信贷融资条件上反而较差；与之相反，部分经济发展状况相对落后的省份在信贷融资条件上反而较好。这一结果表明，不同区域上市公司信贷融资条件受到多种因素共同影响，不仅包括经济发展因素，还包括其他因素，比如金融业发展、地方法治化水平、政府对企业的支持政策、金融科技发展等，不同因素的影响交织在一起，降低了上市公司信贷融资条件与本地经济发展状况之间的关联性。

第六章

不同行业上市公司信贷融资条件

上一章分析了不同区域上市公司信贷融资条件的异质性，这一章里我们将进一步分析不同行业上市公司信贷融资条件的异质性。我们首先对2004—2020年全部时间段不同行业上市公司信贷融资条件进行分析，在此基础上对制造业、房地产业等重点行业不同年度上市公司信贷融资条件的变动趋势进行分析。之所以选择上述两个行业，除这两类行业关系国计民生且社会关注度高以外，还因为这两个行业的贷款合约样本数量较多，分析结果相对可靠。从理论上说，行业因素之所以会对上市公司信贷融资条件产生影响，至少有以下几方面原因。

第一，不同行业上市公司的融资需求具有不同特征。上市公司所处行业不同，其融资需求也存在很大差异，商业银行需要设置有针对性的信贷融资条件与之匹配，以提高金融服务的效率。比如，部分行业生产经营周期较长，需要进行较多的固定资产投入，经营较为稳定，这类行业通常需要期限较长的资金，如基础设施行业；部分行业的资金需求主要为短期流动性资金为主，比如部分轻资产行业。再比如，包括农业在内的部分行业上市公司生产经营具有明显的周期性特点，商业银行在设置融资条件时也需要考虑此类上市公司在生产经营上的这种特点。

第二，不同行业上市公司经营风险大小不同。借款人的风险大小是决定信贷融资条件的最重要因素之一，借款人风险不同，信贷融资条件也不同。不同行业上市公司之所以具有不同的经营风险，主要原因包括以下几个方面：一是生产经营的波动性。处于不同行业的上市公司其生产经营的波动性是不同的。部分行业属于朝阳行业，成长性较高，但生产经营波动性大，给商业银行带来风险的可能性也比较大，如一些新兴行业就具有这种特点；相反，部分行业发展相对稳定，尽管增长较为缓慢，但生产经营波动性小，对于商业银行而言风险也相对较低，很多传统的制造业都具有这种特点。二是部分行业受自然条件影响较大导致风险较高。比如，农、林、牧、渔业往往受自然条件影响较大，一旦外部自然条件发生不利变化，对于行业内上市公司经营将会产生重大负面影响。再比如，2019年新冠肺炎疫情暴发以来，与其他行业相比，航空业等交通运输业、酒店餐饮业、旅游业等行业受到的冲击更为明显，收入下滑较为明显，面临的风险也相对更高。三是资产特性的不同。部分传统的重资产行业由于具备较多的可抵押资产，可以在向商业银行申请借款时提供较为充分的信用增级措施，从而可能获得较为优惠的信贷融资条件；相反，部分轻资产行业由于不具备较多的可抵押资产，商业银行在向其提供贷款时条件通常也比较苛刻，如减少贷款金额、缩短贷款期限、提高贷款利率等。四是行业发展的周期性。不同行业都有着自身的发展周期，处于不同生命周期的企业本身具备的风险是不一样的。当行业发展处于上升周期时，上市公司通常具有较强的盈利能力，能够产生持续稳定的现金流，从而具备较强的还款能力，商业银行面临的风险较低；相反，当行业发展处于下降周期时，上市公司面临业务增长乏力、盈利能力下滑、现金流不足等情况，还款能力会下降，商业银行提供贷款所面临的风险会上升。以中国房地产业为例，伴随着中国经济发展和城镇化进程，房地产市场前期经历了一轮快速发展。但随着城镇化趋势的放缓以及人口结构的变化，房地产业高速发展告一段落后，房地产业上市公司的风险有所上升。由于行业周期性因素导致的上市公司风险不同也会对信贷融资条件产生影响。五是与上下游产业的关联性。不同行业在产业链中所处的地位是不同的，已有研究表明，与上下游产业之间的关联性也会对贷款成本产生影响（Croci et al., 2021）。

第三，宏观经济政策对不同行业的影响存在差异。宏观经济政策是影响行业发展以及行业信贷融资条件差异的另一个重要因素。主要包括以下几个方面的因素：一是产业政策。广义的产业政策是指政府为促进某种产业在一个国家或地区发展而有意识地采取的政策措施，包括关税和贸易保护政策、税收优惠、土地和信贷等补贴、工业园、出口加工区、R&D 中的科研补助、经营特许权、政府采购、强制规定等（林毅夫，2016），是对私人产品生产领域进行的选择性干预和歧视性对待（张维迎，2016），体现出政府对经济的一种干预，中国则是一个实施产业政策较多的国家（江飞涛和李晓萍，2010）。很多研究表明，产业政策会对企业的融资行为产生重要影响（陈冬华等，2010；祝继高等，2015；李广子和刘力，2020），进而对信贷融资条件产生影响。二是宏观调控政策。中央及地方政府会根据经济社会发展的需要，针对特定行业出台相应的调控政策，防止特定行业发展过热或者紧缩。其中，货币政策、信贷政策是其中最重要的调控手段。比如，在中国房地产市场快速发展时期，政府出台了一系列限购限贷政策，防止房地产市场的过热。对特定行业的调控政策将对该行业上市公司经营产生重要影响，进而也会影响该行业上市公司的信贷融资条件。再比如，随着环境保护意识的加强，国家出台了多项严厉的环境保护政策，这些政策的出台对污染程度较高的企业经营活动和信用风险产生了重要影响（苏冬蔚和连莉莉，2018；Fard et al.，2020；Liu et al.，2020）。

第一节 贷款成本

一 全体行业

2004—2020年，不同行业上市公司平均贷款成本如表6.1和图6.1、图6.2所示。

表6.1　　　　不同行业上市公司平均贷款成本　　　　单位：%

行业名称	行业代码	平均贷款利率	平均贷款利差
农、林、牧、渔业	A	5.99	0.15
采矿业	B	5.75	-0.14
制造业	C	5.82	0.05
电力、热力、燃气及水生产和供应业	D	5.79	-0.10
建筑业	E	5.55	-0.03
批发和零售业	F	5.86	0.11
交通运输、仓储和邮政业	G	5.65	-0.34
住宿和餐饮业	H	6.01	0.16
信息传输、软件和信息技术服务业	I	5.82	0.40
房地产业	K	6.51	0.59
租赁和商务服务业	L	5.61	0.10
科学研究和技术服务业	M	5.52	0.04
水利、环境和公共设施管理业	N	5.69	0.11
卫生和社会工作	Q	5.18	0.37
文化、体育和娱乐业	R	6.14	0.62
综合	S	6.28	0.31

资料来源：笔者整理。

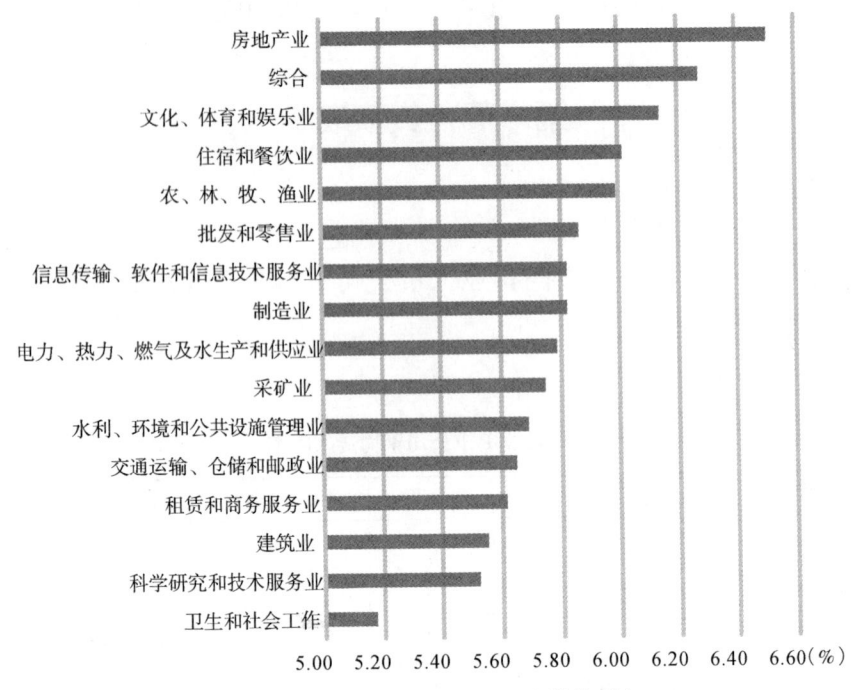

图 6.1　不同行业上市公司平均贷款利率

资料来源：笔者整理。

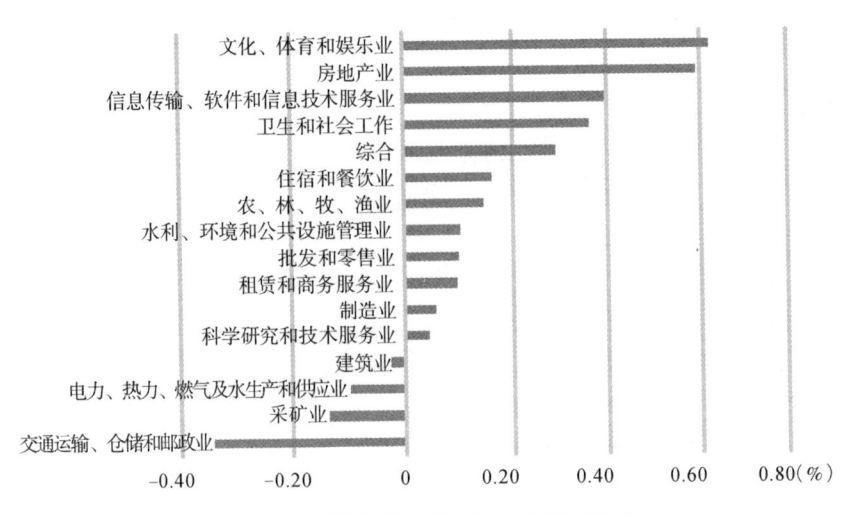

图 6.2　不同行业上市公司平均贷款利差

资料来源：笔者整理。

从贷款利率来看,不同行业的差异非常明显。其中,房地产业上市公司平均贷款利率最高,2004—2020年平均贷款利率达到了6.51%,比全部行业上市公司的平均贷款利率(5.82%)高0.69个百分点。这一特征与中国过去10多年房地产业的快速发展相一致:伴随着中国经济高速发展和城镇化进程的推进,中国房地产业实现了快速发展,使得房地产业上市公司实现了丰厚的盈利,从而有能力以较高的成本筹集资金。此外,综合,文化、体育和娱乐业,住宿和餐饮业等行业上市公司的平均贷款利率也比较高,分别为6.28%、6.14%和6.01%。上述4个行业上市公司样本期间平均贷款利率均高于6.00%。其他行业中上市公司,农、林、牧、渔业上市公司的平均贷款利率达到了5.99%,与其他行业上市公司相比处于一个较高的水平。之所以出现这一情况,可能与农、林、牧、渔业的高风险有关,银行需要提高贷款利率来覆盖该行业借款人的高风险。与之相比,卫生和社会工作、科学研究和技术服务业、建筑业等行业上市公司的信贷融资成本较低,样本期间平均贷款利率分别为5.18%、5.52%、5.55%。比较之后可以看到,平均贷款利率最高的房地产业上市公司和最低的卫生和社会工作业上市公司相差1.33个百分点。作为实体经济的最重要组成部分,制造业上市公司平均贷款利率为5.82%,与全部行业上市公司平均水平持平,在16个行业上市公司中处于中游水平,贷款成本相对于其他行业上市公司而言总体并不算高。

从贷款利差来看,在16个行业上市公司中,有4个行业上市公司的平均贷款利差为负值,即平均贷款利率总体上低于基准利率;其余12个行业上市公司的平均贷款利差为正值。其中,文化、体育和娱乐业是平均贷款利差最高的行业,商业银行对文化、体育和娱乐行业上市公司的平均贷款利率比基准利率平均高0.62个百分点;其次为房地产业,平均贷款利差为0.59%。在所有行业中,交通运输、仓储和邮政业平均利差水平最低，仅为 -0.34%；采矿业也比较低，为 -0.14%。通过比较可以看到，平均贷款利差最高的文化、体育和娱乐业与最低的交通运输、仓储和邮政业相差 0.96 个百分点。制造业上市公司平均贷款利差为 0.05%，说明制造业上市公司平均贷款利率要略高于基准利率水平，与其他行业上市公司相比处于中等偏下位置。

二 制造业

制造业是关系国计民生的一个重要行业。2004—2020 年，制造业上市公司平均贷款成本变化趋势如表 6.2 和图 6.3 所示。

表 6.2　　　　　制造业上市公司平均贷款成本　　　　单位：%

年度	平均贷款利率	平均贷款利差
2004	5.94	0.28
2005	6.01	0.11
2006	5.91	-0.18
2007	6.64	-0.50
2008	6.56	-0.22
2009	5.51	-0.05
2010	5.70	-0.07
2011	6.54	0.16
2012	6.50	0.00
2013	6.30	0.02
2014	6.28	0.10
2015	5.23	-0.24
2016	4.81	0.01
2017	4.82	0.23
2018	5.49	0.72
2019	4.98	0.31
2020	4.46	0.17

资料来源：笔者整理。

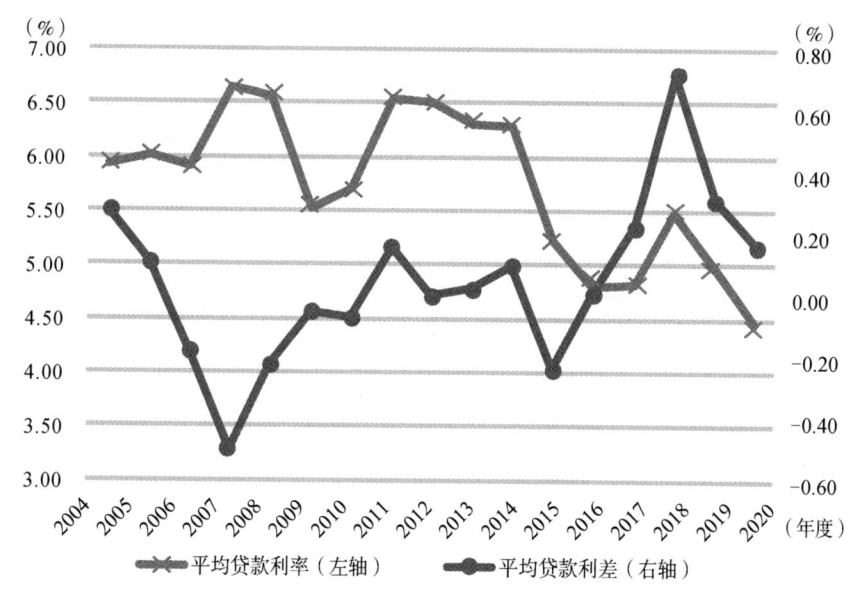

图6.3 制造业上市公司平均贷款成本变化趋势

资料来源：笔者整理。

比较表6.2、图6.3和表3.1、图3.1可以看到，2004—2020年，制造业上市公司平均贷款成本的时间变化趋势与全样本情形基本相同。

从贷款利率情况来看，制造业上市公司平均贷款利率大部分时期都随着基准利率的波动而波动。其中，2007—2008年、2011—2014年制造业上市公司平均贷款利率保持在较高水平；2004—2006年、2009—2010年、2016—2017年、2020年等区间平均贷款利率处于较低水平。特别是从2018年以来，制造业上市公司平均贷款利率经历了较为明显的下降。

从贷款利差情况来看，在2004—2020年的17年中，2006—2010年以及2015年共计6年的制造业上市公司平均贷款利差为负值，即平均贷款利率低于贷款基准利率，说明这一期间制造业信贷融资成本较低；其他年度制造业上市公司平均贷款利差均为正值，即平均贷款利率高于贷款基准利率。其中，2018年平均贷款利差最高，达到0.72%，意味着这一时期制造业上市公司的贷款成本较高。从表6.2和图6.3中均可以看到一个重要的趋势是，制造业上市公司平均贷款利差从2007年以来呈现稳步的上升趋势，这一趋势持续到2018年，反映出在利率市场化的背景下，这一时期制造业上市公司的相对融资成本在不断上升；从2018年开始，在国家有关政策的支持下，制造业上市公司平均贷款利差呈现明显的下降趋势，从2018年0.72%的阶段性高点下降到2020年的0.17%，下降了0.55个百分点，意味着这一时期制造业上市公司相对融资成本出现了明显的下降。

三 房地产业

房地产业是关系国计民生的另一个重要行业。2004—2020年，房地产业上市公司贷款成本变化趋势如表6.3和图6.4所示。

表6.3　　　　　房地产业上市公司平均贷款成本　　　　单位:%

年度	平均贷款利率	平均贷款利差
2004	6.18	0.72
2005	6.23	0.59
2006	6.47	0.50
2007	6.89	-0.17
2008	6.92	0.23
2009	5.70	0.22
2010	5.97	0.22
2011	7.17	1.04
2012	7.60	1.20
2013	7.14	1.09
2014	7.53	1.48
2015	6.07	0.36

续表

年度	平均贷款利率	平均贷款利差
2016	5.71	0.84
2017	5.19	0.55
2018	5.53	0.96
2019	5.57	0.56
2020	4.39	0.35

资料来源：笔者整理。

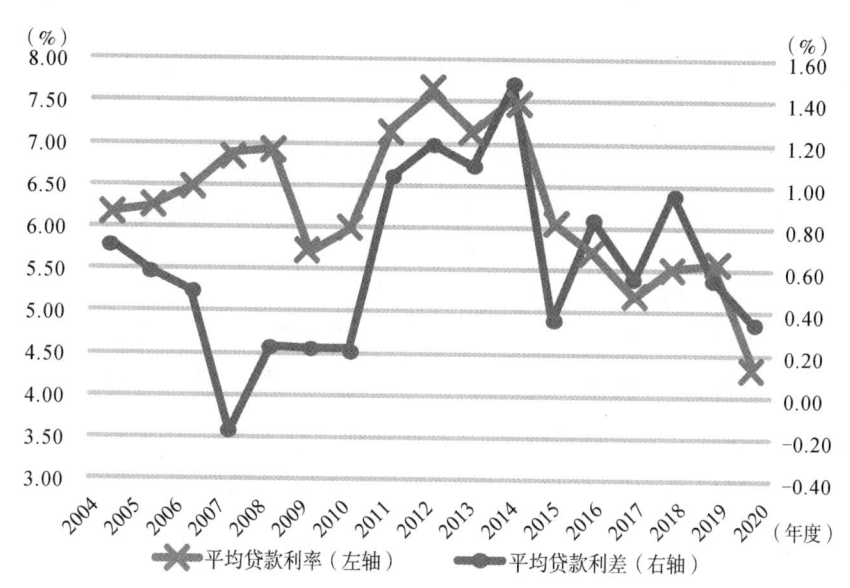

图6.4 房地产业上市公司平均贷款成本变化趋势

资料来源：笔者整理。

从表6.3和图6.4可以看到，房地产业上市公司贷款成本的变动趋势与全样本情形相比基本类似，呈现以下特征。

第一，从平均贷款利率来看，房地产业上市公司平均贷款利率在2008年、2011—2014年出现了阶段性高点。其中，2011—2014年房地产业上市公司的平均贷款利率分别达到7.17%、7.60%、7.14%、7.53%，明显高于其他时期的利率水平。之所以出现这种情况有两个方面的原因。一是这一时期中国房地产业上市公司所面临的融资条件比其他时期更为苛刻；二是这一时期房地产业高速发展，能够承担的融资成本较高。

第二，房地产业信贷融资成本的波动幅度较高。样本期间，房地产业上市公司平均贷款利率最高的年份为2014年，达到了7.53%，平均贷款利率最低的年份为2020年，达到了4.39%，前者比后者高3.14个百分点。与之相比，从表3.1和图3.1可以看到，样本期间全样本上市公司平均贷款利率的最高点出现在2012年，为6.63%；而全样本上市公司平均贷款利率的最低点出现在2020年，为4.49%，前者比后者高2.14个百分点。可以看到，房地产业上市公司平均贷款利率在各年份的波动幅度更大。之所以出现这种情况可能与房地产业的周期性较强以及受宏观政策调控影响较大有关。

第三，房地产业上市公司平均贷款成本从2015年开始呈现下降趋势。无论是从贷款利率还是从贷款利差来看，2015年以来，房地产业上市公司平均贷款成本均呈现震荡下行趋势。其中，平均贷款利率从2014年的阶段性高点7.53%下降到2020年的4.39%，下降了3.14个百分点；平均贷款利差从2014年的阶段性高点1.48%下降到2020年的0.35%，下降了1.13个百分点。尽管与2017年相比，上述两个指标在2018年均有所上升，但上升幅度并不明显。与此同时，2019年以来，房地产业上市公司平均贷款利率和平均贷款利差又进入了下降通道。值得注意的是，与全样本情形相比，房地产业上市公司2018年前后贷款成本的反弹幅度要小一些。具体的，房地产业上市公司平均贷款利率从2017年的5.19%上升到2018年的5.53%，上升了0.34个百分点；平均贷款利差从2017年的0.55%上升到2018年的0.96%，上升了0.41个百分点。与之相比，从表3.1和图3.1可以看到，全样本情形中，平均贷款利率从

2017年的4.96%上升到2018年的5.54%，上升了0.58个百分点；平均贷款利差从2015年的-0.22%上升到2018年的0.68%，上升了0.90个百分点。比较后可以发现，房地产业上市公司无论是平均贷款利率还是平均贷款利差，这一时期的反弹幅度都要小于全样本情形。之所以出现这种趋势可能是因为，中国近年来人口老龄化程度的加剧以及宏观调控政策的收紧导致房地产业高增长、高盈利时代逐步进入阶段性尾声，房地产业发展有了趋势性变化。房地产业增速放缓、盈利能力下滑降低了房地产业上市公司信贷融资需求，进而使平均贷款成本有所下降；其融资成本的反弹在幅度上也相对低一些。

第二节 贷款期限

一 全体行业

2004—2020年，不同行业上市公司平均贷款期限如表6.4和图6.5所示。

表6.4　　　　不同行业上市公司平均贷款期限　　　　单位：年

行业名称	行业代码	平均贷款期限
农、林、牧、渔业	A	3.47
采矿业	B	3.91
制造业	C	3.01
电力、热力、燃气及水生产和供应业	D	6.58
建筑业	E	4.22
批发和零售业	F	3.87
交通运输、仓储和邮政业	G	5.58
住宿和餐饮业	H	2.91
信息传输、软件和信息技术服务业	I	2.70
房地产业	K	3.25

续表

行业名称	行业代码	平均贷款期限
租赁和商务服务业	L	3.73
科学研究和技术服务业	M	3.71
水利、环境和公共设施管理业	N	3.63
卫生和社会工作	Q	3.27
文化、体育和娱乐业	R	3.15
综合	S	3.68

资料来源：笔者整理。

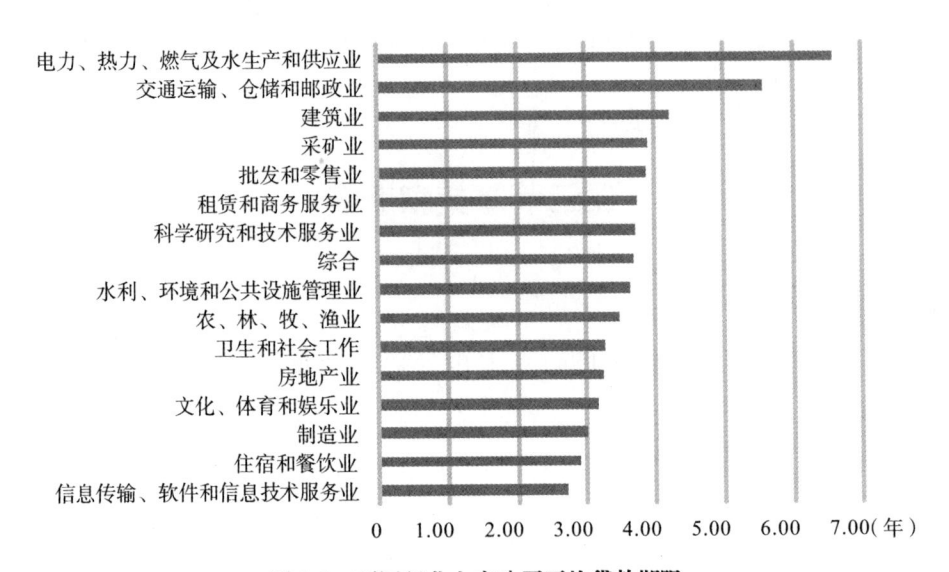

图6.5　不同行业上市公司平均贷款期限

资料来源：笔者整理。

从表6.4和图6.5可以看到，不同行业上市公司平均贷款期限差异较大。电力、热力、燃气及水生产和供应业上市公司平均贷款期限最长，达到6.58年。主要原因在于该行业属于基础设施行业，经营项目投资期限普遍较长，资金使用周期相应地也比较长。其次为交通运输、仓储和邮政业，该行业上市公司平均贷款期限为5.58年。与之相比，信息传输、软件和信息技术服务业上市公司平均贷款期限最短，为2.70年；其次为住宿和餐饮业，平均贷款期限为2.91年。平均贷款期限最长的电力、热力、燃气及水生产和供应业与最短的信息传输、软件和信息技术服务业相差3.88年。制造业和房地产业上市公司的平均贷款期限都比较短，分别为3.01年和3.25年，在16个行业中处于靠后位置。

二 制造业

2004—2020年，制造业上市公司平均贷款期限如表6.5和图6.6所示。

表6.5　　　　　制造业上市公司平均贷款期限　　　　单位：年

年度	平均贷款期限
2004	2.95
2005	3.57
2006	3.83
2007	3.60
2008	3.23
2009	3.61
2010	3.29
2011	3.10
2012	3.42
2013	3.60
2014	3.57
2015	4.21
2016	2.73
2017	2.33
2018	2.57
2019	2.24
2020	1.70

资料来源：笔者整理。

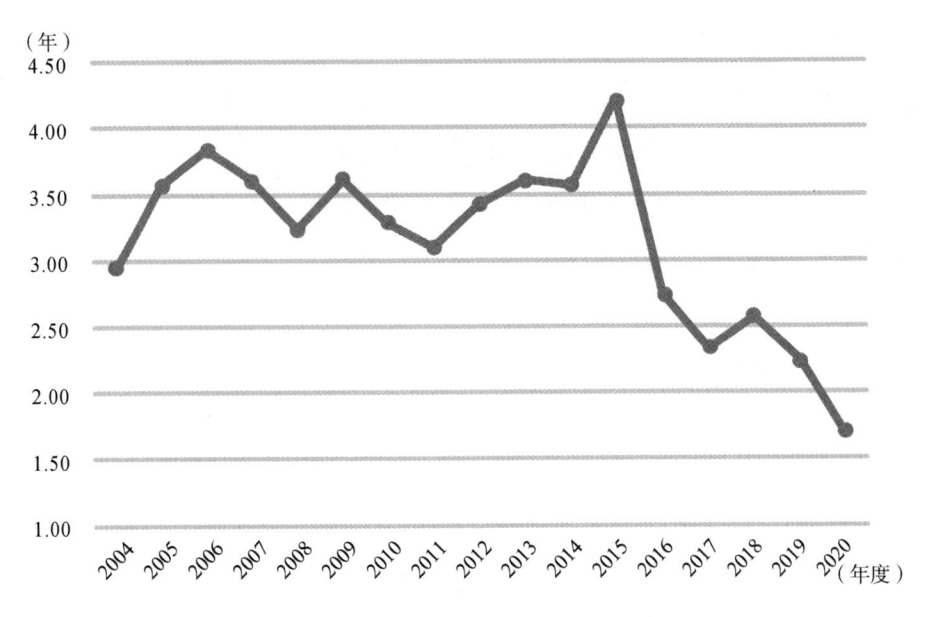

图 6.6　制造业上市公司平均贷款期限变化趋势

资料来源：笔者整理。

从表 6.5 和图 6.6 可以看到，不同年份制造业上市公司平均贷款期限差异较大。其中，平均贷款期限最长的年份为 2015 年，达 4.21 年；平均贷款期限最短的年度为 2020 年，为 1.70 年；后者比前者低 2.51 年。从趋势上来看，与全样本情形下平均贷款期限明显下降不同，制造业上市公司平均贷款期限在样本前期总体保持平稳，而在样本后期则出现了较为明显的下滑趋势。具体来看，2004—2014 年，制造业上市公司平均贷款期限基本保持平稳甚至还有一定幅度的上升；在此之后，制造业上市公司平均贷款期限从 2015 年的阶段性高点 4.21 年下降到 2020 年的阶段性低点 1.70 年，下降幅度达 2.51 年。与全样本情形类似，平均贷款期限的下降对于制造业上市公司来说无疑加大了资金头寸管理的难度，一定程度上反映出商业银行对制造业上市公司支持力度的弱化。

三 房地产业

2004—2020 年，房地产业上市公司不同年份平均贷款期限如表 6.6 和图 6.7 所示。

表 6.6　　　　房地产业上市公司平均贷款期限　　　　单位：年

年度	平均贷款期限
2004	2.04
2005	1.87
2006	3.28
2007	3.60
2008	2.62
2009	3.46
2010	3.75
2011	2.87
2012	3.15
2013	3.63
2014	3.51
2015	3.22
2016	3.34
2017	3.03
2018	4.25
2019	2.34
2020	1.60

资料来源：笔者整理。

从表 6.6 和图 6.7 可以看到，样本期间不同年份房地产业上市公司平均贷款期限波动较大。平均贷款期限最长的年份为 2018 年，达到 4.25 年；平均贷款期限最短的年份为 2020 年，为 1.60 年，比前者低 2.65 年，差距非常明显。从趋势上来看，不同于全样本情

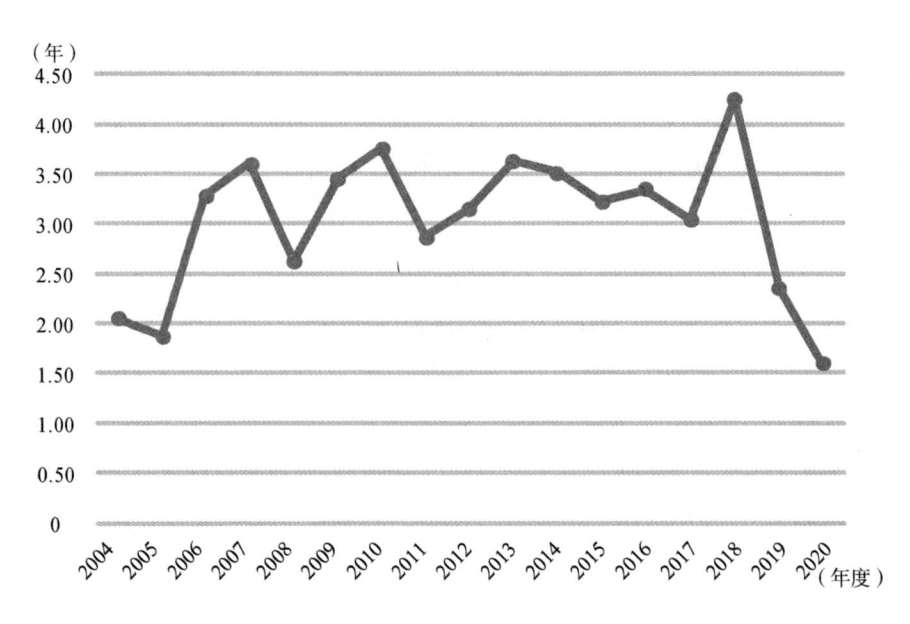

图 6.7　房地产业上市公司平均贷款期限变化趋势

资料来源：笔者整理。

形，房地产业上市公司平均贷款期限在样本前期呈现稳中有升的态势，而在样本后期则呈现明显的短期化趋势。具体来看，2004—2018 年，房地产业上市公司平均贷款期限总体上稳中有升，从 2004 年的 2.04 年向上波动到 2018 年的 4.25 年，平均贷款期限增加了一倍多；而在 2018 年之后，房地产业上市公司平均贷款期限明显缩短，从 2018 年的 4.25 年下降到了 2020 年的 1.60 年，下降幅度达到 62%。之所以出现这种情况可能有两个方面的原因：一是房地产业下行导致房地产企业对长期资金需求的下滑。在样本前期，中国房地产市场总体上仍处于上升阶段，对长期资金的需求比较高，导致平均贷款期限较长；而在样本后期，中国房地产市场进入了下行周期，房地产投资增速总体上呈下行趋势，导致房地产企业对长期资金需求的下降。二是商业银行对房地产业风险控制的加强。随着房地产业的下行以及房地产业风险的上升，商业银行在向房地产企业提供贷款时风险偏好有所下降，进而减少了长期资金的供应，由此导致贷款平均期限的短期化。

第三节　信用增级

一　全体行业

2004—2020 年，不同行业上市公司贷款平均信用增级措施如表 6.7、图 6.8 和图 6.9 所示。

表 6.7　　不同行业上市公司贷款平均信用增级措施

行业名称	行业代码	平均信用增级强度	平均非信用贷款占比（%）
农、林、牧、渔业	A	2.00	92
采矿业	B	1.69	65
制造业	C	1.89	80
电力、热力、燃气及水生产和供应业	D	1.81	72
建筑业	E	1.87	79
批发和零售业	F	1.94	88
交通运输、仓储和邮政业	G	1.69	66
住宿和餐饮业	H	2.00	90
信息传输、软件和信息技术服务业	I	1.94	85
房地产业	K	2.01	93
租赁和商务服务业	L	1.90	80
科学研究和技术服务业	M	1.61	57
水利、环境和公共设施管理业	N	1.75	62
卫生和社会工作	Q	2.03	87
文化、体育和娱乐业	R	1.77	77
综合	S	2.03	94

资料来源：笔者整理。

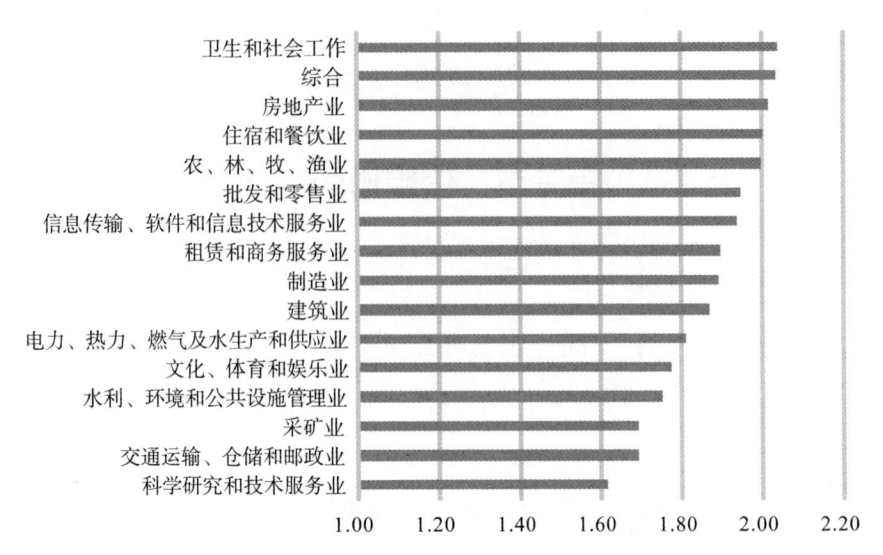

图 6.8　不同行业上市公司贷款平均信用增级强度

资料来源：笔者整理。

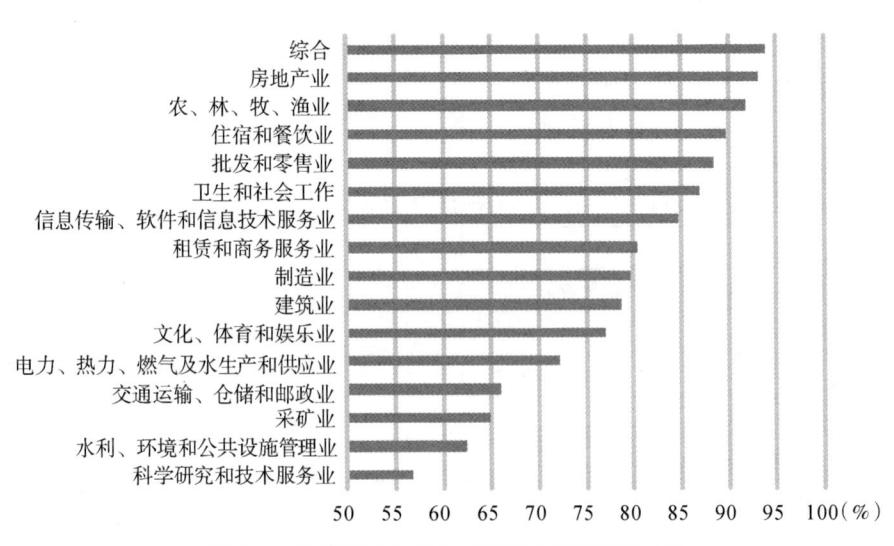

图 6.9　不同行业上市公司平均非信用贷款占比

资料来源：笔者整理。

从图6.8、图6.9和表6.7可以看到，不同行业上市公司贷款平均信用增级措施存在较大差异，这种差异反映了商业银行对不同行业上市公司风险评估的异质性。

从平均信用增级强度来看，商业银行对卫生和社会工作业、综合、房地产业等行业上市公司提供贷款时要求提供的平均信用增级强度比较高。其中，房地产业等是风险较高的行业，商业银行需要上市公司提供足够的信用增级措施以控制风险，样本期间平均信用增级强度为2.01。卫生和社会工作、综合等行业风险也比较大，商业银行在贷款中要求提供的平均信用增级强度较高，样本期间这两个行业上市公司平均信用增级强度均为2.03。相对而言，商业银行向科学研究和技术服务业，交通运输、仓储和邮政业等行业上市公司提供贷款时，要求借款人提供的平均信用增级措施则相对较弱。其中，科学研究和技术服务业上市公司贷款平均信用增级强度最低，为1.61，与综合行业上市公司相差0.42。另外还可以看到，商业银行在向制造业上市公司提供贷款时，要求借款人提供的平均信用增级强度为1.89，在所有行业上市公司中处于中等偏上水平。

从平均非信用贷款占比来看，情况基本类似。综合，房地产业，农、林、牧、渔业，住宿和餐饮业等行业上市公司为获得贷款基本都需要提供相应的信用增级措施，采取信用贷款的方式占比很少，平均非信用贷款占比均超过90%。其中，综合业上市公司平均非信用贷款占比为94%，平均信用贷款占比仅为6%，意味着该行业上市公司通过贷款方式进行融资时绝大多数情况下都需要提供信用增级措施。与之相比，商业银行向科学研究和技术服务业上市公司提供贷款时，要求借款人提供信用增级的非信用贷款占比则相对较低，平均非信用贷款占比仅为57%，与综合行业上市公司相差37个百分点。

二 制造业

2004—2020年,制造业上市公司贷款平均信用增级措施如表6.8和图6.10所示。

表6.8 制造业上市公司贷款平均信用增级措施

年度	平均信用增级强度	平均非信用贷款占比(%)
2004	1.72	70
2005	1.95	88
2006	1.98	92
2007	1.93	81
2008	1.88	81
2009	1.83	78
2010	1.82	74
2011	1.85	76
2012	1.87	80
2013	1.91	76
2014	2.05	86
2015	1.95	82
2016	1.93	78
2017	1.88	75
2018	1.86	77
2019	1.92	83
2020	1.95	85

资料来源:笔者整理。

从表6.8和图6.10可以看到,制造业上市公司贷款平均信用增级措施变动趋势与全样本情况基本类似。

从平均信用增级强度来看,制造业上市公司平均信用增级强度于2006年、2014年、2020年达到阶段性高点,平均信用增级强度

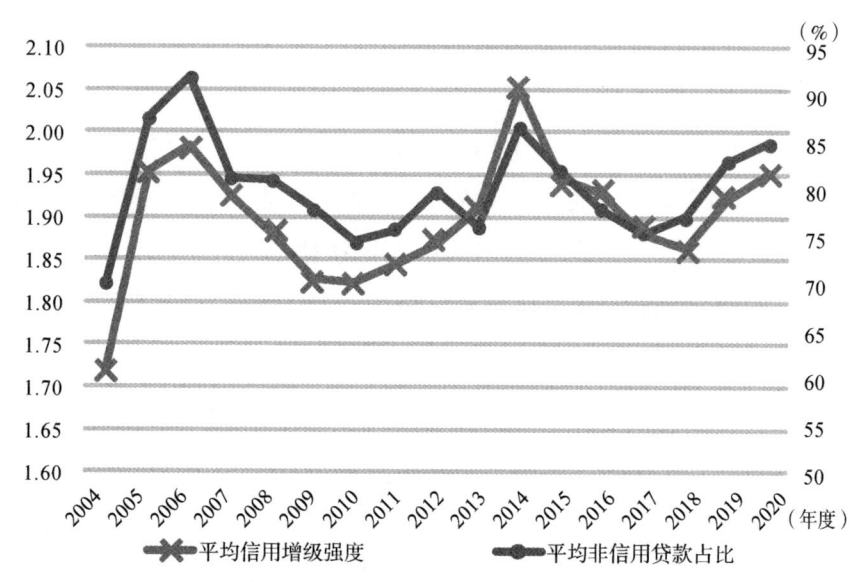

图 6.10　制造业上市公司贷款平均信用增级措施变化趋势

资料来源：笔者整理。

分别为 1.98、2.05 和 1.95，意味着这一时期商业银行在发放贷款过程中对制造业上市公司信用增级要求比较高。2004 年为阶段性低点，平均信用增级强度为 1.72，意味着这一时期对制造业上市公司信用增级要求相对较低。平均信用增级强度最高的年度与最低的年度相差 0.33，差距较为明显。从非信用贷款占比情况看，样本期间制造业上市公司平均非信用贷款占比最高的年度为 2006 年，达到 92%；平均非信用贷款占比最低的年度为 2004 年，为 70%，比前者低 22 个百分点。

与全样本情形一致，2015 年以来，商业银行对制造业上市公司的贷款平均信用增级强度也呈现下降趋势，从 2014 年的 2.05 下降到 2018 年的 1.86，下降幅度为 0.19。2018 年以后，制造业上市公司贷款平均信用增级强度又呈现一定的上升趋势，从 2018 年的 1.86 上升到 2020 年的 1.95，上升幅度为 0.09。总体上看，制造业上市公司贷款近年来平均信用增级强度呈现先下降后上升的趋势。如前文所述，前期平均信用增级强度的下降可能与金融科技的应用以及平均贷款期限的短期化有关，而后期平均信用增级强度的上升则可能反映了商业银行在制造业经营业绩下滑背景下风险偏好的降低，使得商业银行在向制造业上市公司贷款时更为谨慎，要求借款人提供更多的信用增级措施。

从平均非信用贷款占比来看，情况基本类似。阶段性高点出现在2006年和2014年；阶段性低点出现在2010年；而且，从2015年开始，制造业上市公司平均非信用贷款占比总体上呈现下降趋势，平均信用贷款占比总体上呈现上升趋势。

三 房地产业

2004—2020年，房地产业上市公司贷款平均信用增级措施如表6.9和图6.11所示。

表6.9　　房地产业上市公司贷款平均信用增级措施

年度	平均信用增级强度	平均非信用贷款占比（%）
2006	1.80	78
2007	1.99	96
2008	1.91	87
2009	2.00	90
2010	2.07	97
2011	2.01	97
2012	2.13	96
2013	2.04	96
2014	2.10	99
2015	2.03	99
2016	2.07	100
2017	2.05	93
2018	1.97	85

续表

年度	平均信用增级强度	平均非信用贷款占比（%）
2019	1.94	83
2020	1.89	76

资料来源：笔者整理。

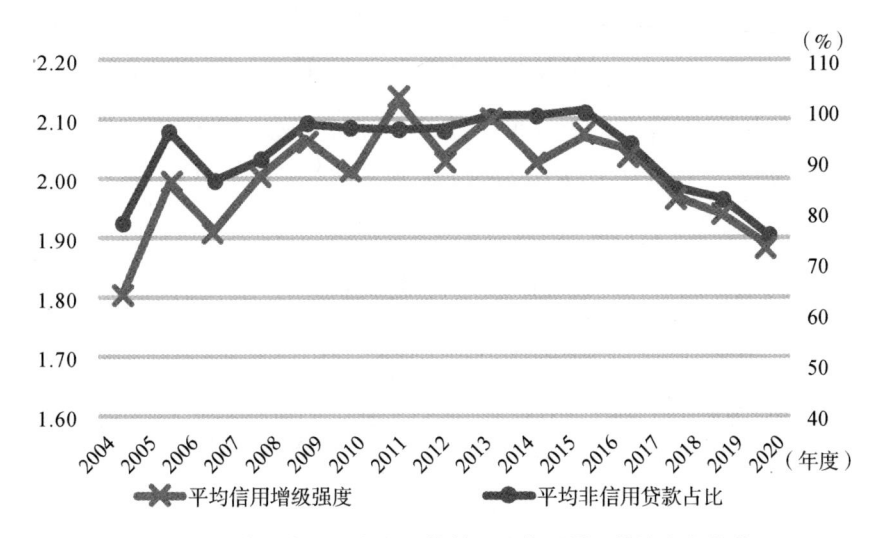

图6.11　房地产业上市公司贷款平均信用增级措施变化趋势

资料来源：笔者整理。

从表6.9和图6.11可以看到，房地产业上市公司贷款平均信用增级措施波动性较小。样本期间平均信用增级强度最高的年度为2012年，达到2.13；最低的年度为2006年，为1.80，比前者低0.33。样本期间平均非信用贷款占比最高的年度为2016年，达到了100%；平均非信用贷款占比最低的年度为2020年，为76%，比前者低了24个百分点。

从图6.11和表6.9还可以看到，房地产业上市公司贷款平均信用增级措施从2016年开始出现了明显的下降。其中，平均信用增级强度从2016年的2.07下降到2020年的1.89，下降了0.18；

平均非信用贷款占比从 2016 年的 100% 下降到 2020 年的 76%，下降了 24 个百分点。前文的分析表明，上市公司贷款信用增级措施的变动趋势受多种因素共同影响。对于房地产业而言，前文的分析结果显示，房地产业上市公司贷款近年来短期化趋势十分明显。与长期贷款相比，商业银行在发放短期贷款时所面临的风险相对低一些，由此导致对信用增级措施的要求有所降低。尽管受其他多种因素的影响，但贷款期限的短期化对信用增级措施要求所产生的作用可能要超过其他因素，由此使得房地产业上市公司平均信用增级强度近年来出现了明显下降。

第四节 贷款额度

一 全体行业

2004—2020 年，不同行业上市公司平均贷款额度情况如表 6.10 和图 6.12 所示。

表 6.10　　　　　不同行业上市公司平均贷款额度　　　　　单位：%

行业名称	行业代码	平均贷款额度
农、林、牧、渔业	A	2.43
采矿业	B	1.85
制造业	C	2.15
电力、热力、燃气及水生产和供应业	D	2.58
建筑业	E	2.32
批发和零售业	F	1.86
交通运输、仓储和邮政业	G	4.99
住宿和餐饮业	H	4.12
信息传输、软件和信息技术服务业	I	1.89
房地产业	K	3.21

续表

行业名称	行业代码	平均贷款额度
租赁和商务服务业	L	2.23
科学研究和技术服务业	M	3.61
水利、环境和公共设施管理业	N	3.65
卫生和社会工作	Q	1.33
文化、体育和娱乐业	R	5.54
综合	S	1.72

资料来源：笔者整理。

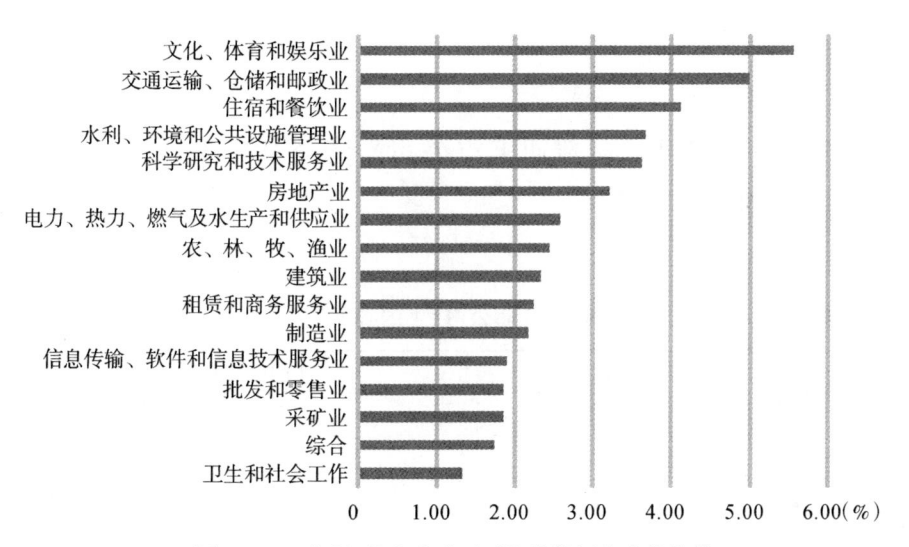

图6.12　不同行业上市公司平均贷款额度变化趋势

资料来源：笔者整理。

从表6.10和图6.12可以看到，不同行业上市公司平均贷款额度差异较为明显。文化、体育和娱乐业上市公司在所有行业上市公司中的平均贷款额度最高，单笔贷款金额在上市公司总资产中占比平均为5.54%。之所以出现这种情况可能与文化、体育和娱乐业上市公司普遍具有轻资产特征有关，即这类公司的核心竞争力往往体现在其人才和品牌优势等方面,并没有价值太多的实物资产,导致贷款金额相对于借款人总资产的比重较高。除此之外,交通运输、仓储和邮政业上市公司贷款额度也比较高,样本期间的平均贷款额度为4.99%。相对而言,卫生和社会工作、综合、采矿业等行业上市公司平均贷款额度普遍较低。其中,卫生和社会工作行业上市公司平均贷款额度仅为1.33%,与平均贷款额度最高的文化、体育和娱乐业上市公司相比相差4.21个百分点。制造业上市公司平均贷款额度为2.15%,与其他行业上市公司相比处于较低水平;房地产业上市公司平均贷款额度为3.21%,在16个行业上市公司中处于偏上水平。

二 制造业

2004—2020年,制造业上市公司平均贷款额度变动情况如表6.11和图6.13所示。

表6.11　　　　制造业上市公司平均贷款额度　　　　单位:%

年度	平均贷款额度
2004	4.22
2005	3.71
2006	2.21
2007	4.18
2008	3.07
2009	3.33
2010	2.14
2011	1.28
2012	1.40
2013	1.55
2014	1.36
2015	1.78
2016	2.19

续表

年度	平均贷款额度
2017	1.37
2018	1.81
2019	2.03
2020	1.42

资料来源：笔者整理。

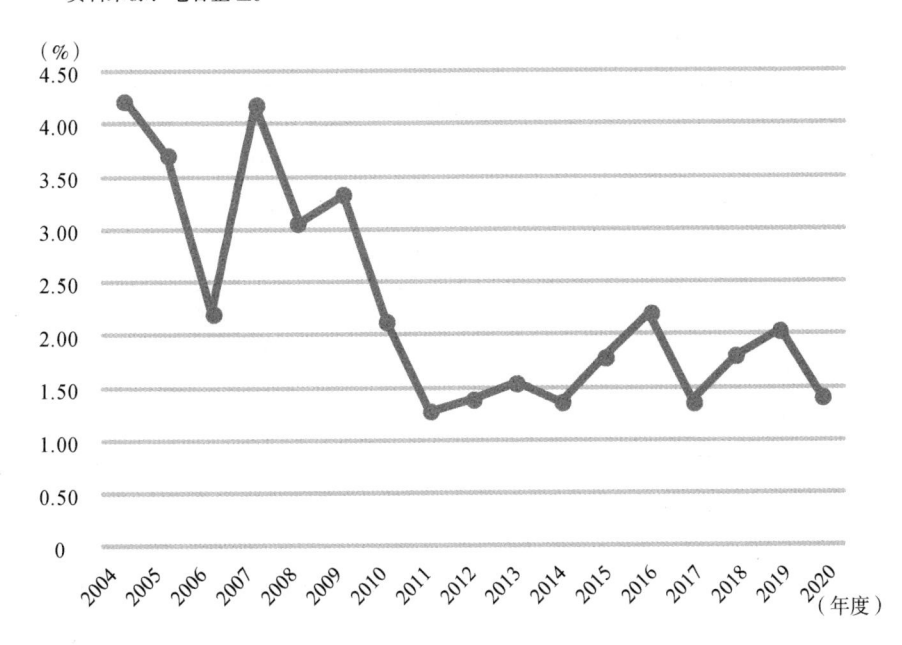

图 6.13　制造业上市公司平均贷款额度变化趋势

资料来源：笔者整理。

从表 6.11 和图 6.13 中可以看到，与全样本情形一致，2004 年以来，制造业上市公司平均贷款额度总体上也呈现下降的趋势。平均贷款额度从 2004 年的 4.22% 下降到 2020 年的 1.42%，下降了 2.80 个百分点，下降幅度明显。如前文所述，其原因可能在于：一方面，随着越来越多的中小银行开始向上市公司提供贷款，受相关政策限制逐笔贷款金额不断降低，从而拉低了全部银行的平均水平；另一方面，制造业上市公司本身资产规模也在不断扩大,使得单笔贷款金额相对于制造业上市公司的资产规模来说不断下降。不过,这种下降从2012年开始基本上趋于平稳。之所以出现这种情况,如前文所述,商业银行对上市公司贷款存在一定的门槛要求,额度不能过低,否则无法满足借款人的实际需求,也不符合商业银行的效率原则。

三 房地产业

2004—2020年,房地产业上市公司平均贷款额度变动情况如表6.12和图6.14所示。

表6.12　　　房地产业上市公司平均贷款额度　　　单位:%

年度	平均贷款额度
2004	0.57
2005	0.68
2006	3.45
2007	5.11
2008	3.08
2009	5.07
2010	6.72
2011	1.92
2012	1.96
2013	2.31
2014	1.72
2015	1.17
2016	1.24
2017	1.16
2018	1.06
2019	0.58
2020	0.41

资料来源:笔者整理。

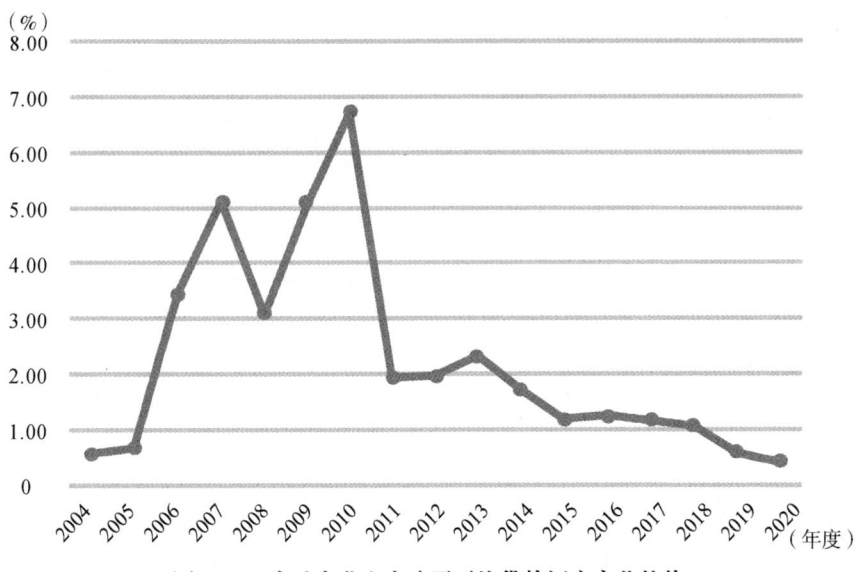

图6.14　房地产业上市公司平均贷款额度变化趋势

资料来源：笔者整理。

从表6.12和图6.14中可以看到，房地产业上市公司平均贷款额度的波动幅度较大。具体来看，平均贷款额度从2004年的0.57%增加到2010年的阶段性高点6.72%，商业银行对房地产业上市公司逐笔贷款金额不断加大；从2011年开始，房地产业上市公司平均贷款额度开始下降，逐步降低到2020年的0.41%。总体上看，商业银行对房地产业上市公司的平均贷款额度并未体现出单一的下降趋势，与全样本情形有所不同。之所以出现这种情况，可能与样本区间早期中国房地产业的快速发展有关：房地产业的快速发展使得商业银行加大了对房地产业上市公司的贷款支持力度，单笔贷款相对于房地产业上市公司资产规模的比率也在上升。近年来随着房地产业进入下行周期，房地产业上市公司贷款需求有所下降，平均贷款额度也相应地有所下降；当然，这种下降也可能与商业银行加强了对房地产企业贷款的风险控制有关。随着监管政策的收紧，商业银行对房地产企业贷款趋于谨慎，由此降低了对房地产企业大额贷款的投放，导致平均贷款额度的下降。需要说明的是，与制造业等其他行业不同，从目前情况看，房地产业上市公司平均贷款额度现阶段仍处于下降趋势，尚未达到稳定状态，未来一段时期可能会进一步下降。

第五节　小结

总体上看，中国不同行业上市公司信贷融资条件具有一定的异质性，主要体现在以下几个方面。

第一，不同行业上市公司在信贷融资条件上差别明显。2004—2020年，平均贷款利率最高的行业与最低的行业相差1.33个百分点；平均贷款利差最高的行业和最低的行业相差0.96个百分点；平均贷款期限最高的行业与最低的行业相差3.88年；贷款平均信用增级强度最高的行业与最低的行业相差0.42；非信用贷款占比最高的行业与最低的行业相差37个百分点；平均贷款额度最高的行业与最低的行业相差4.21个百分点。

第二，制造业上市公司信贷融资条件与其他行业相比处于中等水平。无论是从贷款成本、贷款期限、贷款信用增级、贷款额度等方面来看均是如此。

第三，房地产业上市公司信贷融资条件较为苛刻，平均贷款成本更高、对信用增级措施的要求也更高、贷款期限则相对较短。此外，房地产业上市公司信贷融资条件表现出较强的波动性。样本期间，房地产业上市公司在平均贷款成本方面的波动性均高于全样本情形。之所以出现这种情况，可能与该行业具有较强的周期性且受宏观政策调控影响较大有关。

第四，房地产业上市公司平均融资成本2014年以来呈现震荡下行趋势。尽管与2017年相比，2018年房地产业上市公司平均贷款成本有所上升,但上升幅度并不明显。可能的原因在于:随着人口结构的变化和宏观调控政策的收紧,中国房地产业的高增长时期告一段落,行业盈利能力的下滑降低了融资需求,进而带动了融资成本的下降。

第七章

上市公司各类银行信贷融资条件

中国银行业金融机构体系庞大。截至2021年末，我国共有4602家银行业金融机构。具体包括：开发性金融机构1家；政策性银行2家；国有大型商业银行5家；国有控股大型商业银行1家；股份制商业银行12家；城市商业银行128家；民营银行19家；外资法人银行41家；住房储蓄银行1家；农村商业银行1596家；农村合作银行23家；农村信用社577家；村镇银行1651家；农村资金互助社39家；贷款公司13家；信托公司68家；金融资产管理公司5家；金融租赁公司71家；企业集团财务公司255家；汽车金融公司25家；消费金融公司30家；货币经纪公司6家；其他金融机构33家。需要说明的是，本书包含的贷款合约样本涉及国有大型商业银行、股份制银行、城市商业银行、农村商业银行、农村合作银行、村镇银行、城市信用社[①]、农村信用社8类银行业金融机构。

结合当前中国银行业金融机构的分类，我们把样本贷款合约涉及的银行分为以下三类：一是国有大型商业银行，包括工、农、中、建、交5家银行。此类银行是由政府控股的全国性银行，经营

---

① 因本书的样本为2004—2020年，城市信用社样本主要存在于样本早期。截至2021年末，所有城市信用社均已改制为城市商业银行。

规模大，分支机构众多。二是股份制银行，共12家。股份制银行能够在全国范围内从事经营，股权结构较为多元，公司治理相对完善，市场化程度较高，其资产规模介于国有大型商业银行和其他中小银行之间[①]。三是其他中小银行，包括城市商业银行、农村商业银行、农村合作银行、村镇银行、城市信用社、农村信用社等。其他中小银行主要为区域性银行业金融机构，股权结构较为多元分散，公司治理相对不完善，经营范围主要集中于本地，且资产规模总体上与国有大型商业银行和股份制银行相比要小得多[②]。在此基础上，我们对不同类型银行贷款合约的条件进行比较。

梳理相关研究可以发现，上市公司的信贷融资条件之所以会在不同类型银行之间有显著的差异，主要有以下五个方面的原因。

第一，不同类型银行具有不同的风险偏好。与股份制银行和其他中小银行因市场竞争需要而导致其自身风险偏好较高不同，国有大型商业银行作为国家和政府控股的银行，具有更为明显"大而不倒"的特征，经营较为稳健且风险偏好较低。而与大银行相比，其他中小银行更多服务的是大银行所没有覆盖的"长尾"客户，这些客户信贷风险本身较大且收益较低，导致其风险偏好更高。因此，可以看出，由于不同类型银行之间风险偏好存在较大差异，导致银行在客户群体选择方面也有所不同，进而使其信贷融资条件有所不同。

第二，不同类型银行的所有权性质有所不同。从中国银行的所有权性质来看，一些银行是由国家、省、市级政府或国有法人控

---

① 2020年末，股份制银行中的招商银行尽管资产规模仍低于5家国有大型商业银行，但其净利润已经超过国有大型商业银行中的交通银行。需要说明的是，虽然中国邮政储蓄银行已列入国有大型商业银行序列，但由于其改制时间较短，所以没有将它按照国有大型商业银行类型进行分析，而是按照股份制银行类型进行分析。

② 2020年末，城市商业银行中的北京银行、上海银行、江苏银行、南京银行、徽商银行、宁波银行、盛京银行以及农村商业银行中的重庆农村商业银行、上海农村商业银行等在资产规模上已经超过了部分股份制银行。

股，具有国有属性；而另一些银行是民营资本控股，具有民营属性。这些具有不同所有权性质的银行在履行社会责任、贷款对象等方面具有不同偏好。从履行社会责任角度来看，具有国有属性的商业银行会将履行社会责任摆在比较重要的位置，而具有民营属性的商业银行可能更关注自身的商业可持续发展和利润最大化，对履行社会责任重视力度不足。从贷款对象（即借款人）来看，不同所有权性质的商业银行对具有国有和非国有之分的上市公司也存在不同的贷款偏好。理论上来讲，具有国有属性的商业银行会因民营企业缺乏合理抵押品、财务不规范、公司治理不健全等一系列存在较大潜在风险的问题而产生"信贷歧视"（Brandt and Li，2007；Ge and Qiu，2007；李广子和刘力，2009）。基于以上两点，我们认为上市公司会因商业银行所有权性质的不同而具有不同的信贷融资条件。

第三，不同类型银行经营规模存在较大差异。一般而言，国有大型商业银行的资产规模较大，而股份制银行次之，其他中小银行的资产规模较小。已有研究发现，不同资产规模的银行会对不同规模的企业产生不同的贷款偏好。与国有大型商业银行和股份制银行不同，一方面，其他中小银行层级少，且能更好地识别中小企业主个人品德、员工工作满意度等"软信息"（Berger and Udell，2002，2006），因而其向"长尾"客户（如民营企业、小微企业和农户）发放贷款的优势更为明显；另一方面，中小银行在服务中小企业融资方面具有明显的资金、信息技术、物理网点等优势（Frame et al.，2001；李广子等，2016；陈学胜和罗润东，2017），这些优势能在一定程度上加快贷款发放的进度，进而缓解中小企业和农村市场贷款"三难"问题。总体来看，不同规模银行在其客户选择方面存在显著差异，进而对上市公司信贷融资条件产生不同的影响。

第四，不同类型银行的风险控制能力不同。中国银行业经过多年的改革和发展，不同类型的银行在风控能力方面已呈现较大的分化。总体来看，国有大型商业银行、股份制银行在风控能力方面要明显优于其他中小银行。特别是近年来随着金融科技手段的广泛应用，部分先进的大银行已通过人工智能、大数据等科技手段对自身的信贷业务流程进行了改造升级，为有效识别和筛选与自身匹配的借款客户，结合其风险特征和需求特点设计提供差异化的信贷融资条件，并最大限度地降低自身信贷风险提供了可能。从实际看，不同类型银行风险分化较为明显。根据中国人民银行 2021 年 9 月公布的《中国金融稳定报告（2021）》，中国人民银行 2021 年第二季度对 4400 家银行业金融机构开展了评级。评级结果显示，大型银行评级结果较好，农村中小银行评级结果普遍较差，说明农村中小金融机构存在的风险较大。具体来看，大型银行中评级结果为 1 级的 1 家、2 级的 12 家、3 级的 8 家、4 级的 2 家、7 级的 1 家。中小银行中，外资银行和民营银行的评级结果较好，分别有 93%、65% 的机构分布于风险较低的"绿区"，并且没有高风险机构；城市商业银行的评级结果次之，有 73% 的机构分布于"绿区"，但也有 10% 的机构为高风险机构；农合机构（包括农村商业银行、农村合作银行、农村信用社）和村镇银行风险最高，高风险机构数量分别为 271 家和 122 家，数量占全部高风险机构的 93%。由此可见，现阶段中小银行的风险总体上要高于大型银行。截至 2021 年第三季度末，国有大型商业银行、股份制银行、城市商业银行、民营银行、农村商业银行、外资银行不良贷款率分别为 1.43%、1.40%、1.82%、1.31%、3.59%、0.58%。其中，农村商业银行不良贷款率是行业平均水平的 2 倍以上，信用风险较为突出；外资银行不良贷款率最低，国有大型商业银行的资产质量也要好于行业平均水平。总体上看，风控能力的差异会对不同类型商业银行识别和筛选客户产生影响，进而导致其信贷融资条件产生差异。

第五，不同类型银行具有不同的组织模式。已有研究表明，组织模式的差异将会对银行治理效率产生影响（李广子和曾刚，2013）。从中国银行业的发展情况看，尽管大多数银行采用了股份制形式进行经营管理，但也有少数机构采用了其他的组织模式进行经营管理。例如，农村信用社采用的是合作制的组织模式，农村合作银行采用的是股份合作制的组织模式。与股份制相比，合作制和股份合作制是建立在互助与忠诚基础上，采取的是民主决策制度，员工对企业关心程度和风险意识较强，并且其信息不对称程度较低，这在一定程度上有助于降低信贷融资业务的交易成本和交易风险（Nilsson，2001；贺力平，2002；李树生，2003；吴赢等，2021）。当然，合作制和股份合作制还存在一个突出问题就是产权不清晰。由于产权不清导致合作制成员无法完全承担其行为所产生的后果，会引发一系列激励问题（Nilsson，2001；Borgen，2004）。鉴于以上分析，我们发现组织模式的差异也会影响银行的信贷决策从而对信贷融资条件产生影响。

第一节 贷款成本

一 贷款利率

从表7.1和图7.1给出的不同类型银行平均贷款利率情况看，2004—2020年，上市公司在不同类型银行的平均贷款利率水平和变化趋势存在明显的差异。

第一，从上市公司的平均贷款利率水平看（见表7.1），三类银行中，其他中小银行的平均贷款利率水平最高，股份制银行次之，国有大型商业银行最低。从具体数值看，国有大型商业银行在考察期内（2004—2020年）的平均贷款利率为5.60%，股份制银行在考察期内的平均贷款利率为5.84%，其他中小银行的平均贷款利率为6.43%；其他中小银行比国有大型商业银行和股份制银行的平均贷款利率分别高 0.83 个百分点和 0.59 个百分点。

第二，从上市公司平均贷款利率变化趋势看（见图 7.1），尽管其他中小银行平均贷款利率总体上要高于另外两类银行，但不同年度的差异存在很大不同。比如，2006 年，其他中小银行的平均贷款利率反而要低于其他两类银行；2009 年、2010 年，三类银行平均贷款利率的差异也不是很明显。

第三，不同类型银行平均贷款利率自 2018 年以来均呈现明显的下行趋势。其中，国有大型商业银行平均贷款利率从 2018 年的 5.06% 下降到 2020 年的 4.24%，下降了 0.82 个百分点；股份制银行平均贷款利率从 2018 年的 5.68% 下降到 2020 年的 4.47%，下降了 1.21 个百分点；其他中小银行平均贷款利率从 2018 年的 6.08% 下降到 2020 年的 5.01%，下降了 1.07 个百分点。相较而言，国有大型银行平均贷款利率的下降幅度最小，股份制银行最高。

表 7.1　　　　　　　　不同类型银行平均贷款利率　　　　　　单位：%

年度	国有大型商业银行	股份制银行	其他中小银行
2004	5.95	5.45	6.86
2005	6.06	5.87	6.47
2006	6.04	6.17	5.92
2007	6.49	6.53	7.38
2008	6.36	6.39	7.91
2009	5.54	5.42	5.79
2010	5.72	5.77	5.94
2011	6.39	6.87	7.35
2012	6.48	6.72	7.33
2013	6.19	6.63	7.11
2014	5.86	6.82	7.04
2015	4.87	5.48	6.29
2016	4.63	4.83	5.66

续表

年度	国有大型商业银行	股份制银行	其他中小银行
2017	4.60	5.20	5.36
2018	5.06	5.68	6.08
2019	4.67	4.96	5.80
2020	4.24	4.47	5.01

资料来源：笔者整理。

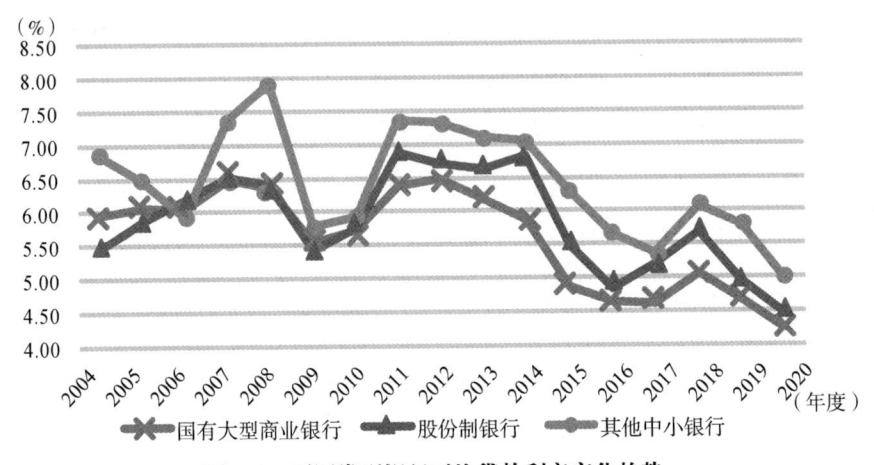

图 7.1 不同类型银行平均贷款利率变化趋势

资料来源：笔者整理。

二 贷款利差

从表 7.2 和图 7.2 给出的不同类型银行贷款利差情况看，2004—2020 年，上市公司在不同类型银行的平均贷款利差水平和变化趋势也存在明显的差异。

第一，从上市公司平均贷款利差水平看，与平均贷款利率水平的情况基本类似，即在三类银行中，其他中小银行的平均贷款利差水平最高，股份制银行次之，国有大型商业银行最低。从具体数值看，国有大型商业银行在考察期内的平均贷款利差水平为-0.08%，股份制银行在考察期内的平均贷款利差水平为 0.18%，其他中小银行的平均贷款利差水平为0.64%；其他中小银行比国有大型商业银行和股份制银行的平均贷款利差水平分别高0.72个百分点和0.46个百分点。值得注意的是，样本期间国有大型商业银行平均贷款利差为负值，说明其平均贷款利率要明显低于基准利率。

第二，从上市公司平均贷款利差的变化趋势来看（见图7.2），考察期内的三类银行平均贷款利差的变化趋势并不完全保持一致。具体而言，2008年之前，三类银行的平均贷款利差变化趋势不太一致，国有大型商业银行和其他中小银行均呈现明显的下降趋势，而股份制银行呈现先上升后下降的变化趋势。2008年之后，三类银行的平均贷款利差基本呈现波动上升的变化趋势，并且其他中小银行平均贷款利差的上升幅度尤为明显。其中，其他中小银行平均贷款利差在2019年分别比国有大型商业银行和股份制银行高出0.56个百分点和0.40个百分点，在2020年分别比国有大型商业银行和股份制银行高出0.36个百分点和0.14个百分点。

表7.2　　　　　　　　不同类型银行平均贷款利差　　　　　　　单位:%

年度	国有大型商业银行	股份制银行	其他中小银行
2004	0.22	-0.13	0.86
2005	0.16	0.03	0.68
2006	-0.13	0.12	0.00
2007	-0.68	-0.47	-0.02
2008	-0.42	-0.38	1.01
2009	-0.06	-0.05	0.20
2010	-0.10	0.03	0.21
2011	0.07	0.43	0.96
2012	0.02	0.26	0.77
2013	-0.06	0.50	0.84
2014	-0.27	0.65	1.03
2015	-0.65	0.03	0.84

续表

年度	国有大型商业银行	股份制银行	其他中小银行
2016	-0.15	0.11	0.54
2017	0.00	0.46	0.65
2018	0.39	0.75	1.12
2019	0.25	0.41	0.81
2020	0.07	0.29	0.43

资料来源：笔者整理。

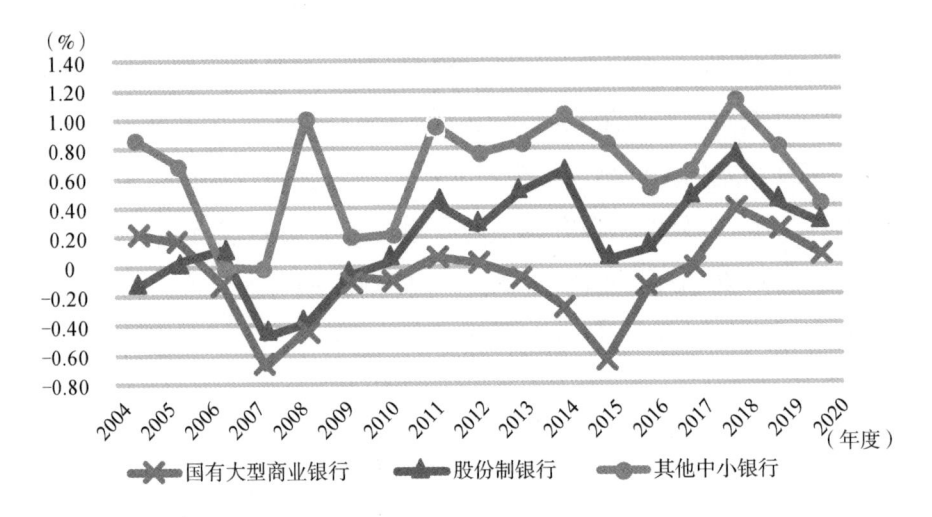

图 7.2　不同类型银行平均贷款利差变化趋势

资料来源：笔者整理。

第二节　贷款期限

从表 7.3 和图 7.3 给出的不同类型银行平均贷款期限看，2004—2020 年，不同类型银行平均贷款期限和变化趋势也存在一些差异，具体表现为以下两个方面。

第一，考察期内各类银行的平均贷款期限基本呈下降趋势。从平均贷款期限的变化数值看，国有大型商业银行从 2004 年的 5.21

年下降至2020年的2.11年,下降了3.10年;股份制银行从2004年的2.76年下降至2020年的1.63年,下降了1.13年;其他中小银行从2004年的2.36年下降至2020年的1.39年,下降了0.97年。可以看到,国有大型商业银行平均贷款期限的下降幅度最为明显。

第二,从不同类型银行平均贷款期限变化趋势来看,国有大型商业银行平均贷款期限基本呈现下降趋势。股份制银行平均贷款期限在2015年之前呈现稳中有升的变化趋势,2015年达到阶段性高点,2016年开始出现明显下降,从2015年的5.52年下降至2020年的1.63年,后者仅为前者的1/3左右。其他中小银行平均贷款期限自2004年一直保持波动下降趋势,平均贷款期限最长的年份为2010年,为3.49年;平均贷款期限最短的年份为2020年,为1.39年,比前者低2.10年。

表7.3　　　　　　　不同类型银行平均贷款期限　　　　　　　单位:年

年度	国有大型商业银行	股份制银行	其他中小银行
2004	5.21	2.76	2.36
2005	4.96	3.06	3.36
2006	4.83	3.15	2.84
2007	4.96	2.89	3.03
2008	4.29	3.17	2.45
2009	4.57	3.19	3.34
2010	4.36	3.38	3.49
2011	3.44	3.60	2.98
2012	3.75	3.49	3.28
2013	4.18	3.33	3.17
2014	4.61	3.53	2.88
2015	4.86	5.52	3.23
2016	4.12	2.57	1.92

续表

年度	国有大型商业银行	股份制银行	其他中小银行
2017	3.57	2.43	2.38
2018	3.11	3.22	2.42
2019	2.49	2.03	2.13
2020	2.11	1.63	1.39

资料来源：笔者整理。

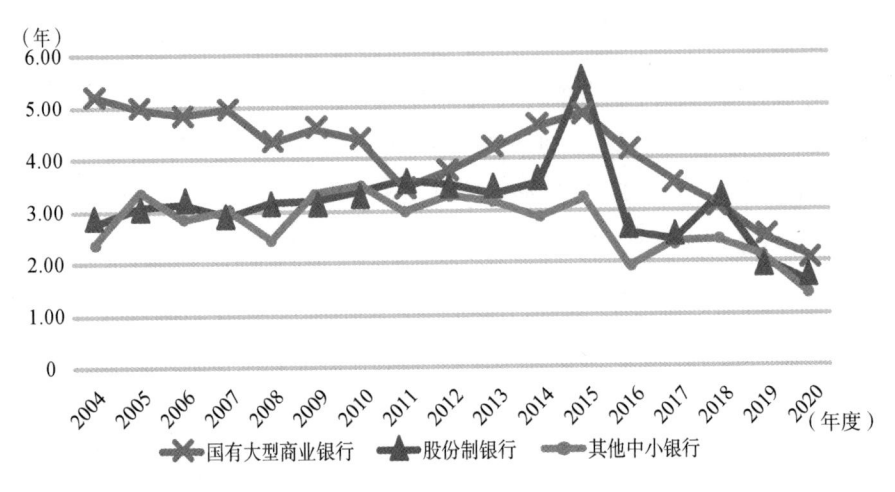

图7.3　不同类型银行平均贷款期限变化趋势

资料来源：笔者整理。

第三节　信用增级

一　信用增级强度

从表7.4和图7.4给出的不同类型银行贷款平均信用增级强度看，2004—2020年，上市公司不同类型银行贷款的平均信用增级强度的变化趋势略有差异。

第一，从时间趋势上看，各类银行贷款平均信用增级强度在整个样本区间内基本呈现波动的变化趋势，并且在2020年趋于一致。其中，国有大型商业银行贷款平均信用增级强度从2004年的1.77变化至2020年的1.91，2006年、2010年、2014年和2016年分别达到阶段性峰值；股份制银行贷款平均信用增级强度从2004年的1.46变化至2020年的1.95，2005年、2011年、2012年和2015年分别达到阶段性峰值；其他中小银行贷款平均信用增级强度从2004年的1.61变化至2020年的1.93，2007年、2008年、2012年和2015年分别达到阶段性峰值。2015年以来其他中小银行贷款平均信用增级强度出现较大下降趋势可能的原因在于，金融科技应用降低了其他中小银行对上市公司传统信用增级措施的依赖。

第二，从整体样本区间看，不同类型银行贷款平均信用增级强度呈现出一定的差异。2012年以来，其他中小银行贷款平均信用增级强度基本要高于国有大型商业银行和股份制银行的贷款平均信用增级强度（除2014年、2016年和2020年外）。2012—2020年，其他中小银行贷款平均信用增级强度为1.97，而同一时期的国有大型商业银行和股份制银行贷款平均信用增级强度分别为1.90和1.88。这个结果表明其他中小银行在发放贷款时，比较依赖于上市公司提供的信用增级措施，而国有大型商业银行和股份制银行则逐渐降低了对上市公司信用增级措施的要求。进一步分析，2012—2020年，国有大型商业银行贷款平均信用增级强度略高于股份制银行，但差异并不明显。出现这个差异可能有两个原因：一是与金融科技快速应用和发展有关。与其他中小银行不同，国有大型商业银行和股份制银行在科技、人才等方面颇具优势，它们能快速将金融科技手段应用到贷款业务风险控制中，不断提升风控能力，逐渐降低对抵质押、担保、保证等信用增级措施的要求；而很多中小银行在人才、科技和风险控制等方面都还处于起步阶段，在开展业务中仍较多依赖于传统的信用增级措施。二是与不同类型银行选择客户群体有关。与国有大型商业银行和股份制银行相比,其他中小银行更多聚焦于"三农"、小微企业和民营企业。从上市公司看,其他中小银行选择的上市公司客户资产规模平均来说也要小于国有大型商业银行和股份制银行,这些企业的风险相较于大企业客户可能更高。

表7.4 不同类型银行贷款平均信用增级强度

年度	国有大型商业银行	股份制银行	其他中小银行
2004	1.77	1.46	1.61
2005	1.87	2.04	1.83
2006	1.93	1.76	1.94
2007	1.88	1.87	2.00
2008	1.87	1.80	2.00
2009	1.85	1.79	1.80
2010	1.91	1.73	1.85
2011	1.88	1.81	1.82
2012	1.84	1.92	1.98
2013	1.87	1.79	1.90
2014	1.98	1.89	1.96
2015	1.85	1.90	2.12
2016	1.96	1.85	1.89
2017	1.86	1.84	2.00
2018	1.89	1.85	1.97
2019	1.91	1.93	2.00
2020	1.91	1.95	1.93

资料来源:笔者整理。

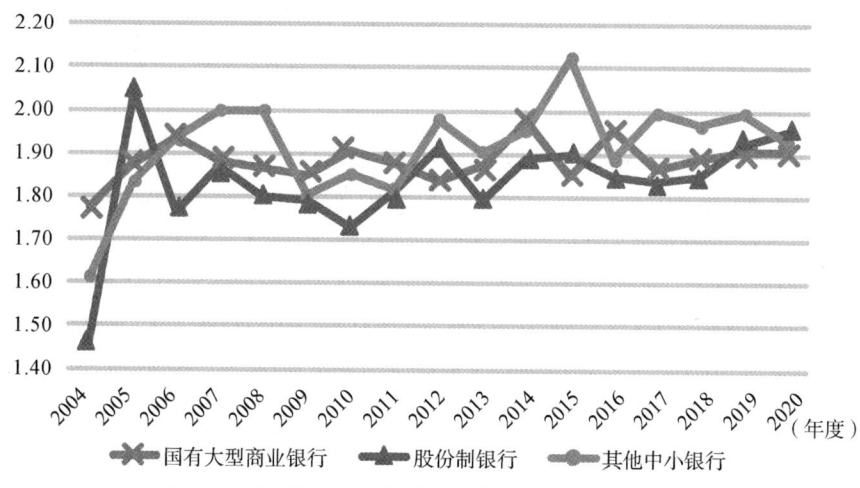

图 7.4　不同类型银行贷款平均信用增级强度变化趋势

资料来源：笔者整理。

二　非信用贷款占比

从表 7.5 和图 7.5 给出的不同类型银行平均非信用贷款占比看，2004—2020 年，上市公司在不同类型银行平均非信用贷款占比的变化趋势略有差异，基本与信用增级强度类似。

首先，从时间趋势上来看，在 2006 年之前，不同类型银行发放贷款中平均非信用贷款占比呈现一定的上升趋势；2007—2014 年，平均非信用贷款占比基本保持平稳；从 2015 年开始这一比例又出现了明显的下降，2018 年之后开始趋于一致。从具体数据看，国有大型商业银行的平均非信用贷款占比从 2004 年的 75.11% 变化至 2020 年的 80.68%，2006 年和 2014 年分别达到阶段性峰值；股份制银行的平均非信用贷款占比从 2004 年的 45.83% 变化至 2020 年的 83.80%，2005 年、2012 年和 2015 年分别达到阶段性峰值；其他中小银行的平均非信用贷款占比从 2004 年的 61.11% 变化至 2020 年的 84.50%，2007 年、2012 年和 2015 年分别达到阶段性峰值。上述趋势反映出近年来三类银行逐渐增加了非信用贷款数量，这与近年来三类银行对信用增级措施要求的弱化有关。

其次，从不同类型银行来看，在整个样本区间内，不同类型银行的平均非信用贷款占比呈现出一定差异。2012年以来，其他中小银行的平均非信用贷款占比要明显高于国有大型商业银行和股份制银行的平均非信用贷款占比（除2020年外）。具体看，2012—2020年，其他中小银行的平均非信用贷款占比为86.80%，而同一时期的国有大型商业银行和股份制银行的平均非信用贷款占比分别为78.08%和79.98%，比其他中小银行分别低了8.72个百分点和6.82个百分点。2018—2020年，其他中小银行的平均非信用贷款占比与国有大型商业银行和股份制银行的差距开始明显缩小。总体来看，2012年以来不同类型银行在平均非信用贷款占比上出现差异主要与各个银行对贷款风控能力上的不同有关。与国有大型商业银行和股份制银行不同，其他中小银行的金融科技和数字化转型还处于起步阶段，利用金融科技手段化解贷款风险的能力还不够成熟，在贷款发放过程中更多依赖于借款人的信用增级和其他"硬信息"，导致其非信用贷款占比要明显高于国有大型商业银行和股份制银行。

表7.5　　　　　不同类型银行平均非信用贷款占比　　　　单位:%

年度	国有大型商业银行	股份制银行	其他中小银行
2004	75.11	45.83	61.11
2005	83.92	83.33	83.33
2006	87.62	76.24	93.55
2007	78.55	80.43	100.00
2008	81.36	73.10	89.01
2009	80.23	73.10	73.91
2010	79.75	71.07	82.72
2011	77.94	75.27	81.01

续表

年度	国有大型商业银行	股份制银行	其他中小银行
2012	76.49	85.78	91.55
2013	74.07	73.11	87.50
2014	84.45	82.18	84.95
2015	75.95	87.33	95.35
2016	76.32	75.80	82.76
2017	74.63	73.37	85.00
2018	78.33	75.32	82.90
2019	81.78	83.10	86.69
2020	80.68	83.80	84.50

资料来源：笔者整理。

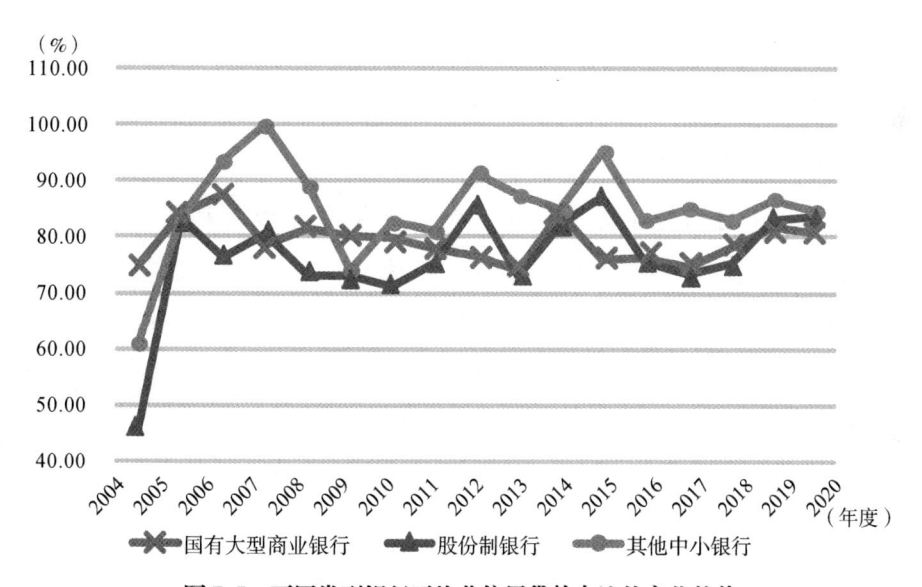

图 7.5　不同类型银行平均非信用贷款占比的变化趋势

资料来源：笔者整理。

第四节　贷款额度

从表 7.6 和图 7.6 给出的不同类型银行平均贷款额度看，

2004—2020年，上市公司在不同类型银行的平均贷款额度和变化趋势基本保持一致。

首先，从平均贷款额度看，在三类银行中，股份制银行的平均贷款额度最高，为3.02%；国有大型商业银行次之，为2.53%；其他中小银行最低，为2.01%。从变化幅度看，国有大型商业银行的平均贷款额度从2004年的5.07%下降到2020年的1.04%，下降了4.03个百分点；股份制银行平均贷款额度从2004年的11.48%下降到2020年的1.58%，下降了9.90个百分点；其他中小银行平均贷款额度从2004年的5.92%下降到2020年的0.95%，下降了4.97个百分点。可以看到，股份制银行平均贷款额度下降的幅度最为明显，国有大型商业银行平均贷款额度下降的幅度最小。

其次，从平均贷款额度的变化趋势看，三类银行在样本期内均表现出明显的下降趋势。2006年之前，三类银行的平均贷款额度呈现直线式的下降趋势，2007—2011年出现稍微小幅度的波动，2012年之后基本趋于稳定。国有大型商业银行和股份制银行平均贷款额度出现明显的下降趋势可能与借款人的资产规模不断上升有关，而其他中小银行平均贷款额度出现明显的下降趋势可能与其他中小银行数量的增加以及上市公司本身资产规模的增长有关。

表7.6　　　　　　　　不同类型银行平均贷款额度　　　　　　　　单位:%

年度	国有大型商业银行	股份制银行	其他中小银行
2004	5.07	11.48	5.92
2005	3.68	6.79	1.82
2006	2.91	2.32	1.33
2007	5.00	3.33	2.15
2008	3.98	2.98	1.95
2009	3.76	4.57	2.17

续表

年度	国有大型商业银行	股份制银行	其他中小银行
2010	3.60	3.25	2.36
2011	1.51	1.59	1.85
2012	1.55	2.00	2.47
2013	1.48	2.23	2.22
2014	1.15	1.35	1.30
2015	1.28	1.21	1.92
2016	2.27	1.59	1.25
2017	1.26	1.34	1.54
2018	1.87	1.80	1.31
2019	1.55	1.86	1.74
2020	1.04	1.58	0.95

资料来源：笔者整理。

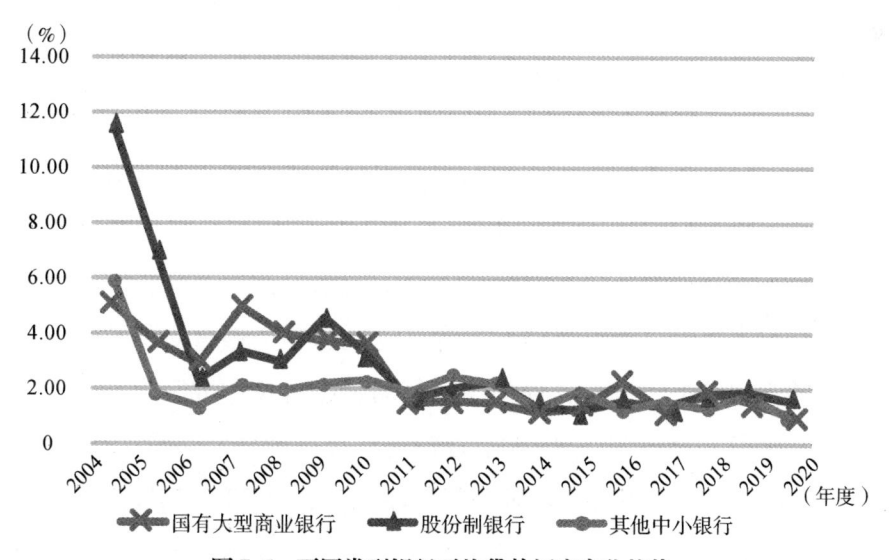

图7.6 不同类型银行平均贷款额度变化趋势

资料来源：笔者整理。

第五节 小结

总体上看，银行类型对上市公司的信贷融资条件有重要的影响，并且这种影响具有明显的差异，主要表现在以下几个方面。

第一，国有大型商业银行平均贷款成本在三类银行中总体上最低，股份制银行次之，其他中小银行最高。从贷款利率水平看，国有大型商业银行在考察期内的平均贷款利率最低，为5.60%；股份制银行次之，为5.84%；其他中小银行平均贷款利率最高，为6.43%，分别比国有大型商业银行和股份制银行高0.83个百分点和0.59个百分点。从贷款利差看，考察期内国有大型商业银行平均贷款利差为-0.08%，说明其平均贷款利率要低于基准利率；其次为股份制银行，为0.18%；其他中小银行平均贷款利差最高，为0.64%。其他中小银行比国有大型商业银行和股份制银行的平均贷款利差水平分别高0.72个百分点和0.46个百分点。

第二，三类银行平均贷款期限基本呈下降趋势，国有大型商业银行平均贷款期限的下降幅度最大，贷款短期化趋势更为明显。

第三，其他中小银行对信用增级的要求总体上最高，在平均非信用贷款占比上三类银行略有差异，这既与各类银行对贷款风控能力上的不同有关，也与其他中小银行的金融科技和数字化转型还处于起步阶段、贷款风险控制能力较弱、更依赖于信用增级和其他"硬信息"有关。不过，这种差异并不明显，且2018年以来呈现一定的趋同趋势。之所以出现这种情况，可能与样本贷款合约的借款主体为上市公司有关。由于上市公司信用等级总体上较高，信用风险相对较低，各类银行在向上市公司提供贷款时，所要求提供的信用增级措施也非常接近。

第四，三类银行平均贷款额度在考察期内均表现出明显的下降趋势。其中，国有大型商业银行和股份制银行平均贷款额度出现明显的下降趋势可能与借款人的资产规模不断上升有关，而其他中小银行平均贷款额度出现明显的下降趋势可能与其他中小银行数量的增加以及上市公司本身资产规模的增长有关。

第八章

不同所有权性质上市公司信贷融资条件

中国实行的是以公有制为主体、多种所有制经济共同发展的基本经济制度。国有企业在中国经济社会发展中起到了非常重要的作用。与公有制经济不同，非公有制经济是改革开放以来在党的方针政策指引下发展起来的。从上市公司情况来看，国有上市公司在全体上市公司中占了很大的比重。从本书看，本书涉及的2010家上市公司中，国有上市公司为722家，民营上市公司为1288家，民营上市公司占了更大的比重（64.08%）。本章中，我们将针对不同所有权性质的上市公司在信贷融资条件上的差异进行比较和分析。之所以对不同所有权性质的上市公司的信贷融资条件进行分析，主要有以下三个方面的原因。

首先，与民营上市公司相比，国有上市公司资产规模较大、抵抗风险能力较强。改革开放以来，国有企业对中国经济的"奇迹式"增长发展起了非常重要的作用。为进一步提高核心竞争力，通过一部分本身资产规模大、经营业绩好、抵抗风险能力强的国有企业在资本市场上市是国有企业改革的一项重要措施。为满足上市要求，大量国有企业通过并购重组、剥离不良资产等途径来提高经营业绩和风险抵御能力。在这种情况下，上市后的国有企业比民营上市公司更具有优势,并且这种天然的差异将进一步导致其信贷融资条件的不同。

其次,与民营上市公司相比,预算软约束可以降低国有上市公司的违约风险。所谓的预算软约束是指如果一个企业的支出超过其所获得的收益时,企业不但没有进行清算破产,反而会被通过财政手段(如通过政府预算支出或者税收减免进行救助)、信贷手段(包括对困境公司提供优惠贷款等)、间接手段(如政府可以对陷入困境的公司减少行政限制)等救助而得以持续存活(Kornai et al., 2003)。大量研究表明,国有企业具有中央和地方政府的隐性保护,普遍存在着预算软约束问题(Kornai, 1979; Kornai et al., 2003;林毅夫和李志赟,2004;田利辉,2005;王俊秋和倪春晖,2012;戴国强和钱乐乐,2017)。事实上,与民营上市公司相比,商业银行在向有预算软约束的国有上市公司提供贷款时,其面临的信用风险一般较低,由此所产生的信贷融资条件也优于民营上市公司。

最后,以国有银行为主的金融体系对民营上市公司存在一定的"信贷歧视"。根据2020年银行业总资产、总负债统计报表显示,国有大型商业银行资产在银行体系中的份额达到了40.20%[①]。在考虑地方性商业银行之后,国有资本控股的商业银行在银行体系中的资产份额将变得更高。新中国成立以来,国有银行与国有企业之间存在千丝万缕的联系。理论研究表明,国有银行更倾向于向资产规模大、有政府兜底的国有企业提供信贷资金,而对民营企业存在一定的"信贷歧视"(Brandt and Li, 2007; Ge and Qiu, 2007;李广子和刘力,2009)。在这种情况下,即使其他条件相同,国有上市公司在信贷融资条件上也会与民营上市公司存在些许的差异。

---

① 数据来源:http://www.cbirc.gov.cn/cn/view/pages/index/index.html。

第一节 贷款成本

一 贷款利率

从表 8.1 和图 8.1 给出的上市公司平均贷款利率情况看，2004—2020 年，不同所有权性质的上市公司平均贷款利率水平和变化趋势存在系统性差异。

首先，从上市公司的平均贷款利率水平看，民营上市公司的平均贷款利率总体上高于国有上市公司。从具体的数值来看，国有上市公司在考察期内的平均贷款利率为 5.64%，民营上市公司在考察期内的平均贷款利率为 5.93%，两者相差 0.29 个百分点，意味着民营上市公司通过银行融资的贷款成本平均每年要比国有上市公司高 0.29 个百分点。

其次，无论从时间跨度还是从数值来看，民营上市公司平均贷款利率水平高于国有上市公司都呈现系统性特征。在考察期内民营上市公司的平均贷款利率水平在绝大多数年份中均高于国有上市公司（除 2009 年略低于 0.02 个百分点外）。从相差程度看，2006 年民营上市公司与国有上市公司平均贷款利率水平的相差程度最大，前者比后者高出了 0.76 个百分点；2020 年民营上市公司与国有上市公司平均贷款利率水平的相差程度最小，前者比后者高出了 0.03 个百分点，这可能与 2019 年暴发的新冠肺炎疫情影响了整个金融行业以及金融行业的信贷融资条件有关。而 2009 年出现民营上市公司平均贷款利率略低于国有上市公司的情况可能与暴发的国际金融危机有关。

最后，从上市公司平均贷款利率的变化趋势看，国有上市公司和民营上市公司在平均贷款利率水平的差异上呈现一定的周期效应。具体来看，2008—2009 年、2016 年以及 2019—2020 年，国有上市公司和民营上市公司在平均贷款利率上的差异相对较小。而在其他年份，民营上市公司与国有上市公司在平均贷款利率上的差异比较明显，基本高于0.15%。值得注意的是，2018年民营上市公司与国有上市公司在平均贷款利率上的差距有所加大，2018年民营上市公司的平均贷款利率水平比国有上市公司的平均贷款利率水平高出0.60个百分点，仅次于2006年和2014年。这个结果表明民营上市公司在该时间段内的融资成本有了一定程度的恶化。

表8.1　　　　不同所有权性质上市公司平均贷款利率　　　　单位:%

年度	国有	民营	差值
2004	5.83	6.25	0.42
2005	6.00	6.16	0.16
2006	5.70	6.46	0.76
2007	6.50	6.71	0.21
2008	6.45	6.51	0.06
2009	5.55	5.53	-0.02
2010	5.67	5.84	0.17
2011	6.49	6.72	0.23
2012	6.40	6.85	0.45
2013	6.19	6.61	0.42
2014	5.85	6.51	0.66
2015	5.08	5.47	0.39
2016	4.77	4.89	0.12
2017	4.73	5.07	0.34
2018	5.12	5.72	0.60
2019	5.01	5.06	0.05
2020	4.47	4.50	0.03

资料来源：笔者整理。

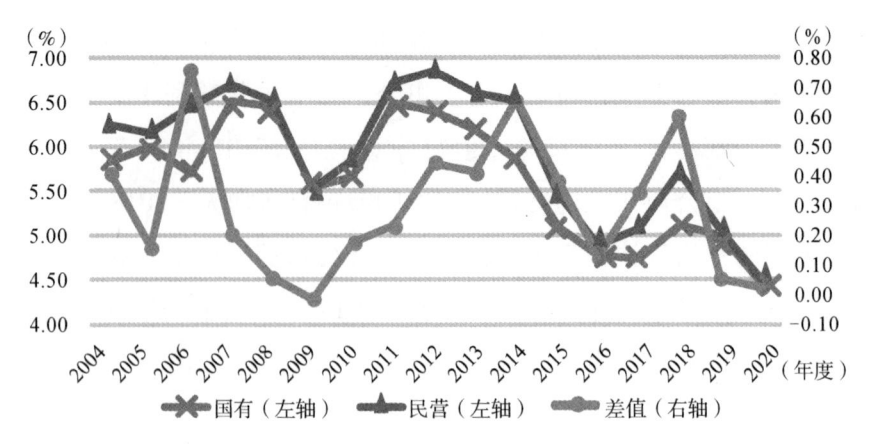

图 8.1 不同所有权性质上市公司平均贷款利率变化趋势

资料来源：笔者整理。

二 贷款利差

从表 8.2 和图 8.2 给出的上市公司平均贷款利差情况看，2004—2020 年，不同所有权性质的上市公司平均贷款利差和变化趋势呈现以下特征。

首先，从上市公司的平均贷款利差水平看，民营上市公司的平均贷款利差总体上高于国有上市公司。从具体的数值看，国有上市公司在考察期内的平均贷款利差为 -0.05%，民营上市公司在考察期内的平均贷款利差为 0.21%，后者比前者高出 0.26 个百分点。值得注意的是，国有上市公司的平均贷款利差为负，说明国有上市公司的平均贷款利率水平要低于基准利率水平。

其次，无论从时间跨度还是从数值来说，民营上市公司平均贷款利差高于国有上市公司平均贷款利差的趋势都呈现系统性特征。在考察期内，民营上市公司的平均贷款利差基本均高于国有上市公司的平均贷款利差（除 2020 年略低于 0.09 个百分点外）。从相差程度来看，2014 年民营上市公司与国有上市公司平均贷款利差的相差程度最大，前者比后者高出了 0.77 个百分点；2005 年民营上市公司与国有上市公司平均贷款利差的相差程度最小,前者比后者仅高出了0.04个百分点。

最后,从上市公司平均贷款利差的变化趋势看,国有上市公司和民营上市公司在平均贷款利差上的差异也呈现一定的周期效应。具体来看,2006年和2014年,国有上市公司和民营上市公司在平均贷款利差上的差异值达到峰值,与平均贷款利率反映的趋势基本一致。2017年以来,民营上市公司和国有上市公司在平均贷款利差上的差异呈现明显的下降趋势,说明民营上市公司在该时间段内的融资成本有一定程度的缓解。值得注意的是,2019年民营上市公司和国有上市公司在平均贷款利差上的差异为0.13个百分点,2020年为-0.09个百分点,说明2020年国有上市公司的平均贷款利差反而要大于民营上市公司的平均贷款利差。

表8.2　　　　　不同所有权性质上市公司平均贷款利差　　　　单位:%

年度	国有	民营	差值
2004	0.14	0.48	0.34
2005	0.17	0.21	0.04
2006	-0.41	0.27	0.68
2007	-0.65	-0.49	0.16
2008	-0.34	-0.26	0.08
2009	-0.06	0.00	0.06
2010	-0.14	0.07	0.21
2011	0.15	0.35	0.20
2012	-0.05	0.35	0.40
2013	0.04	0.32	0.28
2014	-0.35	0.42	0.77
2015	-0.35	-0.06	0.29
2016	-0.16	0.16	0.32

续表

年度	国有	民营	差值
2017	0.02	0.36	0.34
2018	0.45	0.75	0.30
2019	0.34	0.47	0.13
2020	0.30	0.21	-0.09

资料来源：笔者整理。

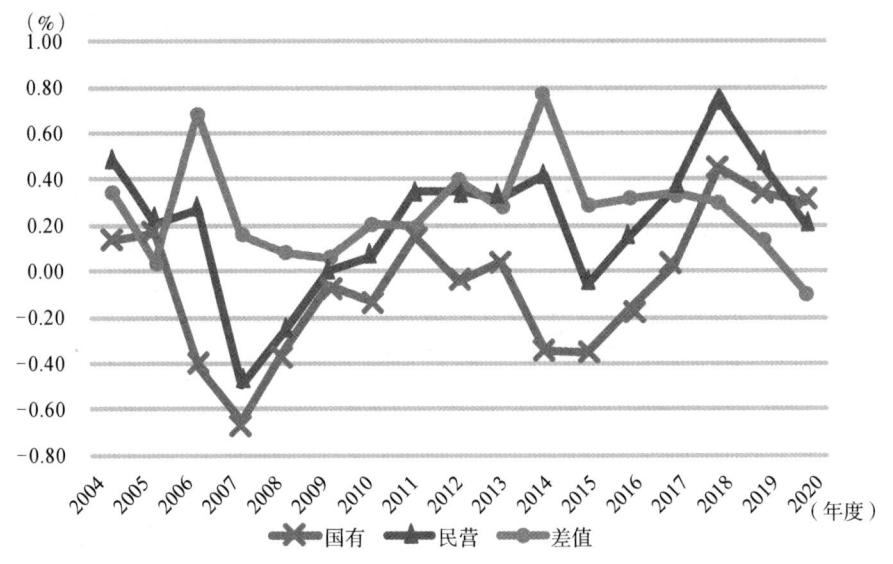

图8.2　不同所有权性质上市公司平均贷款利差变化趋势

资料来源：笔者整理。

第二节　贷款期限

从表8.3和图8.3给出的上市公司平均贷款期限看，2004—2020年，不同所有权性质的上市公司在平均贷款期限及变化趋势上存在一定差异，具体表现为以下两个方面。

第一，国有上市公司的平均贷款期限要明显高于民营上市公司的平均贷款期限，并且呈现系统性的差异。从平均贷款期限的数值看,考察期内国有上市公司平均贷款期限为4.18年,民营上市公司平均贷款期限为3.46年,两者相差0.72年。这个结果表明,国有上市公司能获得比民营上市公司期限较长的银行贷款。从两者的差异程度看,在17年的考察期内,民营上市公司的平均贷款期限在大多数年份均低于国有上市公司(除2005年和2019年外)。从相差程度看,2014年民营上市公司与国有上市公司平均贷款期限的相差程度最大,后者比前者高出了1.45年;2020年民营上市公司与国有上市公司平均贷款期限的相差程度最小,后者比前者仅高出了0.08年。

第二,从上市公司平均贷款期限的变化趋势看,无论是国有上市公司还是民营上市公司,其平均贷款期限均呈现明显的下降趋势,并且这种趋势呈现一定的周期性。具体来看,国有上市公司的平均贷款期限从2004年的5.41年下降至2020年的1.82年,下降了3.59年;民营上市公司平均贷款期限从2004年的4.98年下降至2020年的1.74年,下降了3.24年。这个结果表明不同所有权性质的上市公司都面临着较为明显的贷款短期化趋势。进一步从变化趋势看,2006—2013年,民营上市公司与国有上市公司在平均贷款期限上的差异基本呈现下降趋势;而自2013年后,民营上市公司与国有上市公司在平均贷款期限上的差异呈现先上升后下降的变化趋势,2020年又呈现略微上升的变化趋势。

表8.3　　　　　不同所有权性质上市公司平均贷款期限　　　　单位:年

年度	国有	民营	差值
2004	5.41	4.98	0.43
2005	4.77	5.22	-0.45
2006	5.27	3.85	1.42
2007	4.93	3.89	1.04
2008	4.47	3.29	1.19

续表

年度	国有	民营	差值
2009	4.53	3.68	0.85
2010	4.42	3.69	0.73
2011	3.80	3.01	0.79
2012	4.00	3.32	0.68
2013	4.01	3.69	0.32
2014	4.93	3.48	1.45
2015	5.30	4.29	1.01
2016	4.13	2.81	1.33
2017	3.66	2.72	0.94
2018	3.42	2.83	0.60
2019	2.13	2.29	-0.16
2020	1.82	1.74	0.08

资料来源：笔者整理。

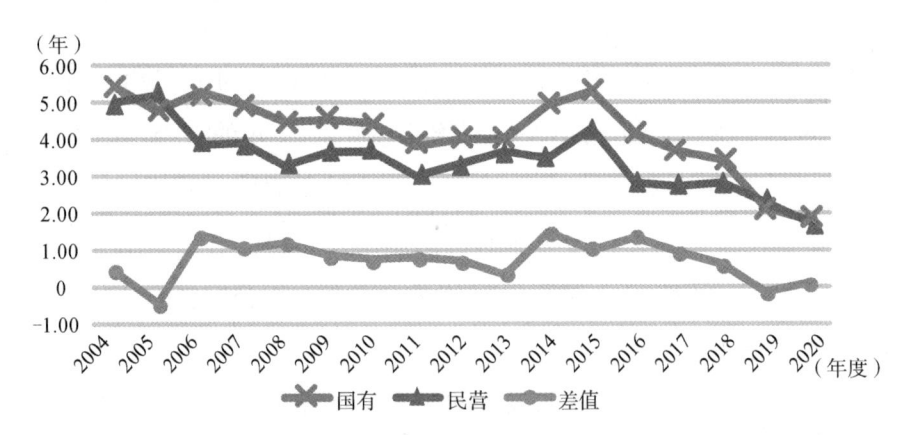

图 8.3　不同所有权性质上市公司平均贷款期限变化趋势

资料来源：笔者整理。

第三节　信用增级

一　信用增级强度

从表 8.4 和图 8.4 给出的上市公司贷款平均信用增级强度看，2004—2020 年，不同所有权性质的上市公司贷款平均信用增级强度及其变化趋势也存在差异。

首先,从平均信用增级强度的数值看,国有上市公司贷款平均信用增级强度要低于民营上市公司。具体而言,2004—2020年,国有上市公司贷款平均信用增级强度为1.83,民营上市公司贷款平均信用增级强度为1.93,前者比后者低0.10。这说明商业银行在向民营上市公司和国有上市公司提供贷款时会采取不同的信用增级措施。由于民营上市公司的贷款风险一般高于国有上市公司的贷款风险,其经常被商业银行要求提供更高强度和更严苛的信用增级措施。

其次,从平均信用增级强度的变化趋势看,国有上市公司和民营上市公司贷款平均信用增级强度均呈现一定的周期性特征。具体而言,2004—2006年,民营上市公司与国有上市公司贷款平均信用增级强度的差异不太明显,特别在2004年和2005年,国有上市公司贷款平均信用增级强度还略高于民营上市公司。与之不同的是,2007—2016年,民营上市公司贷款平均信用增级强度明显高于国有上市公司。2007—2012年,民营上市公司与国有上市公司在贷款平均信用增级强度上的差异基本呈上升趋势,并且在2010年和2012年达到阶段性峰值;而2013—2016年,民营上市公司与国有上市公司在贷款平均信用增级强度上的差异呈现下降趋势。总体来看,商业银行在这一时期对国有上市公司的贷款条件比民营上市公司宽松。2017年以来,民营上市公司和国有上市公司在平均信用增级强度上的差异呈现先减小后增大的变化趋势,2017—2018年,民营上市公司贷款平均信用增级强度低于国有上市公司贷款平均信用增级强度,这在一定程度上可以反映出民营企业融资条件的改善以及国家对民营企业的重视程度;而2019—2020年,受新冠肺炎疫情影响,民营企业业绩略有下滑,商业银行不得不要求民营上市公司提供更为严苛的信用增级措施以防控信贷风险。

表8.4 不同所有权性质上市公司贷款平均信用增级强度

年度	国有	民营	差值
2004	1.79	1.69	-0.10
2005	1.93	1.85	-0.08
2006	1.88	1.95	0.07
2007	1.84	1.95	0.11
2008	1.81	1.91	0.10
2009	1.75	1.94	0.18
2010	1.72	1.99	0.27
2011	1.76	1.95	0.19
2012	1.70	2.02	0.32
2013	1.73	1.97	0.24
2014	1.83	2.03	0.20
2015	1.87	1.95	0.08
2016	1.84	1.93	0.09
2017	1.96	1.85	-0.11
2018	1.95	1.87	-0.08
2019	1.92	1.94	0.02
2020	1.87	1.96	0.09

资料来源：笔者整理。

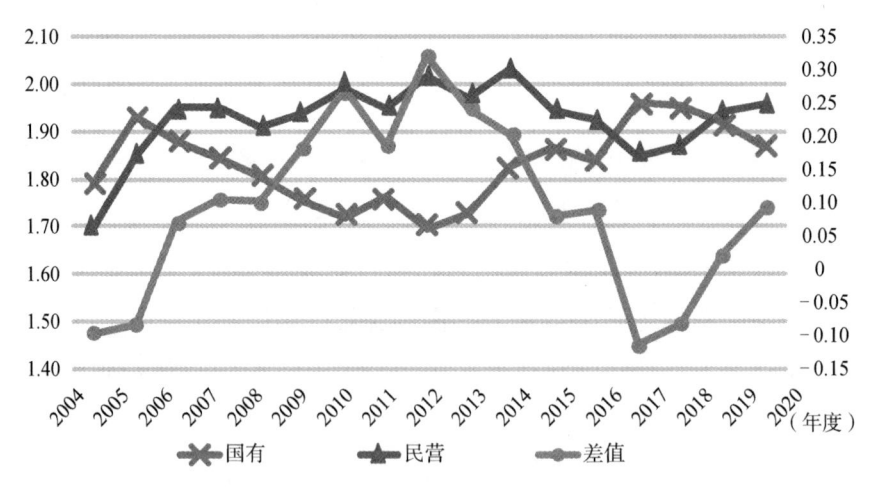

图8.4 不同所有权性质上市公司贷款平均信用增级强度变化趋势

资料来源：笔者整理。

二 非信用贷款占比

从表8.5和图8.5给出的上市公司平均非信用贷款占比看,不同所有权性质的上市公司在非信用贷款占比上同样存在差异,国有上市公司的非信用贷款占比要明显低于民营上市公司,该结果基本与信用增级强度结果保持一致。具体而言,2004—2020年,国有上市公司的平均非信用贷款占比为77.12%,而民营上市公司的平均非信用贷款占比为82.06%,前者比后者低4.94个百分点。进一步从时间变化趋势看,2015年之前,国有上市公司的平均非信用贷款占比要明显低于民营上市公司(除2004年、2005年)。其中,2012年的差异最大,国有上市公司平均非信用贷款占比较民营上市公司低22.55个百分点。2015年及以后,民营上市公司平均非信用贷款占比与国有上市公司的差异变得不明显,一些年份出现了国有上市公司的平均非信用贷款占比高于民营上市公司的情况,如2015年、2017年和2018年。这个结果表明,民营上市公司在2016年以来在改善信用增级措施方面取得了一些较好的进展。

表8.5　　不同所有权性质上市公司平均非信用贷款占比　　单位:%

年度	国有	民营	差值
2004	76.18	69.37	-6.81
2005	84.11	84.24	0.13
2006	83.14	89.85	6.71
2007	78.35	83.39	5.04
2008	76.82	81.36	4.54
2009	74.94	82.10	7.16
2010	69.41	85.85	16.44
2011	73.38	81.99	8.61
2012	67.99	90.54	22.55
2013	69.92	79.93	10.01

续表

年度	国有	民营	差值
2014	78.52	87.20	8.69
2015	83.47	80.82	-2.65
2016	74.23	78.29	4.06
2017	79.91	74.71	-5.20
2018	82.08	77.01	-5.07
2019	80.83	84.50	3.67
2020	78.80	84.56	5.76

资料来源：笔者整理。

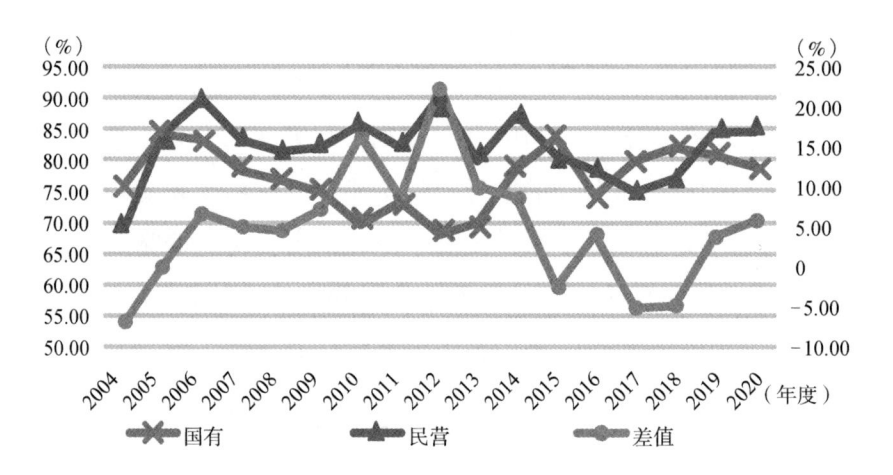

图 8.5 不同所有权性质上市公司平均非信用贷款占比变化趋势

资料来源：笔者整理。

第四节 贷款额度

从表 8.6 和图 8.6 给出的上市公司平均贷款额度看，不同所有权性质上市公司平均贷款额度和变化趋势基本保持一致。具体而言，2004—2020 年，国有上市公司平均贷款额度为 1.94%，而民营上市公司平均贷款额度为 3.25%，后者比前者高 1.31 个百分点，这个差值表明商业银行向民营上市公司发放贷款的相对额度要明显高于国有上市公司。出现这个结果的原因在于：民营上市公司资产规模较小，在逐笔贷款金额一定的情况下，贷款金额在民营上市公司总资产中的比重要高于在国有上市公司总资产中的比重。

进一步从时间变化趋势看，国有上市公司的平均贷款额度与民营上市公司之间的差异总体上呈现先上升后下降的倒"U"形变化趋势。2007年之前，国有上市公司的平均贷款额度与民营上市公司之间的差异基本呈现上升趋势，并且在2007年达到峰值7.15%。2007年之后，国有上市公司的平均贷款额度与民营上市公司的差异基本呈现略有波动的下降趋势，并且在2011年之后两者之间的差异不断缩小，呈现明显的收敛趋势。特别是2017年，民营上市公司平均贷款额度仅比国有上市公司高0.46个百分点，两者的差异非常小。出现这个结果可能与民营上市公司不断扩大的资产规模有关。

表8.6　　　　不同所有权性质上市公司平均贷款额度　　　　单位：%

年度	国有	民营	差值
2004	5.62	6.04	0.41
2005	4.07	3.89	-0.18
2006	2.74	2.82	0.08
2007	2.22	9.37	7.15
2008	2.33	5.06	2.73
2009	2.74	5.20	2.46
2010	2.15	4.66	2.52
2011	1.36	1.78	0.42
2012	1.53	1.96	0.43
2013	1.49	2.02	0.53
2014	0.96	1.43	0.47
2015	0.76	2.00	1.25

续表

年度	国有	民营	差值
2016	1.23	2.15	0.92
2017	1.01	1.47	0.46
2018	1.21	1.90	0.69
2019	0.83	2.07	1.24
2020	0.72	1.44	0.72

资料来源：笔者整理。

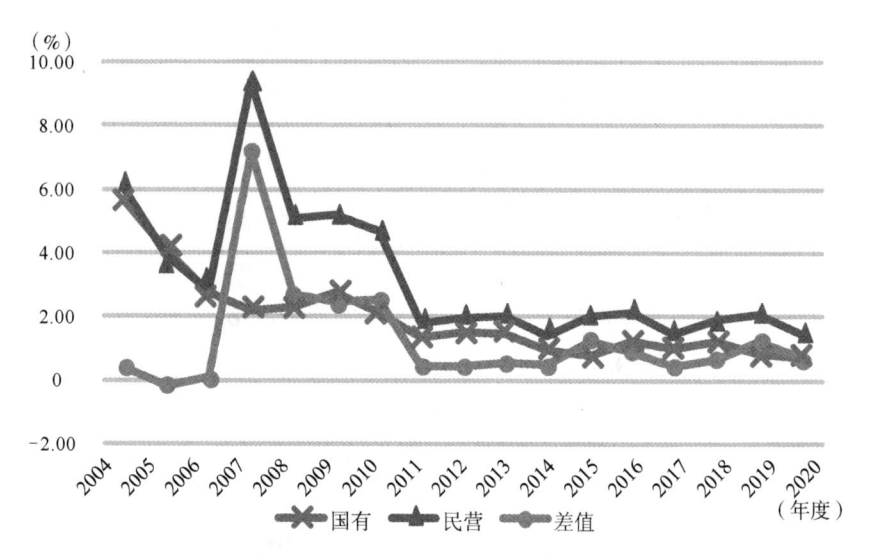

图8.6　不同所有权性质上市公司平均贷款额度变化趋势

资料来源：笔者整理。

第五节　小结

本章分析表明，所有权性质是影响上市公司信贷融资条件不可忽略的因素之一，且其对上市公司信贷融资条件产生了重要影响。主要表现在以下几个方面。

第一，民营上市公司的平均贷款成本要高于国有上市公司，且这种差异呈现明显系统性特征。从贷款利率来看，2004—2020年，国有上市公司在考察期内的平均贷款利率为5.64%，民营上市公司在考察期内的平均贷款利率为5.93%，两者相差0.29个百分点。从贷款利差来看，国有上市公司在考察期内的平均贷款利差为-0.05%，民营上市公司在考察期内的平均贷款利差为0.21%，两者相差0.26个百分点。国有上市公司的平均贷款利差为负值意味着其平均贷款利率要低于基准利率。

第二，虽然国有上市公司的平均贷款期限要明显高于民营上市公司的平均贷款期限，但两者均呈现周期性的下降趋势。考察期内，国有上市公司的平均贷款期限为4.18年，民营上市公司的平均贷款期限为3.46年，两者相差0.72年。这意味着国有上市公司能获得比民营上市公司期限更长的银行贷款。

第三，国有上市公司贷款的平均信用增级强度和非信用贷款占比总体上低于民营上市公司的平均信用增级强度和非信用贷款占比。从平均信用增级强度来看，考察期内的国有上市公司贷款的平均信用增级强度为1.83，民营上市公司贷款的平均信用增级强度为1.93，前者比后者低0.10；从非信用贷款占比来看，考察期内的国有上市公司的平均非信用贷款占比为77.12%，民营上市公司的平均非信用贷款占比为82.06%，前者比后者低4.94个百分点。上述结果表明，商业银行在向民营上市公司和国有上市公司提供贷款时会采取不同的信用增级措施。由于民营上市公司的贷款风险一般高于国有上市公司的贷款风险，其经常被商业银行要求采取更高强度和更严苛的信用增级措施。

第四，2018年以来，国有上市公司贷款信用增级措施有所下降，而民营上市公司贷款信用增级措施有所增强，反映了在经营业绩下行的背景下，商业银行对民营上市公司风险偏好的下降。

第五，国有上市公司的平均贷款额度要低于民营上市公司。考察期内，国有上市公司和民营上市公司平均贷款额度分别为 1.94%和 3.25%，后者比前者高 1.31 个百分点。之所以出现这种情况，可能与民营上市公司资产规模较小有关。

第六，从变化趋势来看，近年来民营上市公司与国有上市公司在信贷融资条件上的差异逐渐呈现一定的"收敛"趋势，说明与国有上市公司相比民营上市公司信贷融资条件有所改善。从贷款成本来看，2019 年以来，受新冠肺炎疫情影响，国有上市公司和民营上市公司在平均贷款利率和平均贷款利差上的差异较之前有所减少。从贷款期限来看，2006—2013 年，民营上市公司与国有上市公司在平均贷款期限上的差异基本呈现下降趋势；而自 2013 年后，民营上市公司与国有上市公司在平均贷款期限上的差异呈现先上升后下降的变化趋势，2020 年又呈现略微上升的变化趋势。

第九章

不同规模上市公司信贷融资条件

目前，中国的4600多家上市公司的资产规模存在很明显的差异，既有资产规模超过万亿元的巨无霸公司，也有资产规模低于1亿元的小公司。那么，不同资产规模的上市公司信贷融资条件是否也存在一定差异？鉴于此，本章将针对不同资产规模的上市公司在信贷融资条件方面的差异进行比较和分析。中小企业融资难、融资贵问题一直是困扰理论界和学术界的一个难点（林毅夫和李永军，2001；谭之博和赵岳，2012；张晓玫和潘玲，2013；de la Torre et al.，2010；Berger and Black，2011）。虽然本书主要以资产规模较大的上市公司为样本来进行分析，但是通过对比不同资产规模上市公司信贷融资条件的差异，也能为我们进一步探究和挖掘中小企业融资难、融资贵等问题提供一定的研究思路。之所以对不同资产规模的上市公司的信贷融资条件进行分析，我们主要考虑了以下几个原因。

首先，大量研究表明，资产规模是影响上市公司偿债能力的一个重要因素。一方面，从理论上看，资产规模越小，企业抵抗风险能力就会越弱，偿债能力就越弱；另一方面，已有文献表明，资产规模会对反映企业财务风险的 Altman Z 值产生重要影响（Altman，1968；Altman et al.，2014）。一般而言，当借款企业的资产规模越高，企业信用等级就越高，信贷融资条件可能越优惠。

其次，资产规模较小的企业在提供抵押品和信息透明程度等方面存在劣势。研究表明，信息不透明和信息不对称也是中小企业融资难的一个重要原因（张捷，2002；Beck and Demirguc - kunt，2006）。与资产规模较大的企业相比，由于资产规模较小的企业缺乏有效的合格抵押品和充分的信息披露及财务报表信息，导致其与商业银行之间信息不对称问题会更加严重，这在一定程度会加大商业银行对中小企业的信贷约束力度。

最后，不同资产规模的银行需要与不同资产规模的企业进行匹配。研究表明，不同资产规模的银行在提供信贷供给时会对不同规模的企业存在一定偏好。多位学者研究表明，中小银行在向中小企业发放贷款方面比大银行更具有优势，其更容易获取企业财务报表信息、抵押资产价值等"硬信息"之外的软信息（Stein，2002；Berger and Udell，2002）。这主要有两个方面的原因：一是作为地方性金融机构，中小银行设立的主要目的就是支持地方中小企业的发展，在与地方中小企业的业务合作中能更易获取企业的"软信息"；二是相比大银行而言，中小银行的层级比较单一，中小银行获取的借款企业主个人品德、员工工作满意度等"软信息"很容易在内部进行有效传递，这在一定程度上会加快信贷资金的发放进度（Berger and Udell，2002、2006）。因此，中小银行与中小企业具有较好的匹配性（Berger et al.，2001；Berger et al.，2005；Cole et al.，2004；Craig and Hardee，2007；林毅夫和李永军，2001）。

具体地，我们依据上市公司每年期末的资产规模大小将其平均分为三组：小公司、中等公司、大公司，在此基础上从贷款成本、贷款期限、信用增级、贷款额度四个方面对不同组上市公司的信贷融资条件进行比较。

第一节　贷款成本

一　贷款利率

从表9.1和图9.1给出的不同规模上市公司平均贷款利率情况来看，2004—2020年，不同规模上市公司平均贷款利率水平和变化趋势存在系统性差异。

首先，从平均贷款利率水平看，不同规模上市公司平均贷款利率水平有明显差异，资产规模越大，平均贷款利率越低，但这种关系并非是完全线性的。从具体的数值看，在考察期内小公司平均贷款利率为5.85%，中等公司平均贷款利率为5.80%，大公司平均贷款利率为5.72%。从这个结果来看，小公司平均贷款利率最高，大公司平均贷款利率最低，大公司平均贷款利率分别比小公司和中等公司低0.13个百分点和0.08个百分点。从平均贷款利率与上市公司资产规模之间的变化趋势看，两者并非是简单的线性关系，部分年份出现中等公司平均贷款利率同时高于小公司和大公司的情况。出现这个结果可能是因为，在三类不同规模的上市公司中，小公司虽然本身所承担的风险较大，但可能更容易获得定向降准、融资中的财政贴息、税收优惠等政策支持，导致其平均贷款利率在一些年度反而有可能低于规模较大的上市公司。

其次，从时间趋势上看，不同资产规模上市公司平均贷款利率走势基本保持一致，并且呈现一种波动下降的倒"U"形趋势。进一步来看，小公司的平均贷款利率在2016—2020年的波动幅度更为剧烈。从图9.1可以看到，不同规模上市公司的平均贷款利率在2018年达到阶段性高点之后，均出现了明显的下滑趋势，并趋于一致。2018年以来，小公司平均贷款利率从2018年的5.75%下降到2020年的4.52%，下降了1.23个百分点；中等公司平均贷款利率从 2018 年的 5.49% 下降到 2020 年的 4.50%，下降了 0.99 个百分点；大公司平均贷款利率从 2018 年的 5.38% 下降到 2020 年的 4.46%，下降了 0.92 个百分点。可以看到，2018 年以来小规模上市公司平均贷款利率下降得最为明显，中等公司次之，大上市公司下降幅度最小。上述结果表明，相对于资产规模较大的公司，2018 年以来小公司在贷款融资成本上有所改善，平均贷款利率出现了更大幅度的下降，这可能与近年来国家对中小企业的金融支持力度加大有关。

表 9.1　　　　　　不同规模上市公司平均贷款利率　　　　　单位:%

年度	小公司	中等公司	大公司
2004	6.00	6.02	5.82
2005	5.93	6.20	6.08
2006	6.36	5.79	6.10
2007	6.63	6.76	6.31
2008	6.60	6.56	6.30
2009	5.56	5.57	5.50
2010	5.74	5.82	5.72
2011	6.60	6.79	6.42
2012	6.68	6.69	6.51
2013	6.48	6.47	6.28
2014	6.45	6.08	6.26
2015	5.48	5.12	5.21
2016	4.58	4.92	5.00
2017	4.98	4.92	4.96
2018	5.75	5.49	5.38
2019	5.12	4.99	5.02
2020	4.52	4.50	4.46

资料来源：笔者整理。

第九章 不同规模上市公司信贷融资条件 ◇ 195

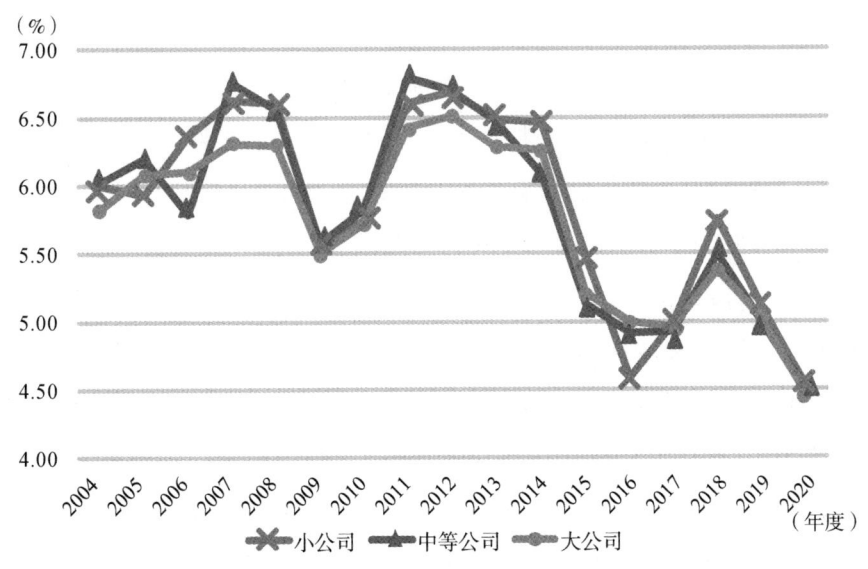

图9.1 不同规模上市公司平均贷款利率变化趋势

资料来源：笔者整理。

二 贷款利差

从表9.2和图9.2给出的不同规模上市公司平均贷款利差情况看，考察期内，在剔除贷款基准利率因素之后，不同规模上市公司的平均贷款利差和变化趋势基本与平均贷款利率情况类似。

首先，从上市公司的平均贷款利差水平看，不同资产规模的上市公司的平均贷款利差水平有明显差异。从具体的数据看，在考察期内小公司平均贷款利差为0.20%，中等公司平均贷款利差为0.11%，大公司平均贷款利差为-0.03%。其中，大公司平均贷款利差为负说明大公司平均贷款利率水平要低于基准贷款利率。在三类不同规模的上市公司中，小公司平均贷款利差最高，大公司平均贷款利差最低，大公司的平均贷款利差分别比小公司和中等公司低0.23个百分点和0.14个百分点。从平均贷款利差与上市公司资产规模之间的变化趋势看，两者也并非是简单的线性关系，有一些年份出现了中等公司的平均贷款利差高于小公司的情况。其可能的原因如前文所述。

其次,从时间趋势上看,不同资产规模上市公司平均贷款利差在样本期间的走势基本保持一致,并且小公司的平均贷款利差在2016—2020年的波动幅度更为明显。从近几年情况看,不同规模上市公司的平均贷款利差在2018年达到阶段性高点之后,又出现了明显的下滑趋势,并且差异逐渐减小。具体而言,2018年以来,小公司平均贷款利差从2018年的1.03%下降到2020年的0.36%,下降了0.67个百分点;中等公司平均贷款利差从2018年的0.70%下降到2020年的0.13%,下降了0.57个百分点;大公司平均贷款利差从2018年的0.39%下降到2020年的0.24%,下降了0.15个百分点。可以看到,2018年以来小公司平均贷款利差下降的最为明显,中等上市公司次之,大公司下降幅度最小,同样说明小公司信贷融资条件得到了改善。这一结果与前文中基于平均贷款利率的结果具有一致性。

表9.2　　　　　　　不同规模上市公司平均贷款利差　　　　单位:%

年度	小公司	中等公司	大公司
2004	0.30	0.38	0.00
2005	0.18	0.30	0.16
2006	0.20	-0.30	-0.12
2007	-0.43	-0.37	-0.99
2008	-0.10	-0.23	-0.53
2009	0.00	-0.01	-0.09
2010	-0.02	0.04	-0.12
2011	0.24	0.43	0.07
2012	0.21	0.21	0.05
2013	0.18	0.21	0.16
2014	0.36	0.00	0.08

续表

年度	小公司	中等公司	大公司
2015	0.04	-0.24	-0.40
2016	0.01	0.02	0.09
2017	0.44	0.24	0.14
2018	1.03	0.70	0.39
2019	0.43	0.42	0.44
2020	0.36	0.13	0.24

资料来源：笔者整理。

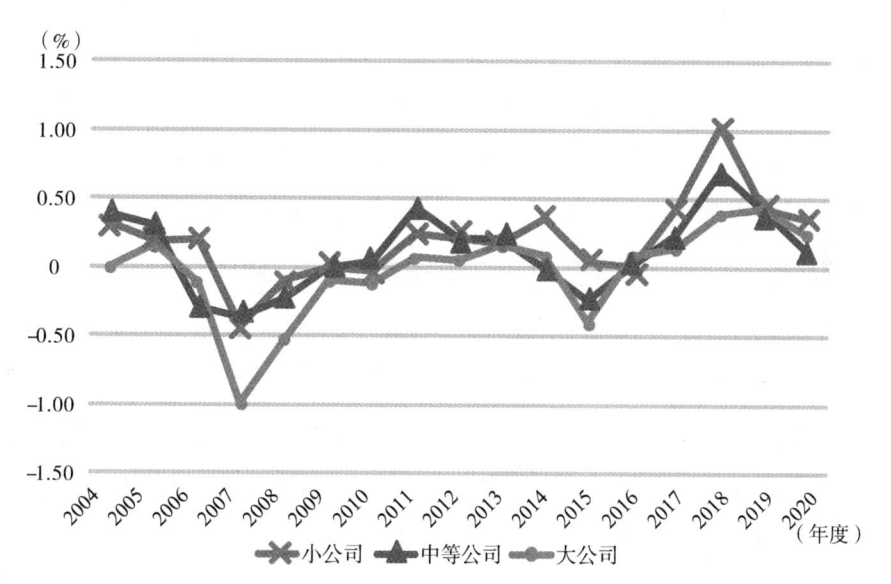

图9.2 不同规模上市公司平均贷款利差变化趋势

资料来源：笔者整理。

第二节 贷款期限

从表9.3和图9.3给出的上市公司平均贷款期限看，2004—2020年，不同规模上市公司在平均贷款期限及变化趋势上略有差异。

首先，从上市公司平均贷款期限看，不同资产规模上市公司平均贷款期限不同。从具体的数值看，小公司在考察期内的平均贷期限为 3.15 年,中等公司为 3.74 年,大公司为 4.54 年。从这个结果可以看出,借款企业资产规模与贷款期限之间存在着明显的线性关系,即上市公司资产规模越大,其平均贷款期限越长。在三类不同规模的上市公司中,小公司的平均贷款期限最低,大公司的平均贷款期限最高,大公司的平均贷款期限分别比小公司和中等公司长 1.39 年和 0.80 年,意味着商业银行向大公司发放的贷款期限一般较长。事实上,贷款期限越长说明商业银行对借款人的支持力度越大,这也从另外一个角度验证了商业银行在贷款期限上对小公司存在一定程度的歧视。

其次,从平均贷款期限的变化趋势看,不同资产规模上市公司平均贷款期限总体上均呈现明显的短期化趋势。其中,大公司的平均贷款期限从 2004 年的 8.16 年下降到 2020 年的 1.82 年,下降了 6.34 年;中等公司的平均贷款期限从 2004 年的 3.67 年下降到 2020 年的 1.85 年,下降了 1.82 年;小公司的平均贷款期限从 2004 年的 4.66 年下降到 2020 年的 1.61 年,下降了 3.05 年。可以看到,大公司的平均贷款期限下降幅度最为明显。另外,大公司的平均贷款期限和小公司平均贷款期限的差异最高值出现在 2004 年,为 3.50 年,最低值出现在 2018 年,为 0.10 年。需要说明的是,2016 年以来,大公司和小公司的平均贷款期限的差异有所减小,2017—2020 年的差异分别为 1.81 年、0.10 年、0.18 年和 0.21 年。说明小公司相对于大公司在贷款期限上的劣势有所减轻,不同规模上市公司在平均贷款期限上呈现趋同化特征,小公司的贷款期限有所改善。

表 9.3　　　　　　不同规模上市公司平均贷款期限　　　　　单位:年

年度	小公司	中等公司	大公司
2004	4.66	3.67	8.16

续表

年度	小公司	中等公司	大公司
2005	3.74	5.64	5.59
2006	3.32	4.70	5.95
2007	3.39	4.73	5.50
2008	2.56	3.96	5.16
2009	3.58	4.24	4.67
2010	3.26	4.40	4.51
2011	2.85	3.34	4.06
2012	3.01	3.66	4.29
2013	3.70	4.00	3.85
2014	3.65	4.20	4.42
2015	4.18	5.55	4.69
2016	2.40	2.54	4.68
2017	2.37	2.39	4.18
2018	3.26	2.35	3.36
2019	2.08	2.38	2.26
2020	1.61	1.85	1.82

资料来源：笔者整理。

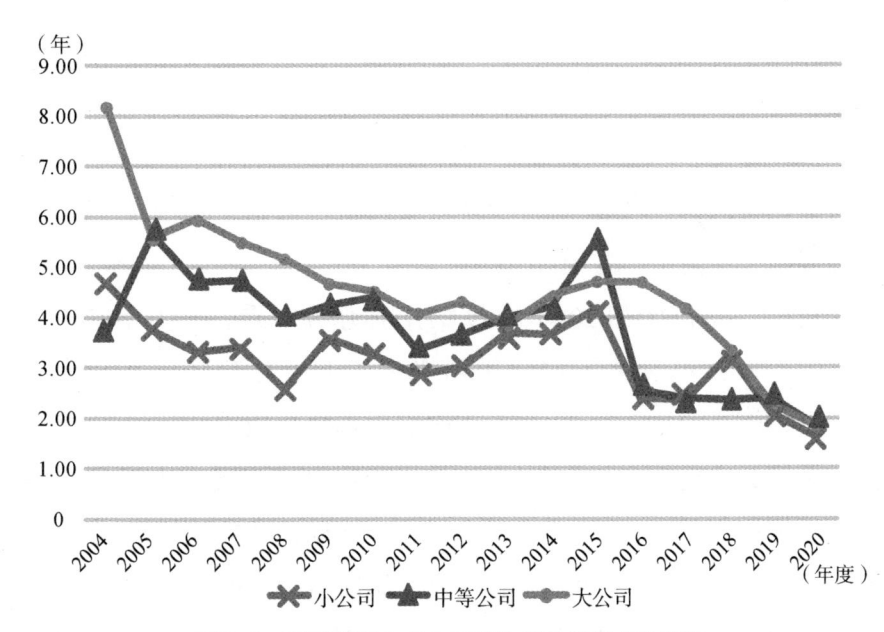

图9.3　不同规模上市公司平均贷款期限变化趋势

资料来源：笔者整理。

第三节 信用增级

一 信用增级强度

从表9.4和图9.4给出的上市公司贷款平均信用增级强度来看，2004—2020年，不同资产规模的上市公司贷款平均信用增级强度及其变化趋势也存在差异。

首先，不同资产规模的上市公司贷款平均信用增级强度有一定的差异。从具体的数值看，小公司在考察期内的贷款平均信用增级强度为1.89，中等公司为1.93，大公司为1.81。从这个结果可以看出，上市公司的资产规模与其贷款平均信用增级强度之间存在着不对称的倒"U"形关系，即大公司贷款平均信用增级强度最低，小公司次之，中等公司最高。中等公司贷款平均信用增级强度分别比大公司和小公司高0.12和0.04。从这个结果可以看出，中等公司贷款平均信用增级强度与小公司没有太大差异，但都明显高于大公司。出现这个结果可能的原因是，大公司本身风险较低，因而其被要求的信用增级强度较低；小公司被要求的信用增级强度较低可能与其享受的定向降准、融资中的财政贴息、税收优惠等国家政策有关。

其次，从平均信用增级强度的变化趋势来看，三类不同资产规模的上市公司贷款平均信用增级强度的变化趋势存在较大差异。具体而言，中等公司贷款平均信用增级强度在多个年份基本保持平稳，小公司和大公司贷款平均信用增级强度在考察期内波动较大。特别是在2015年以后，大公司贷款平均信用增级强度呈现明显的先下降后上升的变化趋势，2018年达到峰值，这意味着2015年以后商业银行向大公司提供贷款时对信用增级措施的要求先有所降低又开始增强。从大公司与小公司的差异看，2015—

2020 年，两者在贷款平均信用增级强度上的差异分别为 0.26、0、−0.08、−0.09、0.02 和 −0.08，呈现一定的下降趋势。这个结果表明，与大公司相比，小规模上市公司在贷款信用增级强度上也得到了一定的改善，但幅度并不明显。

表 9.4　　不同规模上市公司贷款平均信用增级强度

年度	小公司	中等公司	大公司
2004	1.75	1.86	1.72
2005	1.91	2.00	1.74
2006	1.95	1.94	1.82
2007	1.86	1.96	1.85
2008	1.85	1.94	1.75
2009	1.90	1.89	1.64
2010	1.95	1.88	1.71
2011	1.91	1.88	1.75
2012	1.83	1.98	1.76
2013	1.85	1.94	1.74
2014	2.03	1.90	1.93
2015	1.75	1.95	2.01
2016	1.90	1.89	1.90
2017	1.89	1.93	1.81
2018	1.86	2.02	1.77
2019	1.93	1.92	1.95
2020	1.97	1.94	1.89

资料来源：笔者整理。

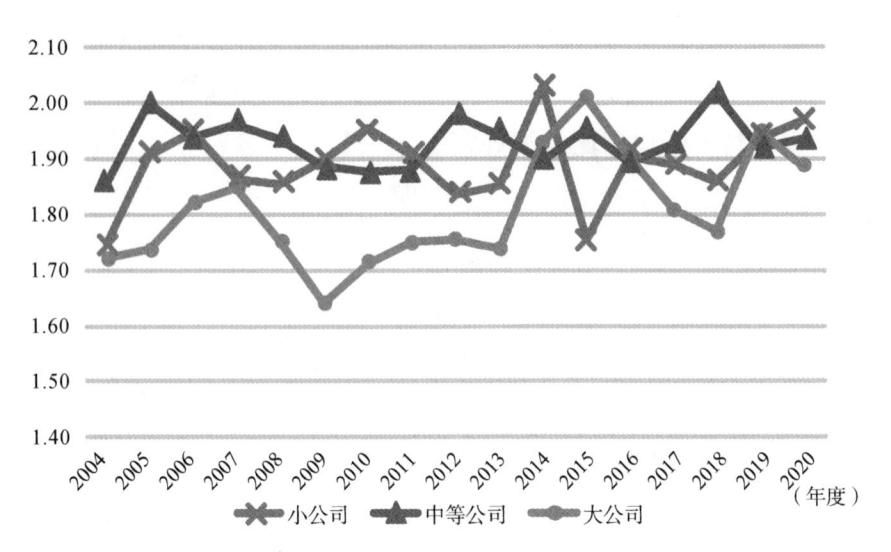

图 9.4　不同规模上市公司贷款平均信用增级强度变化趋势

资料来源：笔者整理。

二　非信用贷款占比

从表 9.5 和图 9.5 给出的上市公司平均非信用贷款占比看，不同资产规模上市公司非信用贷款占比及其变化趋势也存在明显差异。

首先，从平均非信用贷款占比看，不同资产规模上市公司的平均非信用贷款占比有一定差异。从具体的数据看，小上市公司在考察期内的平均非信用贷款占比为 80.31%，中等公司为 83.45%，大公司为 74.20%。从这个结果可以看出，上市公司资产规模与非信用贷款占比存在着不对称的倒"U"形关系，即中等公司平均非信用贷款占比最高，小公司次之，大公司最低。其中，中等公司平均非信用贷款占比分别比小公司和大公司高 3.14 个和 9.25 个百分点。另外，进一步对比可以发现，小公司与中等公司在非信用贷款占比方面较为接近，并且这两类公司在这一指标上均明显高于大公司，这说明与其他上市公司不同，商业银行在向大公司提供贷款时，会更多地采取信用贷款方式。

其次，从非信用贷款占比的变化趋势看，其与信用增级强度指标反映的趋势略有差异。2004—2020年，中等公司平均非信用贷款占比总体呈现下降趋势，说明中等公司的信用贷款有所增多，非信用贷款有所下降。大公司平均非信用贷款占比在总体上呈现倒"U"形的变化趋势，特别是在2015年达到阶段性高点后开始呈现明显的下降趋势。具体来看，大公司平均非信用贷款占比从2015年的95.44%下降到2017年的68.77%，后者近似等于前者的2/3，这个结果表明商业银行更倾向于向大公司发放信用贷款。2017年之后大公司平均非信用贷款占比逐渐变化至2020年的79.51%，说明商业银行向大公司发放非信用贷款的数量有所提升。与大公司不同，小公司平均非信用贷款占比在总体上呈现波动的上升趋势。

表9.5　不同规模上市公司平均非信用贷款占比　　单位:%

年度	小公司	中等公司	大公司
2004	72.13	82.76	70.54
2005	85.71	94.34	63.11
2006	89.97	88.97	76.67
2007	82.07	86.38	74.21
2008	77.47	85.68	72.17
2009	83.76	82.07	62.57
2010	81.73	83.12	66.81
2011	80.67	81.12	69.03
2012	82.57	86.21	68.37
2013	77.37	75.60	71.68
2014	83.54	80.28	87.72
2015	67.76	84.10	95.44
2016	76.63	75.16	80.07
2017	76.10	82.62	68.77
2018	78.36	84.28	71.05

续表

年度	小公司	中等公司	大公司
2019	83.23	83.39	83.60
2020	86.15	82.62	79.51

资料来源：笔者整理。

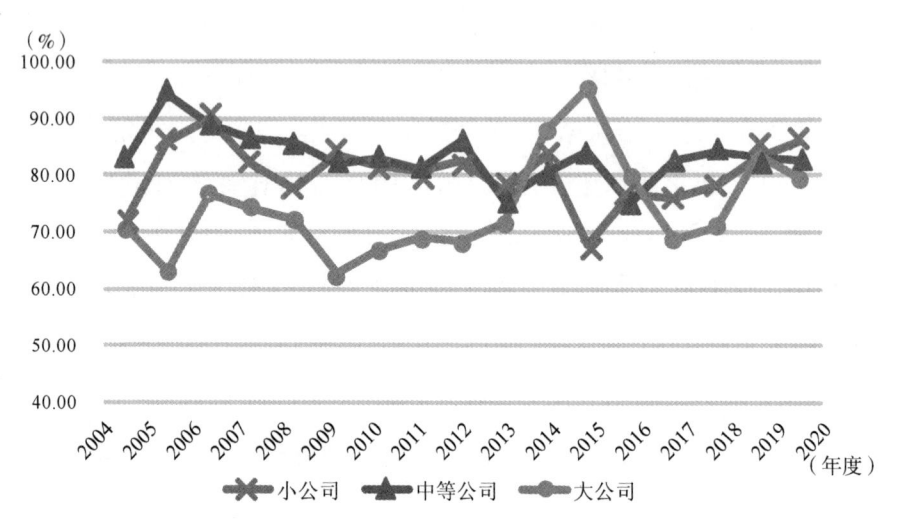

图 9.5　不同规模上市公司平均非信用贷款占比变化趋势

资料来源：笔者整理。

第四节　贷款额度

从表 9.6 和图 9.6 给出的不同规模上市公司平均贷款额度情况看，也存在一定差异。具体而言，小公司在考察期内的平均贷款额度为 4.27%，中等公司为 1.87%，大公司为 1.52%。从这个结果可以看出，上市公司资产规模与平均贷款额度存在明显的线性关系，即上市公司资产规模越大，平均贷款额度越小。其中，大公司平均贷款额度分别比小公司和中等公司低 2.75 个百分点和 0.35 个百分点，说明商业银行对小公司的贷款在其总资产中的比例要明显高于中等公司和大公司。从变化趋势来看，不同规模上市公司的平均贷款额度均呈现明显的下降趋势。具体而言，小公司从2004年的8.04%变化至2020年的2.50%，下降了5.54个百分点；中等公司从2004年的3.55%变化至2020年的0.83%，下降了2.72个百分点；大公司从2004年的5.42%变化至2020年的0.30%，下降了5.12个百分点。这个结果说明小公司平均贷款额度下降幅度最大。

表9.6　　　　　　不同规模上市公司平均贷款额度　　　　　单位:%

年度	小公司	中等公司	大公司
2004	8.04	3.55	5.42
2005	5.26	3.88	2.90
2006	4.18	2.01	2.19
2007	9.07	2.91	1.90
2008	6.63	2.27	2.00
2009	6.71	2.22	2.35
2010	6.16	2.37	1.66
2011	2.32	1.36	1.01
2012	2.44	1.73	1.08
2013	2.48	1.70	1.09
2014	1.91	1.07	0.72
2015	2.34	1.09	0.62
2016	3.39	1.34	0.86
2017	2.19	1.08	0.81
2018	3.32	1.23	0.60
2019	3.58	1.16	0.40
2020	2.50	0.83	0.30

资料来源：笔者整理。

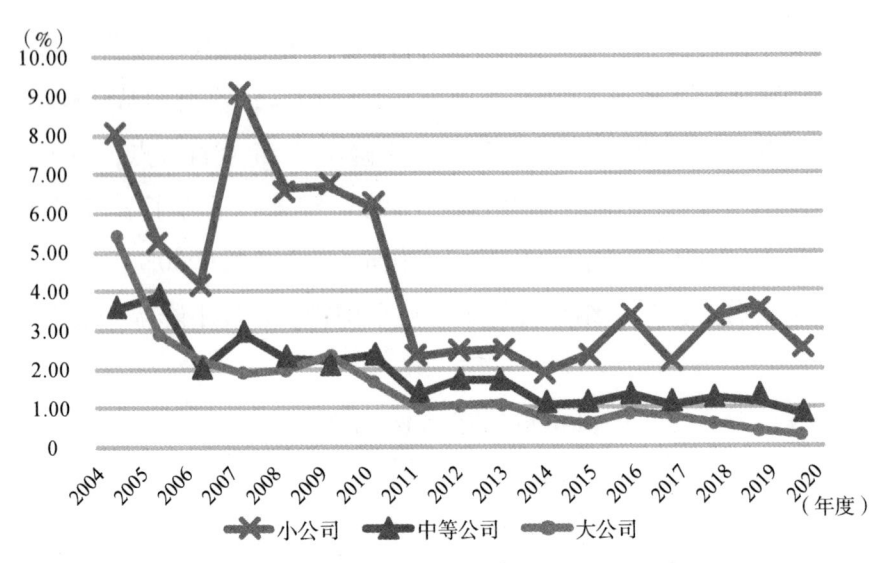

图 9.6　不同规模上市公司平均贷款额度变化趋势

资料来源：笔者整理。

第五节　小结

本章分析表明，上市公司的资产规模是影响其信贷融资条件的一个重要因素，不同资产规模的上市公司在信贷融资条件上存在明显的差异，主要表现在以下几个方面。

第一，上市公司的资产规模与其贷款成本之间并不是简单的线性关系。从平均贷款利率看，虽然小公司的平均贷款利率比中等公司和大公司都要高，但在一些年份中，中等公司的平均贷款利率却明显高于小公司和大公司。之所以出现这种情况，可能与小公司更多地受益于国家政策有关。平均贷款利差与平均贷款利率基本类似，尽管小公司的平均贷款利差总体上高于中等公司和大公司，但在一些年份却出现了中等公司的平均贷款利差高于小公司和大公司的情况。

第二，上市公司资产规模与其平均贷款期限之间存在明显的线性关系。上市公司资产规模越大,平均贷款期限越长。2004—2020年,小公司的平均贷款期限为3.15年,中等公司的平均贷款期限为3.74年,大公司的平均贷款期限为4.54年,大公司的平均贷款期限分别比中等公司和小公司长0.80年和1.39年,这个结果反映出商业银行更愿意向大公司提供期限较长的贷款资金。

第三,上市公司的资产规模与其信用增级之间不存在简单的线性关系,而是存在着不对称的倒"U"形关系。即大公司的平均信用增级强度和非信用贷款占比最低,小公司次之,中等公司最高。出现这个结果可能是:大公司本身风险较低,因而其被要求的信用增级强度较低;小公司被要求的信用增级强度较低可能与其享受的定向降准、融资中的财政贴息、税收优惠等国家政策有关。

第四,上市公司的资产规模与其平均贷款额度之间存在明显的负线性关系。即上市公司资产规模越大,其平均贷款额度就越小。2004—2020年,小公司平均贷款额度为4.27%,中等公司为1.87%,大公司为1.52%,大公司平均贷款额度分别比小公司和中等公司低2.75个百分点和0.35个百分点,这主要与其资产规模有关。

第五,从不同资产规模上市公司信贷融资条件差异的时间变化趋势来看,首先,相对于资产规模较大的公司,2018年以来小公司在贷款融资成本上有所改善,平均贷款利率出现了更大幅度的下降,这可能与近年来国家对中小企业的金融支持力度加大有关;其次,不同规模上市公司平均贷款期限呈现趋同态势,且小公司相对于大公司在贷款期限上的劣势有所减轻,说明小公司在贷款期限上有所改善。除此之外,小公司与规模较大的上市公司相比,在信用增级措施和贷款额度上的改善程度并不明显。

第十章

不同市场上市公司信贷融资条件

经过30多年的发展，中国已经初步建立了涵盖主板市场、中小企业板市场、创业板市场、三板市场、科创板市场等在内的多层次资本市场。本书样本上市公司涉及主板市场、中小企业板市场和创业板市场三类市场。其中，主板市场对发行人的营业期限、股本大小、盈利水平、最低市值等方面的要求标准较高，上市企业多为大型成熟企业，具有较大的资本规模以及稳定的盈利能力。中国的主板市场始于1990年成立的上海证券交易所和1991年正式成立的深圳证券交易所。中小板市场是深圳证券交易所为了鼓励自主创新而专门设置的中小型公司聚集板块，该板块上市公司普遍具有收入增长快、盈利能力强、科技含量高等特点，而且股票流动性好，交易活跃。2004年5月，经国务院批准在深圳证券交易所主板市场内设立中小企业板块。创业板市场（Growth Enterprises Market，GEM）特指深圳创业板，在上市门槛、监管制度、信息披露、交易者条件、投资风险等方面和主板市场有较大区别，主要目的在于扶持中小企业，尤其是高成长性企业，为风险投资和创投企业建立正常的退出机制。2009年3月31日，中国证监会正式发布《首次公开发行股票并在创业板上市管理暂行办法》，该办法自2009年5月1日起实施。本书样本涉及的2010家上市公司中，在主板、中小板、创业板上市的公司分别有 1126 家、541 家、343 家，分别占比为 56%、27%、17%。考虑到不同市场的差异，本章主要分析了不同市场上市公司信贷融资条件。不同资本市场上市公司的信贷融资条件之所以存在差异，其主要原因如下。

首先，不同资本市场的上市公司在资质方面具有不同的特征。具体而言，由于主板市场对发行人的资质要求标准较高，因而主板市场的上市公司在资产规模、经营绩效和现金流等方面都明显优于其他资本市场的上市公司；中小板市场的上市公司一般具有较好的成长性，因而其在收入增长、盈利能力等方面要优于创业板市场、三板市场、科创板市场的上市公司；创业板市场上市公司主要是一些有高成长性的创业企业。

其次，不同资本市场上市公司的融资需求不同。与主板市场和中小板市场的上市公司更倾向于通过银行贷款解决融资需求不同，创业板市场的上市公司具有较高的成长性和高风险的特点，因而其更倾向于选择风险投资、私募基金投资等权益类融资。

最后，不同资本市场上市公司的政府支持政策存在差异。近年来，创新型中小企业一直是中央和地方政府支持的重点领域，其出台了财税、货币、信贷和产业等方面的政策措施，极大促进了中小板市场和创业板市场上市企业的发展，并对其风险特征和还款能力会产生一定影响，进而导致其与主板市场的信贷融资条件有所差异。

第一节　贷款成本

一　贷款利率

从表 10.1 和图 10.1 给出的平均贷款利率情况看，2004—2020 年，不同资本市场上市公司的平均贷款利率水平和变化趋势存在明显差异。

首先，从上市公司的平均贷款利率水平看，不同资本市场上市公司的平均贷款利率水平有略微差异，但不明显。从具体的数值看，主板市场上市公司在考察期内的平均贷款利率为5.79%，中小板市场上市公司为5.73%，创业板市场的上市公司为5.75%。从这个结果看，主板市场上市公司平均贷款利率最高，创业板市场次之，中小板市场最低。主板市场上市公司平均贷款利率比中小板市场和创业板市场上市公司分别高0.06个百分点和0.04个百分点。如果只考虑2009—2020年，主板市场上市公司平均贷款利率为5.61%，中小板市场上市公司为5.54%，创业板市场上市公司为5.75%。可以看到，主板市场上市公司与中小板市场上市公司平均贷款利率较为接近，而创业板市场上市公司要明显高于主板市场上市公司与中小板市场上市公司，分别高0.14个百分点和0.21个百分点。

其次，从上市公司平均贷款利率变化趋势看，考察期内不同资本市场上市公司平均贷款利率变化基本保持一致，并且均呈现波动的倒"U"形变化趋势。2012—2016年，三大资本市场上市公司平均贷款利率出现了明显的下降趋势，达到阶段性低点之后出现了明显的上升趋势，并在2018年达到阶段性高点，随后又出现了明显的下降趋势，最后趋于一致。相较而言，创业板市场上市公司平均贷款利率下降幅度最大，从2012年的6.99%下降至2020年的4.52%，下降了2.47个百分点；主板市场上市公司平均贷款利率下降幅度次之，从2012年的6.68%下降至2020年的4.51%，下降了2.17个百分点；中小板市场上市公司平均贷款利率下降幅度较小，从2012年的6.41%下降至2020年的4.43%，下降了1.98个百分点。可以看到，2012年来创业板市场上市公司的融资成本改善程度要明显高于主板市场和中小板市场，这可能与国家对创业板市场的支持力度加大有关。

表 10.1　　　　　不同市场上市公司平均贷款利率　　　　　单位:%

年度	主板	中小板	创业板
2004	5.89	6.06	
2005	6.06	6.05	
2006	6.03	6.18	
2007	6.59	6.36	
2008	6.50	6.35	
2009	5.61	5.32	5.48
2010	5.78	5.66	5.77
2011	6.64	6.42	6.71
2012	6.68	6.41	6.99
2013	6.40	6.45	6.35
2014	6.10	6.67	6.51
2015	5.23	5.01	5.69
2016	4.94	4.65	4.86
2017	5.01	4.75	5.17
2018	5.41	5.59	5.83
2019	5.01	5.11	5.12
2020	4.51	4.43	4.52

资料来源：笔者整理。

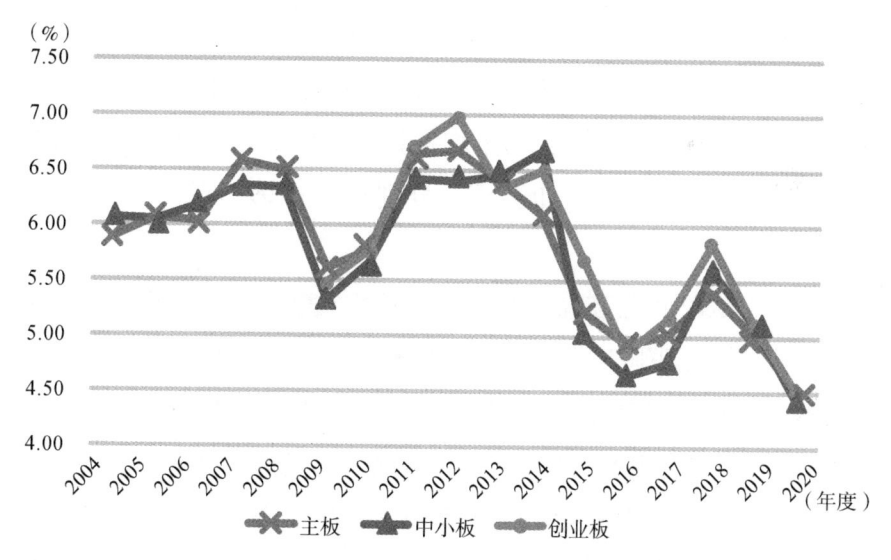

图 10.1　不同市场上市公司平均贷款利率变化趋势

资料来源：笔者整理。

二 贷款利差

从表10.2和图10.2给出的上市公司平均贷款利差情况看，考察期内，在剔除贷款基准利率因素之后，不同资本市场上市公司的平均贷款利差和变化趋势基本与平均贷款利率情况类似。

首先，从上市公司的平均贷款利差水平看，不同资本市场上市公司的平均贷款利差略有差异。从具体数据看，主板市场上市公司在考察期内的平均贷款利差为0.10%，中小板市场的上市公司为0.00%，创业板市场上市公司为0.28%。值得注意的是，中小板市场上市公司的平均贷款利差基本为0，说明中小板市场上市公司的平均贷款利率等于基准贷款利率水平。在三类不同资本市场中，创业板市场上市公司的平均贷款利差最高，中小板市场上市公司的平均贷款利差最低。其中，创业板市场的上市公司平均贷款利差比主板市场和中小板市场上市公司的平均贷款利差分别高0.18个和0.28个百分点，这个结果与平均贷款利率形成了鲜明的反差。只考虑2009—2020年，主板市场上市公司平均贷款利差为0.19%，中小板市场上市公司为0.06%，创业板市场上市公司为0.28%。可以看到，创业板市场上市公司平均贷款利差仍要明显高于主板市场上市公司与中小板市场上市公司，分别高了0.09个百分点和0.22个百分点。

其次，从时间趋势看，不同资本市场上市公司平均贷款利差基本呈现波动的先下降后上升趋势，但略有差异。具体而言，考察期内，不同资本市场上市公司平均贷款利差一开始出现了明显的下降趋势，2007年达到阶段性低点之后出现了明显的上升趋势。特别是2015年达到阶段性低点之后，不同资本市场上市公司平均贷款利差又出现了明显的上升趋势，在达到阶段性高点之后又略有下降。从2015年之后的变化幅度看，主板市场上市公司平均贷款利差从

2015年的-0.19%上升到2020年的0.27%，上升了0.46个百分点；中小板市场上市公司平均贷款利差从2015年的-0.69%上升到2020年的0.14%，上升了0.83个百分点；创业板市场上市公司平均贷款利差从2015年的0.10%上升到2020年的0.30%，上升了0.20个百分点。可以看到，中小板市场上市公司平均贷款利差波动幅度最为剧烈。

表10.2　　　　不同市场上市公司平均贷款利差　　　单位：%

年度	主板	中小板	创业板
2004	0.21	0.23	
2005	0.20	0.08	
2006	-0.11	0.04	
2007	-0.59	-0.69	
2008	-0.30	-0.36	
2009	0.01	-0.16	-0.29
2010	-0.03	-0.04	-0.11
2011	0.29	0.08	0.35
2012	0.22	-0.09	0.50
2013	0.22	0.14	0.04
2014	-0.01	0.57	0.31
2015	-0.19	-0.69	0.10
2016	0.05	-0.06	0.24
2017	0.22	0.25	0.39
2018	0.75	0.24	1.09
2019	0.48	0.39	0.44
2020	0.27	0.14	0.30

资料来源：笔者整理。

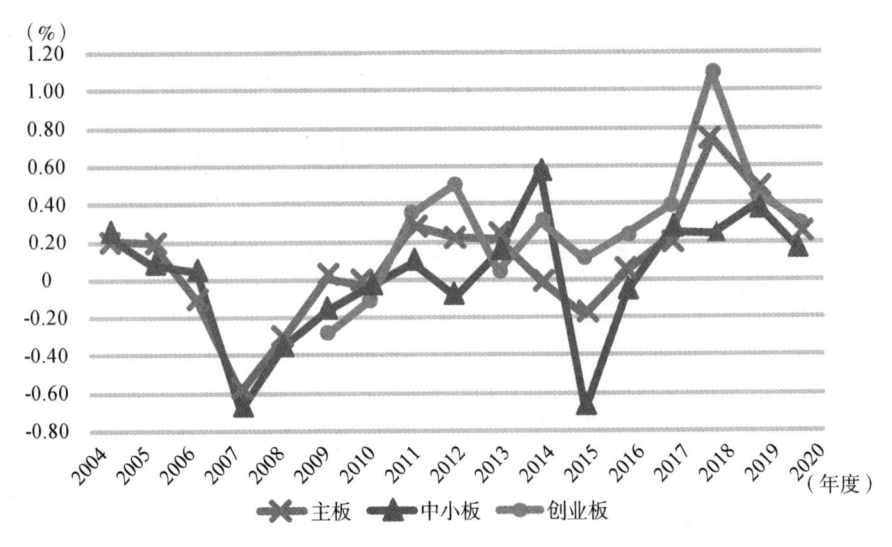

图10.2　不同市场上市公司平均贷款利差变化趋势

资料来源：笔者整理。

第二节　贷款期限

从表10.3和图10.3给出的上市公司平均贷款期限看，2004—2020年，不同资本市场上市公司在平均贷款期限及变化趋势上略有差异。

首先，从上市公司的平均贷款期限看，不同资本市场上市公司平均贷款期限差异明显。从具体的数值看，主板市场上市公司在考察期内的平均贷款期限为4.01年，中小板市场上市公司为3.24年，创业板市场上市公司为3.23年。可以看到，主板市场上市公司平均贷款期限最长，中小板市场和创业板市场基本相同，主板市场上市公司平均贷款期限比中小板市场和创业板市场上市公司分别长0.77年和0.78年。如果只考虑2009—2020年，主板市场上市公司平均贷款期限为3.73年，中小板市场上市公司为2.98年，创业板市场上市公司为3.23年。可以看到，主板市场上市公司平均贷款期限仍然最长,比中小板市场和创业板市场上市公司分别长 0.75 年和 0.50 年。上述结果意味着,商业银行向主板市场上市公司发放的贷款期限一般比较长。事实上,贷款期限越长说明商业银行对借款人的支持力度越大,这也从另外一个角度验证了商业银行在贷款期限上对中小板市场和创业板市场上市公司存在一定的歧视。

其次,从平均贷款期限的变化趋势看,不同资本市场上市公司的平均贷款期限总体上均呈现明显的下降趋势,与全样本情形一致。特别是从 2015 年以来,三类资本市场上市公司平均贷款期限在达到阶段性高点之后开始出现了明显的下降趋势。从变化幅度看,主板市场上市公司平均贷款期限从 2015 年的 5.04 年下降到 2020 年的 1.76 年,下降了 3.28 年;中小板市场上市公司平均贷款期限从 2015 年的 5.07 年下降到 2020 年的 1.69 年,下降了 3.38 年;创业板市场上市公司平均贷款期限从 2015 年的 3.75 年下降到 2020 年的 1.88 年,下降了 1.87 年。可以看到,主板市场和中小板市场上市公司平均贷款期限下降幅度较大且较为接近,创业板市场上市公司平均贷款期限的下降幅度较小。

表 10.3　　　　　　不同市场上市公司平均贷款期限　　　　　单位:年

年度	主板	中小板	创业板
2004	4.82	5.11	
2005	4.73	3.97	
2006	4.56	4.28	
2007	4.75	3.63	
2008	4.47	2.45	
2009	4.59	2.78	6.73
2010	4.44	2.93	3.86
2011	3.66	2.71	3.26

续表

年度	主板	中小板	创业板
2012	3.76	3.41	3.10
2013	3.95	3.63	3.64
2014	4.39	3.17	3.69
2015	5.04	5.07	3.75
2016	3.94	2.84	1.99
2017	3.73	2.54	1.92
2018	3.15	2.88	2.82
2019	2.37	2.07	2.14
2020	1.76	1.69	1.88

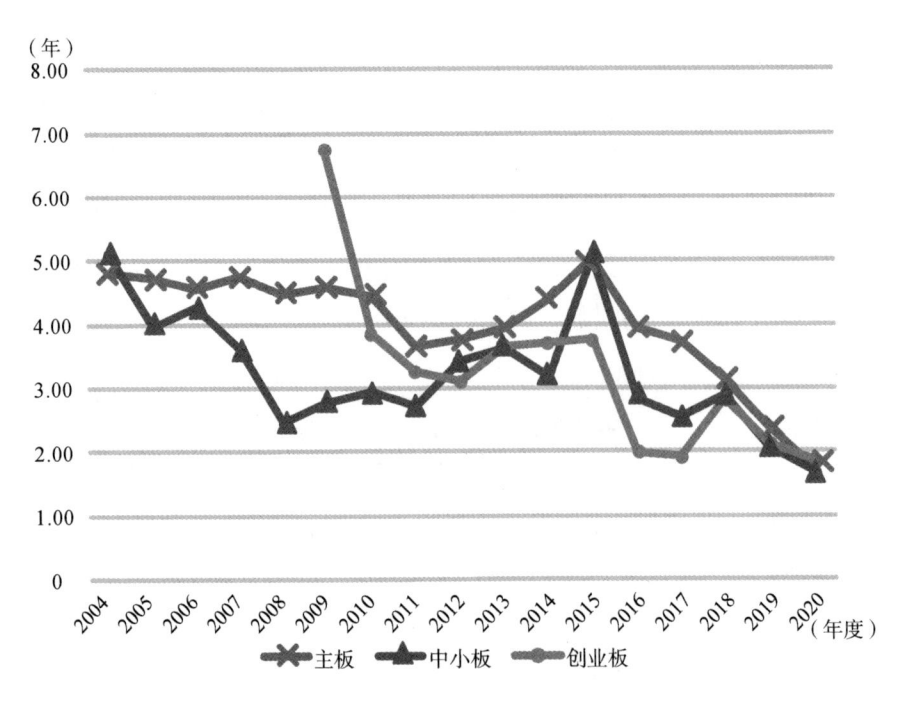

资料来源：笔者整理。

图10.3　不同市场上市公司平均贷款期限变化趋势

资料来源：笔者整理。

第三节 信用增级

一 信用增级强度

从表 10.4 和图 10.4 给出的上市公司贷款平均信用增级强度看，2004—2020 年，不同资本市场上市公司贷款平均信用增级强度及其变化趋势也存在差异。

首先，不同资本市场上市公司贷款平均信用增级强度有一定差异。从具体数值看，主板市场上市公司在考察期内的贷款平均信用增级强度为 1.87，中小板市场上市公司贷款平均信用增级强度为 1.93，创业板市场上市公司贷款平均信用增级强度为 1.85。从这个结果可以看到，中小板市场上市公司贷款平均信用增级强度最高，主板市场次之，创业板市场最低，中小板市场上市公司贷款平均信用增级强度分别比主板市场和创业板市场上市公司高 0.06 和 0.08。主板市场和创业板市场上市公司贷款平均信用增级强度没有太大差异，但明显低于中小板市场上市公司贷款平均信用增级强度。由于前期数据较少，创业板市场从 2013 年开始才有较多的贷款合约样本。如果只考虑 2013—2020 年，主板市场上市公司贷款平均信用增级强度为 1.90，中小板市场上市公司为 1.99，创业板市场上市公司为 1.85。可以看到，创业板市场上市公司贷款平均信用增级强度仍低于主板市场上市公司与中小板市场上市公司，分别低 0.05 和 0.14。

其次，从平均信用增级强度的变化趋势看，三类不同资本市场的上市公司贷款平均信用增级强度的变化趋势存在较大差异。具体而言，在考察期内主板市场上市公司贷款平均信用增级强度基本保持平稳状态；中小板市场上市公司贷款平均信用增级强度呈现倒"U"形变化趋势；创业板市场上市公司贷款平均信用增级强度呈现波动上升的变化趋势。近年来，主板市场上市公司贷款平均信用增级强度基本保持稳定，而中小板市场上市公司和创业板市场上市公司贷款平均信用增级强度则呈现了一定的上升趋势。具体来看，主板市场上市公司贷款平均信用增级强度从 2017 年的 1.90 变化到 2020 年的 1.91，基本稳定；中小板市场上市公司贷款平均信用增级强度从 2017 年的 1.92 变化到 2020 年的 1.95，上升了 0.03 个百分点；创业板市场上市公司贷款平均信用增级强度从 2017 年的 1.80 变化到 2020 年的 1.95，上升了 0.15 个百分点。上述结果意味着，近年来商业银行对中小板市场和创业板市场上市公司的风险偏好有所下降，在贷款过程中要求提供更强的信用增级措施。

表 10.4　　不同市场上市公司贷款平均信用增级强度

年度	主板	中小板	创业板
2004	1.76	1.67	
2005	1.90	1.88	
2006	1.92	1.86	
2007	1.89	1.86	
2008	1.86	1.87	
2009	1.80	1.91	
2010	1.83	1.94	
2011	1.84	1.91	
2012	1.83	2.00	
2013	1.78	2.14	1.68
2014	1.88	2.24	1.89
2015	1.91	2.01	1.78
2016	1.94	1.84	1.95
2017	1.90	1.92	1.80
2018	1.94	1.88	1.84
2019	1.94	1.96	1.90
2020	1.91	1.95	1.95

资料来源：笔者整理。

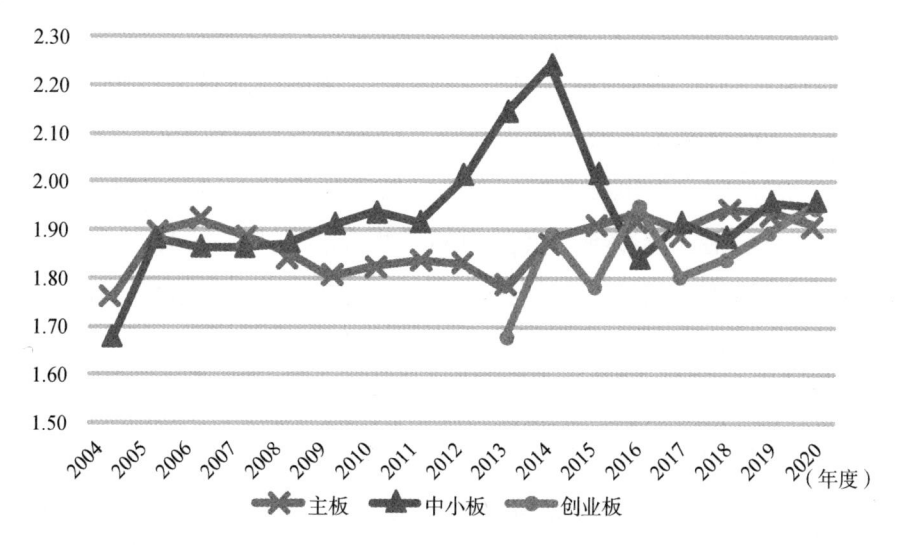

图10.4 不同市场上市公司贷款平均信用增级强度变化趋势

资料来源：笔者整理。

二 非信用贷款占比

从表10.5和图10.5给出的上市公司平均非信用贷款占比看，2004—2020年不同资本市场的上市公司非信用贷款占比及其变化趋势也存在差异。

首先，从上市公司的非信用贷款占比看，不同资本市场的上市公司平均非信用贷款占比存在一定差异。从具体的数据看，主板市场上市公司在考察期内的平均非信用贷款占比为79.84%，中小板市场上市公司为81.21%，创业板市场上市公司为76.00%。从这个结果可以发现，商业银行在向中小板市场上市公司提供贷款时采用非信用方式的比重最高，比主板市场上市公司和创业板市场上市公司分别高1.37个百分点和5.21个百分点。如果只考虑2013—2020年，主板市场上市公司平均非信用贷款占比为80.49%，中小板市场上市公司为83.21%，创业板市场上市公司为76.00%，中小板市场上市公司仍然最高。

其次，从非信用贷款占比的变化趋势看，其与信用增级强度指标反映的趋势略有差异。2004—2020年，主板市场上市公司平均非信用贷款占比基本保持平稳状态，与信用增级强度指标反映的趋势基本一致；中小板市场上市公司的平均非信用贷款占比呈现波动的变化态势；创业板市场上市公司的平均非信用贷款占比呈现"N"形的变化趋势。从2014年以来的变化趋势看，主板市场、中小板市场和创业板市场的上市公司的平均非信用贷款占比均大致呈现"U"形变化趋势。从变化幅度看，主板市场上市公司平均非信用贷款占比从2014年的80.65%变化到2020年的81.12%，上升了0.47个百分点；中小板市场上市公司平均非信用贷款占比从2014年的94.20%变化到2020年的85.25%，下降了8.95个百分点；创业板市场上市公司的平均非信用贷款占比从2014年的87.50%变化到2020年的83.20%，下降了4.30个百分点。从这个结果可以看出2014年以来中小板市场和创业板市场的融资条件均有所改善。

表10.5　　　　不同市场上市公司平均非信用贷款占比　　　　单位:%

年度	主板	中小板	创业板
2004	73.51	66.39	
2005	82.78	86.11	
2006	86.96	82.11	
2007	82.25	69.92	
2008	81.03	76.92	
2009	76.36	82.33	
2010	75.67	83.98	
2011	77.01	79.24	
2012	77.71	87.83	
2013	74.05	83.15	61.76
2014	80.65	94.20	87.50
2015	82.10	91.30	74.65

续表

年度	主板	中小板	创业板
2016	81.18	69.42	79.33
2017	77.95	76.74	72.75
2018	83.33	81.19	67.15
2019	83.54	84.41	81.69
2020	81.12	85.25	83.20

资料来源：笔者整理。

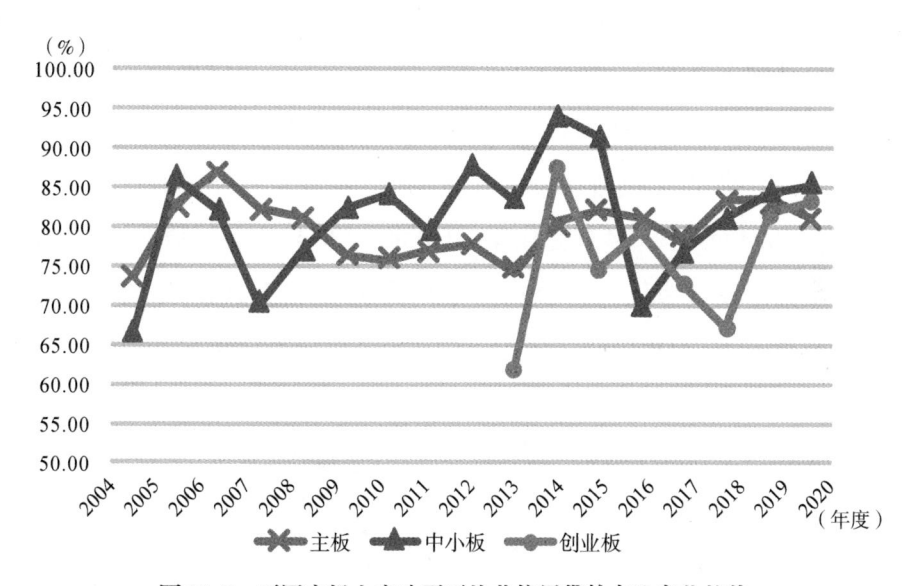

图10.5　不同市场上市公司平均非信用贷款占比变化趋势

资料来源：笔者整理。

第四节　贷款额度

从表10.6和图10.6给出的不同资本市场上市公司平均贷款额度情况看，2004—2020年，不同资本上市公司平均贷款额度存在一定程度的差异。

具体而言，主板市场上市公司在考察期内的平均贷款额度为

2.37%，中小板市场上市公司的平均贷款额度为2.83%，创业板市场上市公司的平均贷款额度为1.74%。可以看出，中小板市场上市公司平均贷款额度比主板市场上市公司和创业板市场上市公司分别高0.46个百分点和1.09个百分点。如果只考虑2010—2020年，主板市场上市公司平均贷款额度为1.56%，中小板市场上市公司为1.83%，创业板市场上市公司为1.74%，中小板市场上市公司仍然最高。

进一步从变化趋势看，不同资本市场上市公司平均贷款额度均呈现明显的下降趋势，与全样本情形保持一致。具体而言，主板市场上市公司平均贷款额度从2004年的5.87%变化至2020年的0.90%，下降了4.97个百分点；中小板市场上市公司的平均贷款额度从2004年的3.74%变化至2020年的1.41%，下降了2.33个百分点；创业板市场上市公司的平均贷款额度从2010年的5.09%变化至2020年的0.70%，下降了4.39个百分点，下降幅度较大。

表10.6　　　　　　　不同市场上市公司平均贷款额度　　　　　　单位:%

年度	主板	中小板	创业板
2004	5.87	3.74	
2005	3.95	5.03	
2006	2.67	3.68	
2007	4.50	5.14	
2008	2.78	5.79	
2009	3.33	4.54	
2010	3.58	2.75	5.09
2011	1.49	1.78	1.63
2012	1.73	1.70	1.90
2013	1.67	2.03	1.50
2014	1.13	1.49	1.06
2015	1.09	2.01	1.30

续表

年度	主板	中小板	创业板
2016	1.40	2.11	
2017	1.26	1.42	
2018	1.60	1.84	1.55
2019	1.35	1.65	0.89
2020	0.90	1.41	0.70

资料来源：笔者整理。

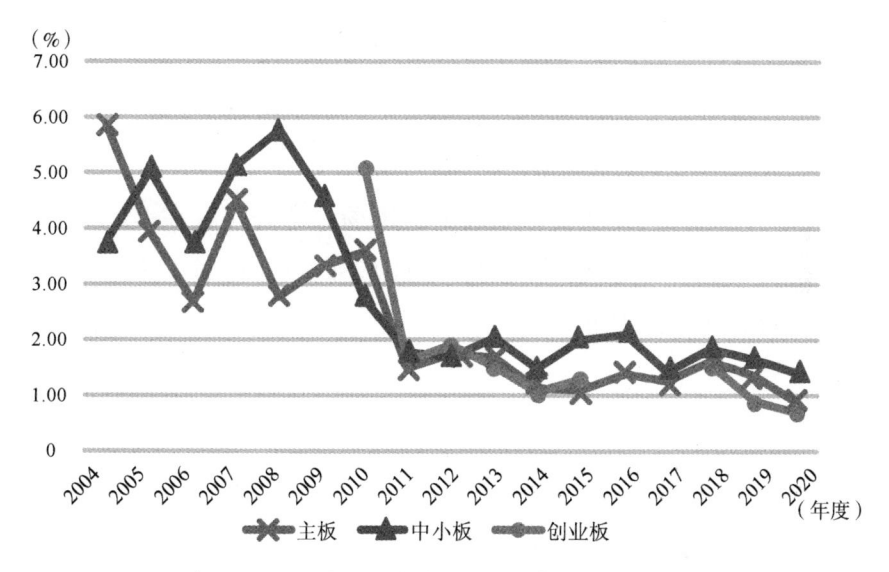

图10.6　不同市场上市公司平均贷款额度变化趋势

资料来源：笔者整理。

第五节　小结

不同市场上市公司信贷融资条件具有一定的差异性，主要体现在以下方面。

第一，不同资本市场上市公司在贷款融资成本上存在略微差异。主板市场上市公司与中小板市场上市公司平均贷款成本较为接近，而创业板市场上市公司要明显高于主板市场上市公司与中小板市场上市公司。

第二，从贷款期限来看，不同资本市场上市公司的平均贷款期限差异明显。主板市场上市公司的平均贷款期限最长，中小板市场和创业板市场较为接近，意味着商业银行向主板市场上市公司发放的贷款期限一般比较长，支持力度更大。

第三，在信用增级措施上，创业板市场上市公司的贷款信用增级措施要明显低于主板市场和中小板市场上市公司。之所以出现这种情况，可能是因为创业板市场上市公司通常具有较高的成长性，商业银行在向此类公司贷款时，采取了与其他市场上市公司不同的贷款模式，降低了对信用增级措施的要求。

第四，从贷款额度看，不同资本市场上市公司存在差异。中小板市场上市公司的贷款额度较高，反映了商业银行对中小板市场上市公司的资金支持力度较大。

参考文献

陈冬华、李真、新夫：《产业政策与公司融资——来自中国的经验证据》，中国会计与财务研究国际研讨会论文集，2010年。

陈胜蓝、刘晓玲：《中国城际高铁与银行贷款成本——基于客户集中度风险的视角》，《经济学》（季刊）2020年第5期。

陈学胜、罗润东：《利率市场化改革进程下企业贷款成本与资本配置效率研究》，《经济管理》2017年第3期。

崔光庆、王景武：《中国区域金融差异与政府行为：理论与经验解释》，《金融研究》2006年第6期。

戴国强、钱乐乐：《关系型借贷、债券融资与企业贷款成本——基于信息与竞争机制视角的研究》，《审计与经济研究》2017年第5期。

郝项超：《商业银行所有权改革对贷款定价决策的影响研究》，《金融研究》2013年第4期。

贺力平：《合作金融发展的国际经验及对中国的借鉴意义》，《管理世界》2002年第1期。

胡奕明、唐松莲：《审计、信息透明度与银行贷款利率》，《审计研究》2007年第6期。

江飞涛、李晓萍：《直接干预市场与限制竞争：中国产业政策的取向与根本缺陷》，《中国工业经济》2010年第9期。

李广子：《中小银行跨区经营的特征及其影响因素》，《金融评论》2013 年第 1 期。

李广子：《跨区经营与中小银行绩效》，《世界经济》2014 年第 11 期。

李广子：《上市公司信贷融资条件评价 2019》，经济管理出版社 2020 年版。

李广子、刘力：《债务融资成本与民营信贷歧视》，《金融研究》2009 年第 12 期。

李广子、刘力：《产业政策与信贷资金配置效率》，《金融研究》2020 年第 5 期。

李广子、熊德华、刘力：《中小银行发展如何影响中小企业融资?》，《金融研究》2016 年第 12 期。

李广子、曾刚：《股份制还是股份合作制?》，《财贸经济》2013 年第 9 期。

李敬、冉光和、万广华：《中国区域金融发展差异的解释》，《经济研究》2007 年第 5 期。

李树生：《再谈新时期我国合作金融的生存和创新》，《财贸经济》2003 年第 5 期。

林平、何伟刚、蔡键：《民营企业融资结构的总体状况和差异分析：基于广东的实证》，《金融研究》2005 年第 11 期。

林毅夫：《产业政策与国家发展——新结构经济学的视角》，http://www.nsd.pku.edu.cn。

林毅夫、李永军：《中小金融机构发展与中小企业融资》，《经济研究》2001 年第 1 期。

林毅夫、李志赟：《政策性负担、道德风险与预算软约束》，《经济研究》2004 年第 2 期。

龙海明、唐怡、风伟俊：《我国信贷资金区域配置失衡研究》，《金融研究》2011 年第 11 期。

罗正英、周中胜、詹乾隆：《中小企业的银行信贷融资可获性》，《会计研究》2010 年第 6 期。

马永强、赖黎、曾建光：《盈余管理方式与信贷资源配置》，《会计研究》2014 年第 12 期。

潘爱玲、刘昕、吴倩：《跨所有制并购、制度环境与民营企业债务融资成本》，《会计研究》2019 年第 5 期。

钱雪松、唐英伦、方胜：《担保物权制度改革降低了企业债务融资成本吗?》，《金融研究》2019 年第 7 期。

饶华春：《中国金融发展与企业融资约束的缓解》，《金融研究》2009 年第 9 期。

沈红波、寇宏、张川：《金融发展、融资约束与企业投资的实证研究》，《中国工业经济》2010 年第 6 期。

盛丹、王永进：《产业集聚、信贷资源配置效率与企业的融资成本》，《管理世界》2013 年第 6 期。

宋全云、吴雨、钱龙：《存款准备金率与中小企业贷款成本》，《金融研究》2016 年第 10 期。

宋全云、李晓、钱龙：《经济政策不确定性与企业贷款成本》，《金融研究》2019 年第 7 期。

苏冬蔚、连莉莉：《绿色信贷是否影响污染企业的投融资行为》，《金融研究》2018 年第 12 期。

孙会霞、陈金明、陈运森：《银行信贷配置、信用风险定价与企业融资效率》，《金融研究》2013 年第 11 期。

谭之博、赵岳：《企业规模与融资来源的实证研究》，《金融研究》2012 年第 3 期。

田利辉：《国有产权、预算软约束和中国上市公司杠杆治理》，《管理世界》2005 年第 7 期。

王俊秋、倪春晖:《政治关联、会计信息与银行贷款成本——基于中国民营上市公司的经验证据》,《经济与管理研究》2012年第8期。

王小鲁、樊纲、胡李鹏:《中国分省份市场化指数报告2018》,社会科学文献出版社2019年版。

姚耀军、董钢锋:《中小企业融资约束缓解:金融发展水平重要抑或金融结构重要?》,《金融研究》2015年第4期。

余明桂、潘红波:《政治关系、制度环境与民营企业银行贷款》,《管理世界》2008年第8期。

谢德仁、张高菊:《金融生态环境、负债的治理效应与债务重组:经验证据》,《会计研究》2007年第12期。

张捷:《中小企业的关系型借贷与银行组织结构》,《经济研究》2002年第6期。

张晓玫、潘玲:《我国银行业市场结构与中小企业关系型贷款》,《金融研究》2013年第6期。

张维迎:《我为什么反对产业政策?》,http://www.nsd.pku.edu.cn。

郑志刚、邓贺斐:《法律环境差异和区域金融发展》,《管理世界》2010年第6期。

周楷唐、麻志明、吴联生:《高管学术经历与公司债务融资成本》,《经济研究》2017年第7期。

周泽将、高雅萍、张世国:《营商环境影响企业信贷成本吗》,《财贸经济》2020年第12期。

周中胜、罗正英:《企业家异质性特征对信贷融资影响的实证研究》,《财贸经济》2007年第S1期。

祝继高、韩非池、陆正飞:《产业政策、银行关联与企业债务融资》,《金融研究》2015年第3期。

Altman, E., "Financial Ratios, Discriminant Analysis and the Prediction of Corporate Bankruptcy", *Journal of Finance*, Vol. 23, No. 4, 1968.

Altman, E., M. Iwanicz – Drozdowska, E. Laitinen and A. Suvas, *Distressed Firm and Bankruptcy Prediction in an International Context: A Review and Empirical Analysis of Altman's Z-Score Model*, Working paper, 2014.

Alvarez-Botas, C. and V. Gonzalez, "Does Trust Matter for the Cost of Bank Loans?" *Journal of Corporate Finance*, Vol. 66, 2021.

Bae, K. and V. Goyal, "Creditor Rights, Enforcement and Bank Loans", *Journal of Finance*, Vol. 64, No. 2, 2009.

Beck, T. and A. Demirguc-Kunt, "Small and Medium – size Enterprises: Access to Finance as a Growth Constraint", *Journal of Banking and Finance*, Vol. 30, No. 11, 2006.

Berger, A., L. Klapper and G. Udell, "The Ability of Banks to Lend to Informationally Opaque Small Businesses", *Journal of Banking and Finance*, Vol. 25, No. 12, 2001.

Berger, A., N. Miller, M. Petersen, R. Rajan and J. Stein, "Does Function Follow Organizational Form? Evidence from the Lending Practices of Large and Small Banks," *Journal of Financial Economics*, Vol. 76, No. 2, 2005.

Berger, A. and L. Black, "Bank Size, Lending Technologies, and Small Business Finance", *Journal of Banking and Finance*, Vol. 35, No. 3, 2011.

Berger, A. and G. Udell, "Small Business Credit Availability and Relationship Lending: The Importance of Bank Organizational Structure", *Economic Journal*, Vol. 112, No. 447, 2002.

Berger, A. and G. Udell, "A More Complete Conceptual Framework for SME Finance", *Journal of Banking and Finance*, Vol. 30, No. 11, 2006.

Borgen, S., "Rethinking Incentive Problems in Cooperative Organizations", *Journal of Socio-Economics*, Vol. 33, No. 4, 2004.

Brandt, L. and H. Li, 2007, "Bank Discrimination in Transition Economies: Ideology, Information, or Incentives?" *Journal of Comparative Economics*, Vol. 31, No. 3, 2007.

Campello, M. and J. Gao, "Customer Concentration and Loan Contract Terms", *Journal of Financial Economics*, Vol. 123, No. 1, 2017.

Chan, L., K. Chen and T. Chen, "The Effects of Firm-initiated Clawback Provisions on Bank Loan Contracting", *Journal of Financial Economics*, Vol. 110, No. 3, 2013.

Chen, S., R. Chou, X. Liu and Y. Wu, "Deregulation of short-selling constraints and cost of bank loans: Evidence from a quasi-natural experiment", *Pacific-Basin Finance Journal*, Vol. 64, 2020.

Cole, R., L. Goldberg and L. White, "Cookie Cutter vs. Character: The Micro Structure of Small Business Lending by Large and Small Bank", *Journal of Financial and Quantitative Analysis*, Vol. 39, No. 2, 2004.

Craig, S. and P. Hardee, "The Impact of Bank Consolidation on Small Business Credit Availability", *Journal of Banking and Finance*, Vol. 31, No4, 2007.

Croci, E., M. Degl'Innocenti and S. Zhou, "Large Customer-supplier Links and Syndicate Loan Structure", *Journal of Corporate Finance*, Vol. 66, 2021.

De la Torre, A., M. Martínez Pería and S. Schmukler, "Bank Involvement with SMEs: Beyond Relationship Lending", *Journal of Banking and Finance*, Vol. 34, No. 9, 2010.

Drucker, S. and M. Puri, "On Loan Sales, Loan Contracting, and Lending Relationships", *Review of Financial Studies*, Vol. 22, No. 7, 2009.

Fard, A., S. Javadi and I. Kim, "Environmental Regulation and the Cost of Bank Loans: International Evidence", *Journal of Financial Stability*, Vol. 51, 2020.

Frame, W., A. Srinivasan and L. Woosley, "The Effect of Credit Scoring on Small - Business Lending", *Journal of Money, Credit and Banking*, Vol. 33, No. 3, 2001.

Ge, Y. and J. Qiu, "Financial Development, Bank Discrimination and Trade Credit", *Journal of Banking and Finance*, Vol. 31, No. 2, 2007.

Graham, R. and J. Qiu, "Corporate Misreporting and Bank Loan Contracting", *Journal of Financial Economics*, Vol. 89, No. 2, 2008.

He, W. and M. Hu, "Religion and Bank Loan Terms", *Journal of Banking & Finance*, Vol. 64, 2016.

Hollander, S. and A. Verriest, "Bridging the Gap: the Design of Bank Loan Contracts and Distance", *Journal of Financial Economics*, Vol. 119, No. 2, 2016.

Kornai, J., E. Maskin and G. Roland, "Understanding the Soft Budget Constraint", *Journal of Economic Literature*, Vol. 41, No. 4, 2003.

Kornai, J., "Resource - constrained Versus Demand-Constrained Systems", *Econometrica*, Vol. 47, No. 4, 1979.

Khurana, I., X. Martin and R. Pereira, "Financial Development and the Cash Flow Sensitivity of Cash", *Journal of Financial and Quantitative Analysis*, Vol. 41, No. 4, 2006.

Laporta, R., F. Lopes-de-silanes and A. Shleifer, "Legal Determinants of External Finance", *Journal of Finance*, Vol. 52, No. 3, 1997.

Liu, M., R. Tan and B. Zhang, "The Costs of 'Blue Sky': Environmental Regulation, Technology Upgrading, and Labor Demand in China", *Journal of Development Economics*, No. 102610, 2020.

Love, I., "Financial Development and Financing Constraints", *Review of Financial Studies*, Vol. 16, No. 3, 2003.

Nilsson, J., "Organizational Principles for Co-operative Firms", *Scandinavian Journal of Management*, Vol. 17, No. 3, 2001.

Qian, J. and P. Strahan, "How Laws and Institutions Shape Financial Contracts: The Case of Bank Loans", *Journal of Finance*, Vol. 62, No. 6, 2007.

Stein, J., "Information Production and Capital Allocation: Decentralized versus Hierarchical Firms", *Journal of Finance*, Vol. 57, No. 5, 2002.

Uchida, H., G. Udell and N. Yamori, "Loan Officers and Relationship Lending to SMEs", *Journal of Financial Intermediation*, Vol. 21, No. 1, 2012.

后　　记

　　商业银行在中国金融体系中处于主体地位，信贷资金是中国企业最主要的外部资金来源。准确评价企业信贷融资条件对于更好地反映中国企业总体融资情况具有重要意义。在此背景下，结合数据可得性情况，笔者从2019年开始着手基于微观贷款合约数据对上市公司信贷融资条件进行分析。

　　本书是在笔者2020年出版的《上市公司信贷融资条件评价2019》基础上更新、修订完成的。与上一版相比，本书主要有以下三个方面变化：一是对所有数据进行了更新。更新后的样本涉及2004—2020年共29971笔贷款合约，贷款合约数量较上一版增加了6125笔，样本更加丰富。二是增加了第四章《新冠肺炎疫情对信贷融资条件的影响》。详细分析了新冠肺炎疫情如何对上市公司信贷融资条件产生影响，包括影响的程度以及对不同企业影响的差异等，这一分析为从企业信贷融资条件角度理解新冠肺炎疫情的冲击提供了新的素材。三是吸收了与信贷融资条件相关的最新政策变化。比如，2019年8月中国人民银行决定改革完善贷款市场报价利率（LPR）形成机制，这是中国利率市场化改革的一项重要内容，本书在计算贷款利差进行时引入了这一最新政策变化的影响。

　　本书的撰写由李广子和张珩共同完成。其中，李广子负责第一章至第六章的内容，张珩负责第七章至第十章的内容，最后由李广子负责通读、修改和定稿。

本书是在搜集整理大量上市公司贷款合约数据基础上完成的，在此要非常感谢为此付出辛勤努力的陈醒、贺嘉庆、贾银华、梁国栋、刘政、万轩宁、杨灿、杨钰婷、张琳、赵鑫等同学。同时，还要特别感谢对本书予以大力支持的中国社会科学出版社编辑黄晗老师，黄老师对本书中细节问题提出了诸多意见和建议，其勤勉敬业、认真细致的工作态度令人感动，没有她的帮助，本书将无法顺利出版。另外，本书的出版得到了国家社会科学基金项目（编号：18BJY250）、国家自然科学基金项目（编号：71903151）、教育部人文社会科学研究青年基金项目（编号：19YJC790181）的资助，在此一并表示感谢。

当然，由于时间仓促加之笔者水平有限，本书还有诸多不足之处，恳请读者能够提出宝贵意见（笔者邮箱：lgzifb@cass.org.cn），以便进一步修改完善。

李广子　张　珩
2021 年秋于北京